司法解释适用指引丛书

— 13 —

仲裁
司法解释适用指引

司法实务版

人民法院出版社 编

人民法院出版社

图书在版编目（CIP）数据
仲裁司法解释适用指引 / 人民法院出版社编.
北京 : 人民法院出版社, 2024. 12. -- ISBN 978-7
-5109-4303-4
Ⅰ. D925.705
中国国家版本馆CIP数据核字第2024Z94U62号

仲裁司法解释适用指引

人民法院出版社 编

策划编辑 姜 峤
责任编辑 尹立霞
执行编辑 赵 爽
出版发行 人民法院出版社
地 址 北京市东城区东交民巷 27 号（100745）
电 话 （010）67550607（责任编辑） 67550558（发行部查询）
65223677（读者服务部）
客服 QQ 2092078039
网 址 http：//www.courtbook.com.cn
E－mail courtpress@sohu.com
印 刷 三河市国英印务有限公司
经 销 新华书店

开 本 787 毫米 ×1092 毫米 1/16
字 数 295 千字
印 张 18
版 次 2024 年 12 月第 1 版 2024 年 12 月第 1 次印刷
书 号 ISBN 978-7-5109-4303-4
定 价 65.00 元

编写说明

为准确理解和适用司法解释，助力人民法院统一法律适用，更好地满足法律工作者办案与查询的需求，我们编写了本套丛书。本丛书在每本以某一类别或某一司法解释为主题，汇集与该司法解释相关的最高人民法院司法政策精要、司法解释、司法观点、人民法院案例库案例、法答网精选答问以及相关的法律、法规、规章、司法文件等内容，兼具检索与研习功能，能够让广大法律实务工作者全面、快捷、方便地查找到该类案件办理所需的全部材料。

本丛书立足审判，涵盖婚姻家庭、劳动争议、公司企业、诉讼证据、民事诉讼、刑事诉讼、贪污贿赂渎职案件等27个法律专业领域，品类丰富齐全，为立案、调解、仲裁、诉讼、执行等工作提供权威指导，更好地服务司法审判、公众学法、学者科研、律师办案。本书为其中的《仲裁司法解释适用指引》。

本丛书各栏目具体编写情况如下：

【司法政策精要】该栏目摘编自最高人民法院公布的各种审判指导意见、会议纪要，最高人民法院院长对审判工作有重要指导意义的讲话，最高人民法院分管副院长在全国性审判工作会议上的讲话等。文中序号为原文序号，未作删改。

【司法解释】该栏目收录最新公布的司法解释，并在司法解释后附“导读及适用要点”，摘编自最高人民法院专家法官对该司法解释的权威解读，为该司法解释的准确适用提供参考、借鉴。

【司法观点】该栏目针对当前审判实务中难点、疑点、热点以及前沿问题，全面系统地总结和梳理了最高人民法院类案审判实践中的裁判理念和法律适用问题，帮助读者全面快速了解最高人民法院对审判实践中重点、难点问题的立场、观点，准确把握审判实践的具体方法、办案依据和裁判尺度。

【人民法院案例库案例】该栏目收录了人民法院案例库中的相关指导性案例及参考案例，精选裁判要点及裁判要旨，为司法实务提供了权威、规范、全面的案例指引。本书收录的人民法院案例库案例截至2024年10月。

【法答网精选答问】最高人民法院发布的精选答问具有释法说理、普法宣传等多方面的功能效用，一个精选问答可以解决一类法律问题，指导一批争议案例，是“附理由书的批复”。

【相关规定】该栏目精选现行有效相关法律、法规、司法解释、规章等内容，版本权威、内容实用，方便读者对照查询。

值得一提的是，本丛书为首次将最高人民法院裁判观点、人民法院案例库案例、法答网精选答问进行融合出版的图书。2023年，最高人民法院推动建立面向全社会的人民法院案例库、贯通四级法院的法答网。“一网一库”上线运行以来，充分发挥审判监督指导作用，促进统一裁判标准，有效提升广大法官的审判能力，助力司法审判提质增效，取得积极成效。本丛书进一步深化库网融合，促进统一法律适用的功能效用，为法律实务工作者提供覆盖全面、与时俱进的“活教材”。

本丛书内容简洁明了，查询方便快捷，在编排上力求全面、新颖、务实，但疏漏之处在所难免，欢迎广大读者提出批评和改进意见，以便为读者提供更好的法律服务。

人民法院出版社

二〇二四年十一月

目　录

第一部分　司法解释

二、涉港澳台仲裁

第二部分　司法观点

一、仲裁协议

第三部分　指导性案例

第四部分　人民法院案例库参考案例

第五部分　法答网精选问答

第六部分　相关规定

第一部分　司法解释

一、综　合

最高人民法院
关于适用《中华人民共和国仲裁法》若干问题的解释

法释〔2006〕7号

（2005年12月26日最高人民法院审判委员会第1375次会议通过
2006年8月23日最高人民法院公告公布　自2006年9月8日起施行）

根据《中华人民共和国仲裁法》和《中华人民共和国民事诉讼法》等法律规定，对人民法院审理涉及仲裁案件适用法律的若干问题作如下解释：

第一条　仲裁法第十六条规定的“其他书面形式”的仲裁协议，包括以合同书、信件和数据电文（包括电报、电传、传真、电子数据交换和电子邮件）等形式达成的请求仲裁的协议。

第二条　当事人概括约定仲裁事项为合同争议的，基于合同成立、效力、变更、转让、履行、违约责任、解释、解除等产生的纠纷都可以认定为仲裁事项。

第三条　仲裁协议约定的仲裁机构名称不准确，但能够确定具体的仲裁机构的，应当认定选定了仲裁机构。

第四条　仲裁协议仅约定纠纷适用的仲裁规则的，视为未约定仲裁机构，但当事人达成补充协议或者按照约定的仲裁规则能够确定仲裁机构的除外。

第五条 仲裁协议约定两个以上仲裁机构的，当事人可以协议选择其中的一个仲裁机构申请仲裁；当事人不能就仲裁机构选择达成一致的，仲裁协议无效。

第六条 仲裁协议约定由某地的仲裁机构仲裁且该地仅有一个仲裁机构的，该仲裁机构视为约定的仲裁机构。该地有两个以上仲裁机构的，当事人可以协议选择其中的一个仲裁机构申请仲裁；当事人不能就仲裁机构选择达成一致的，仲裁协议无效。

第七条 当事人约定争议可以向仲裁机构申请仲裁也可以向人民法院起诉的，仲裁协议无效。但一方向仲裁机构申请仲裁，另一方未在仲裁法第二十条第二款规定期间内提出异议的除外。

第八条 当事人订立仲裁协议后合并、分立的，仲裁协议对其权利义务的继受人有效。

当事人订立仲裁协议后死亡的，仲裁协议对承继其仲裁事项中的权利义务的继承人有效。

前两款规定情形，当事人订立仲裁协议时另有约定的除外。

第九条 债权债务全部或者部分转让的，仲裁协议对受让人有效，但当事人另有约定、在受让债权债务时受让人明确反对或者不知有单独仲裁协议的除外。

第十条 合同成立后未生效或者被撤销的，仲裁协议效力的认定适用仲裁法第十九条第一款的规定。

当事人在订立合同时就争议达成仲裁协议的，合同未成立不影响仲裁协议的效力。

第十一条 合同约定解决争议适用其他合同、文件中的有效仲裁条款的，发生合同争议时，当事人应当按照该仲裁条款提请仲裁。

涉外合同应当适用的有关国际条约中有仲裁规定的，发生合同争议时，当事人应当按照国际条约中的仲裁规定提请仲裁。

第十二条 当事人向人民法院申请确认仲裁协议效力的案件，由仲裁协议约定的仲裁机构所在地的中级人民法院管辖；仲裁协议约定的仲裁机构不明确的，由仲裁协议签订地或者被申请人住所地的中级人民法院管辖。

申请确认涉外仲裁协议效力的案件，由仲裁协议约定的仲裁机构所在地、仲裁协议签订地、申请人或者被申请人住所地的中级人民法院管辖。

涉及海事海商纠纷仲裁协议效力的案件，由仲裁协议约定的仲裁机构所在地、仲裁协议签订地、申请人或者被申请人住所地的海事法院管辖；上述地点没有海事法院的，由就近的海事法院管辖。

第十三条　依照仲裁法第二十条第二款的规定，当事人在仲裁庭首次开庭前没有对仲裁协议的效力提出异议，而后向人民法院申请确认仲裁协议无效的，人民法院不予受理。

仲裁机构对仲裁协议的效力作出决定后，当事人向人民法院申请确认仲裁协议效力或者申请撤销仲裁机构的决定的，人民法院不予受理。

第十四条　仲裁法第二十六条规定的“首次开庭”是指答辩期满后人民法院组织的第一次开庭审理，不包括审前程序中的各项活动。

第十五条　人民法院审理仲裁协议效力确认案件，应当组成合议庭进行审查，并询问当事人。

第十六条　对涉外仲裁协议的效力审查，适用当事人约定的法律；当事人没有约定适用的法律但约定了仲裁地的，适用仲裁地法律；没有约定适用的法律也没有约定仲裁地或者仲裁地约定不明的，适用法院地法律。

第十七条　当事人以不属于仲裁法第五十八条或者民事诉讼法第二百五十八条[①]规定的事由申请撤销仲裁裁决的，人民法院不予支持。

第十八条　仲裁法第五十八条第一款第一项规定的“没有仲裁协议”是指当事人没有达成仲裁协议。仲裁协议被认定无效或者被撤销的，视为没有仲裁协议。

第十九条　当事人以仲裁裁决事项超出仲裁协议范围为由申请撤销仲裁裁决，经审查属实的，人民法院应当撤销仲裁裁决中的超裁部分。但超裁部分与其他裁决事项不可分的，人民法院应当撤销仲裁裁决。

第二十条　仲裁法第五十八条规定的“违反法定程序”，是指违反仲裁法规定的仲裁程序和当事人选择的仲裁规则可能影响案件正确裁决的情形。

第二十一条　当事人申请撤销国内仲裁裁决的案件属于下列情形之一的，人民法院可以依照仲裁法第六十一条的规定通知仲裁庭在一定期限内重新

---

① 现为《民事诉讼法》（2023 年修正）第二百九十一条。

仲裁：

（一）仲裁裁决所根据的证据是伪造的；

（二）对方当事人隐瞒了足以影响公正裁决的证据的。

人民法院应当在通知中说明要求重新仲裁的具体理由。

第二十二条 仲裁庭在人民法院指定的期限内开始重新仲裁的，人民法院应当裁定终结撤销程序；未开始重新仲裁的，人民法院应当裁定恢复撤销程序。

第二十三条 当事人对重新仲裁裁决不服的，可以在重新仲裁裁决书送达之日起六个月内依据仲裁法第五十八条规定向人民法院申请撤销。

第二十四条 当事人申请撤销仲裁裁决的案件，人民法院应当组成合议庭审理，并询问当事人。

第二十五条 人民法院受理当事人撤销仲裁裁决的申请后，另一方当事人申请执行同一仲裁裁决的，受理执行申请的人民法院应当在受理后裁定中止执行。

第二十六条 当事人向人民法院申请撤销仲裁裁决被驳回后，又在执行程序中以相同理由提出不予执行抗辩的，人民法院不予支持。

第二十七条 当事人在仲裁程序中未对仲裁协议的效力提出异议，在仲裁裁决作出后以仲裁协议无效为由主张撤销仲裁裁决或者提出不予执行抗辩的，人民法院不予支持。

当事人在仲裁程序中对仲裁协议的效力提出异议，在仲裁裁决作出后又以此为由主张撤销仲裁裁决或者提出不予执行抗辩，经审查符合仲裁法第五十八条或者民事诉讼法第二百一十三条、①第二百五十八条②规定的，人民法院应予支持。

第二十八条 当事人请求不予执行仲裁调解书或者根据当事人之间的和解协议作出的仲裁裁决书的，人民法院不予支持。

第二十九条 当事人申请执行仲裁裁决案件，由被执行人住所地或者被执行的财产所在地的中级人民法院管辖。

---

① 现为《民事诉讼法》（2023年修正）第二百四十八条。

② 现为《民事诉讼法》（2023年修正）第二百九十一条。

第三十条　根据审理撤销、执行仲裁裁决案件的实际需要，人民法院可以要求仲裁机构作出说明或者向相关仲裁机构调阅仲裁案卷。

人民法院在办理涉及仲裁的案件过程中作出的裁定，可以送相关的仲裁机构。

第三十一条　本解释自公布之日起实施。

本院以前发布的司法解释与本解释不一致的，以本解释为准。

【导读及适用要点】

一、关于仲裁协议的形式

《仲裁法》第十六条第一款规定："仲裁协议包括合同中订立的仲裁条款和以其他书面方式在纠纷发生前或者纠纷发生后达成的请求仲裁的协议。"因此，"书面方式"是法律对仲裁协议形式方面的明确要求。《仲裁法》关于仲裁协议"书面方式"的要求，与世界各国仲裁立法、国际公约的有关规定是一致的。一般而言，合同中的仲裁条款大都属于"书面方式"，以"其他书面方式"达成的请求仲裁的协议亦符合法律关于"书面方式"的要求。但对"书面方式"如何理解，在各国商务和司法实践中较易发生分歧。《最高人民法院关于适用〈中华人民共和国仲裁法〉若干问题的解释》（以下简称本《仲裁法解释》）第一条参考了原《合同法》[①]第十一条有关"书面形式"的内容，对《仲裁法》第十六条规定的"其他书面方式"作出了明确规定，即以合同书、信件和数据电文（包括电报、电传、传真、电子数据交换和电子邮件）等形式达成的请求仲裁的协议，都是书面形式的仲裁协议。

二、关于仲裁事项

《仲裁法》第十六条第二款规定："仲裁协议应当具有下列内容：（一）请

① 原《合同法》于 1999 年 3 月 15 日第九届全国人民代表大会第二次会议通过。《民法典》自 2021 年 1 月 1 日起施行，原《合同法》同时废止。

求仲裁的意思表示；（二）仲裁事项；（三）选定的仲裁委员会。”因此，有效的仲裁协议必须具有明确的交付仲裁的事项。仲裁事项首先受制于国家法律，即只有法律规定可以提交仲裁的纠纷，仲裁庭才有权作出裁定。这就是通常所称的“可仲裁性”问题。如果仲裁事项不具有可仲裁性，则仲裁协议无效，仲裁裁决因而也无效，依法应予撤销或者裁定不予执行。根据《仲裁法》第三条的规定，婚姻、收养、监护、扶养、继承纠纷以及依法应当由行政机关处理的行政争议不能仲裁。这是我国法律关于不可仲裁情形的规定。另一方面，仲裁事项亦受制于当事人的意思表示，即当事人有权决定将何种及哪些争议事项提请仲裁庭仲裁。因此，仲裁庭只能就法律规定具有可仲裁性且当事人明确提请仲裁的事项作出裁决。

当事人关于仲裁事项的约定可以是概括的，也可以是具体的。但在绝大多数情况下，仲裁协议并不具体列举应提交仲裁的事项，而是笼统地约定“因本合同发生或与本合同有关的一切争议”提请仲裁解决。在此情形下，当事人间实际发生的争议是否属于“因本合同发生的争议”或者“与本合同有关的争议”，往往因不同当事人的理解不同而得出截然相反的结论。为避免实践中产生争议，《仲裁法解释》第二条明确规定，当事人概括约定仲裁事项为合同争议的，基于合同成立、效力、变更、转让、履行、违约责任、解释、解除等产生的纠纷都可以认定为仲裁事项。

三、关于仲裁机构

仲裁机构作为仲裁协议的必备内容，同样是《仲裁法》第十六条第二款的明确要求，即仲裁协议应当具有“选定的仲裁委员会”。根据《仲裁法》第十八条的规定，仲裁协议未约定仲裁机构或者约定不明的，当事人可以就此达成补充协议；未达成补充协议的，仲裁协议无效。

商务实践中，仲裁协议对仲裁机构的约定五花八门。因当事人对上述仲裁协议的效力容易产生分歧，《仲裁法解释》第三条、第四条、第五条和第六条分别针对上述有关仲裁机构的约定作出了明确规定。

对于约定的仲裁机构不存在的情形，在起草《仲裁法解释》过程中并无分歧，大家一致的意见认为应认定当事人未约定仲裁机构，有关仲裁协议依法应认定无效。但对于仲裁协议援引的仲裁机构名称不准确时应如何认定仲裁协议的效力，则存在不同的观点。有观点认为：仲裁机构的名称不准确，其后果等同于约定的仲裁机构不存在，有关仲裁协议依法应认定无效。我们认为：由于当事人对仲裁机构的名称不尽熟悉，在起草合同文本时不能准确引用仲裁机构的名称是正常且合理的。只要有关当事人提请某仲裁机构仲裁的意思表示能够确定，不应仅因仲裁机构名称不准确而认定有关仲裁协议无效。这不仅符合当事人的真实意思表示，而且肯定了司法实践中的一贯做法。在适用该条时，有关人民法院应当特别留意商务实践中约定的仲裁机构名称不准确的情形包括：（1）使用仲裁机构的旧称。例如，中国国际经济贸易仲裁委员会曾多次更名，1956年成立时名称为“中国国际经济贸易促进委员会对外贸易仲裁委员会”，1980年改名为“中国国际经济贸易促进委员会对外经济贸易仲裁委员会”，1988年正式更名为“中国国际经济贸易仲裁委员会”，2000年同时启用“中国国际商会仲裁院”名称。由于名称多次更换，造成当事人对该机构的名称变化情况不够了解，在仲裁协议中仍使用旧称。（2）遗漏仲裁机构名称中的字词。如将“中国国际经济贸易仲裁委员会”写成“中国国际贸易仲裁委员会”或者“中国国际经济仲裁委员会”。（3）在仲裁机构名称中增加字词，如将“北京仲裁委员会”写成“北京市仲裁委员会”，将“深圳仲裁委员会”写成“深圳市经济仲裁委员会”等。（4）指定的机构无仲裁职能，但该机构下设有仲裁机构。例如，仲裁协议约定由“中国国际经济贸易促进委员会”或者“国际商会”进行仲裁。实际上，“中国国际经济贸易促进委员会”或者“国际商会”并不具体履行仲裁职能，但因其下辖有“中国国际经济贸易仲裁委员会”“国际商会仲裁院”，因此应认定当事人选择了中国国际经济贸易仲裁委员会或者国际商会仲裁院仲裁案件。

对于仅约定纠纷适用的仲裁规则但未同时约定仲裁机构的情形，《仲裁法解释》第四条原则上认定当事人“未约定仲裁机构”，除非当事人就仲裁机构达成补充协议或者约定的仲裁规则能够确定仲裁机构。长期以来，理论与实务界一致认为：仲裁协议指定了仲裁机构但未同时约定应适用的仲裁规则时，仲裁庭应当适用指定的仲裁机构的仲裁规则进行仲裁。但对于仅约定适用某仲裁机构的仲裁规则而未同时约定由该仲裁机构进行仲裁的仲裁协议，理论与实务界均有不同看法。一种意见认为，选择了某仲裁机构的仲裁规则，就意味着由该仲裁机构进行仲裁，除非有关当事人另有约定；另一种意见则认为，有些仲裁机构的仲裁规则明确允许当事人选择其他仲裁机构的仲裁规则进行仲裁。实践中，也有当事人选择由甲仲裁机构进行仲裁而适用乙仲裁机构的仲裁规则的情形。因此，选择了某仲裁机构的仲裁规则但未同时指定由该仲裁机构仲裁时，不能贸然得出由该仲裁机构仲裁的结论。《仲裁法解释》第四条采用了折中的办法，结束了多年的争论。对此类仲裁协议，原则上认定当事人未选择仲裁机构，符合当事人的真实意思表示；允许当事人就仲裁机构达成补充协议，体现了对当事人意思自治的尊重；审查当事人选择的仲裁规则的规定，则不仅符合当事人的真实意思表示，而且体现了对仲裁机构仲裁规则的尊重。

对于直接或者间接约定两个或者两个以上仲裁机构的情形，《仲裁法解释》第五条、第六条作出了明确规定。直接约定的情形是指当事人在合同中明确约定争议由两个或者两个以上的仲裁机构进行仲裁；而间接约定的情形则是指当事人在合同中约定争议由某地的仲裁机构进行仲裁，而该地存在两个或者两个以上的仲裁机构。为避免实践中可能产生的仲裁机构管辖冲突问题，《仲裁法解释》对最高人民法院此前的批复作出了一定调整，即首先要求有关当事人协议选择；在当事人不能就仲裁机构达成协议时，认定该仲裁协议无效。这是对此前相关司法解释的一种必要修正和完善，并非人民法院支持仲裁的态度有任何改变。

四、关于“或裁或审”仲裁协议

仲裁与诉讼是当事人解决民商事纠纷经常采用的两种方法。一般而言，当事人有权在纠纷产生前后通过自愿、平等协商选择其争议解决办法。当事人所选择的争议解决办法可以是仲裁，也可以是诉讼，或者是其他方法。就特定争议而言，有关当事人究竟是选择仲裁还是选择诉讼，完全是当事人意思自治的结果。但当事人在具体选择争议解决办法时应当具有明确性、确定性。否则，容易造成在实体纠纷之外又产生以何种方式解决纠纷的争议。《仲裁法解释》第七条的目的就在于解决实践中经常发生的“或裁或审”问题。

“或裁或审”问题大都来源于当事人在有关合同或者单独仲裁协议中约定的争议解决条款。比较典型的是当事人在合同中约定：“凡因履行本合同发生的或与本合同有关的一切争议，双方应通过友好协商解决。协商不成的，一

方当事人可以申请 ×× 仲裁机关仲裁，也可以向 ×× 法院提起诉讼。”在格式合同的情形下，格式合同大都提供了仲裁、诉讼或者其他争议解决办法等多种方式供签约各方选择。如果当事人对仲裁或者诉讼的解决办法均作出了选择，则应视为当事人选择了“或裁或审”解决其争议。但如果当事人未作出任何选择，则尽管格式合同提供了多种争议解决办法，仍应视为当事人就争议解决办法未达成任何协议。在此情形下，不存在所谓的“或裁或审”问题。

在确定有关协议是否构成“或裁或审”问题方面，争议较大的是当事人明确约定有关争议“可申请仲裁”而未同时明确约定“也可提起诉讼”。典型的此类仲裁条款是当事人在合同中约定：“凡因履行本合同发生的或与本合同有关的一切争议，双方应通过友好协商解决。协商不成的，任何一方当事人均可以申请 ×× 仲裁机关仲裁。”对此，有关当事人、法院的分歧较大。有观点认为：该类仲裁条款虽有明确的请求仲裁的意思表示、仲裁事项和仲裁机构，但由于当事人在合同中仅约定“可以申请仲裁”并未约定“应当申请仲裁”，因此，从当事人的真实意思看，“申请仲裁”不具有强制性，并非当事人的义务。既然是“可以申请仲裁”，也就可以理解为“也可以提起诉讼”。有关当事人并未明确排除诉讼作为其争议解决办法，故此类仲裁条款亦属“或裁或审”协议。根据多年的司法实践，我们认为：此类仲裁条款并不属于“或裁或审”协议。对于仲裁条款中的“可申请仲裁”，应当侧重于“任何一方都可以”申请仲裁，而不应理解为“既可以申请仲裁，也可以提起诉讼”。最高人民法院有关此类仲裁条款效力的复函均持这一观点。

对“或裁或审”协议的效力，在起草《仲裁法解释》时曾有过不同意见。一种意见认为：诉讼与仲裁是当事人经常选择的两种争议解决办法。当事人在合同中如果同时选择了诉讼与仲裁这两种争议解决办法，这是当事人的真实意思表示，人民法院应当予以尊重。在发生纠纷后，任何一方当事人均可选择其中之一予以解决。因此，应认定此类仲裁条款有效。另一种意见则认为：诉讼与仲裁虽均为当事人经常选择的争议解决办法，但两者彼此排斥，选择了仲裁就意味着排斥了诉讼，反之亦然。如果当事人在合同中同时选择了通过诉讼与仲裁解决其争议，应认定该仲裁条款无效。后经研究，《仲裁法解释》第七条原则上采纳了后一种意见，主要原因在于：（1）从仲裁与诉讼的发展历史及现实看，仲裁与诉讼虽作为解决民商事争议的主要方法并存，但该两种争议解决方法在性质上是彼此排斥的，即：选择了仲裁就意味着排斥了诉讼，选择了诉讼就意味着排斥了仲裁。因此，在具体选择争议解决办法时，诉讼与仲裁这两种方式不能并存。（2）从当事人的真实意思表示看，对仲裁与诉讼两种方法均作出了选择。如果说一方当事人在将有关争议提交约定的仲裁机构仲裁时不违反当事人各方最初的真实意思表示，同样，对方当事人拒绝仲裁，甚至提起诉讼也没有违反当事人各方最初的真实意思表示。① 因此，应认定当事人的真实意思表示不确定。（3）从法律后果看，原则上认定此类协议无效比认定有效要好。如果认定此类协议有效，则极易在实践中造成混乱，浪费当事人的人力、物力和财力，浪费仲裁与司法资源。如果肯定此类协议的效力，则除非各方当事人予以配合，否则，其结果将导致：①一方当事人向仲裁机构申请仲裁，他方当事人在不知情的情形下向法院提起诉讼，或者正好相反；②一方当事人向仲裁机构申请仲裁后，由于彼此间矛盾的不可调和，他方当事人故意向法院提起诉讼，或者正好相反。这两种情形都将必然造成仲裁与诉讼的管辖冲突，而现有法律并无协调仲裁机构与法院之间管辖冲突的机制。如果当事人选择的仲裁机构为外国仲裁机构，则情形更加复杂。但如果原则上否定此类协议的效力，则完全避免了可能出现的上述棘手问题。

《仲裁法》第二十条第二款规定："当事人对仲裁协议的效力有异议，应当在仲裁庭首次开庭前提出。"因此，在"或裁或审"协议下，如果一方当事人向仲裁机构申请仲裁，他方当事人没有在仲裁庭首次开庭前（包括首次开庭时）提出异议的，应当认定有关当事人就由仲裁机构解决其纠纷达成了一致。在此情形下，有关当事人不得再以"或裁或审"为由主张仲裁协议无效或者以此为由主张撤销或者不予执行有关仲裁裁决。

有关人民法院在适用本条时，应当注意：（1）准确认定有关仲裁协议是否是"或裁或审"协议。（2）在认定有关仲裁协议为"或裁或审"协议后，严格审查各方当事人是否就仲裁机构的管辖权达成了一致。当事人在订立

① 参见陆效龙：《涉外仲裁协议的司法审查》，载最高人民法院民事审判第四庭编：《中国涉外商事海事审判指导与研究》2001年第1卷，人民法院出版社2001年版，第232～253页。

“或裁或审”协议后重新达成补充协议由仲裁机构仲裁或者一方当事人向约定的仲裁机构申请仲裁，他方当事人未提出异议并提出实体答辩意见的，可以认定该协议有效。（3）有下列情形之一的，应认定“或裁或审”协议无效：①发生纠纷后，一方当事人直接向法院提起诉讼；②一方当事人向仲裁机构申请仲裁，他方当事人在仲裁庭首次开庭前或者首次开庭时提出了管辖异议；③一方当事人请求法院就“或裁或审”协议的效力作出认定。

五、关于仲裁协议的独立性

《仲裁法》第十九条第一款规定：“仲裁协议独立存在，合同的变更、解除、终止或者无效，不影响仲裁协议的效力。”但该法未就合同成立后未生效、合同成立后被撤销以及合同不存在情况下仲裁条款的独立性问题作出规定。《仲裁法解释》第十条对《仲裁法》规定的仲裁协议的独立性问题作出了补充规定。

“合同成立后未生效”是指当事人就合同的全部条款已经达成一致，但法律规定有关合同应当经过批准才能生效而未经批准的，或者当事人约定附条件、附期限才能生效而条件、期限未成就的情形。“合同成立后被撤销”是指当事人就合同的全部条款已经达成一致，但因存在原《合同法》[①]第五十四条规定的情况而请求人民法院或者仲裁机构撤销合同的情形。当事人有权申请撤销的理由包括：（1）合同因重大误解订立的；（2）在订立合同时显失公平的；（3）一方以欺诈、胁迫的手段或者乘人之危，使对方在违背真实意思的情况下订立的合同。由于合同成立后未生效或者被撤销均属于当事人已就合同条款（包括仲裁条款）达成了合意，因此，不能因合同未生效或者被撤销而否定合同中有效仲裁条款的效力。原《合同法》第五十七条规定：“合同无效、被撤销或者终止的，不影响合同中独立存在的有关解决争议方法的条款的效力。”《仲裁法解释》第十条之规定，与原《合同法》第五十七条规定一致。

但是，如果有关当事人尚未就合同条款达成一致，则其争议应否通过仲裁解决，应根据案件的具体情况作出认定。如果有关当事人就仲裁解决争议

---

① 已失效。

达成了合意，则当事人达成的有效仲裁条款对解决合同争议具有法律约束力；如果当事人未达成合意，则应认定仲裁条款无效，不能以合同中存在仲裁条款为由主张对相关争议进行仲裁。

六、关于涉外仲裁协议的法律适用

《仲裁法解释》第十六条对具有重要影响的涉外仲裁协议效力的准据法作出了规定。首先，应按照当事人约定的仲裁协议效力准据法认定涉外仲裁协议的效力。这是当事人意思自治原则在法律适用方面的充分体现。除非有关约定违反了法院地国家的禁止性规定或者违反了社会公共利益，当事人选择的仲裁协议效力准据法应优先适用。这里需要注意的是：不能适用当事人约定的主合同的准据法来认定涉外仲裁协议的效力。其次，当事人没有选择仲裁协议效力准据法但约定了仲裁地的，则按照仲裁地的法律认定有关涉外仲裁协议的效力。仲裁地法在国际商事仲裁立法及实践中得到了普遍的适用。按照我国参加的1958年《承认及执行外国仲裁裁决公约》第五条第一款第（一）项的规定，在当事人未选择仲裁协议所适用的法律时，应根据仲裁地国的法律来认定仲裁协议是否有效。此外，一些地区性公约如《关于国际商事仲裁的欧洲公约》《美洲国家间关于国际商事仲裁的公约》均规定，当事人未指定适用于仲裁协议的法律时，依仲裁地国家的法律。《仲裁法解释》的上述规定符合国际公约的相应规定。最后，如果当事人既没有约定适用的法律也没有约定仲裁地或者仲裁地约定不明，应以法院地法作为确认仲裁协议效力的准据法。涉外仲裁协议是一种程序性契约，在当事人既未对仲裁协议准据法作出约定，又未明确约定仲裁地的情况下，以法院地法作为确认仲裁协议效力的准据法，是合理的。

七、关于撤销仲裁裁决

《仲裁法解释》从四个方面对撤销仲裁裁决案件的有关突出问题作出了规定。第一是严格依法定事由进行审查。根据《仲裁法解释》第十七条的规定，当事人申请人民法院撤销仲裁裁决的事由必须符合《仲裁法》第五十八条和

《民事诉讼法》第二百五十八条[①]的规定。如果当事人以上述法律规定以外的其他事由向人民法院申请撤销仲裁裁决，人民法院均不支持。第二是根据超裁的实际情况决定撤销超裁部分或者撤销仲裁裁决。超裁是仲裁庭超出当事人仲裁协议约定的范围作出裁决的情形，仲裁实践中时有发生。根据《仲裁法解释》第十九条的规定，如果超裁部分与其他裁项是可分的，则仅撤销超裁部分的裁决；而如果超裁部分与其他裁决事项不可分，则应撤销仲裁裁决；第三是规定了“违反法定程序”的范围。《仲裁法解释》第二十条对“违反法定程序”作出了扩大解释，又作出了适当限定。根据该条规定，《仲裁法》第五十八条所称“违反法定程序”，是指违反《仲裁法》规定的仲裁程序和当事人选择的仲裁规则且可能影响案件正确裁决的情形。第四是就重新仲裁的相关问题作出了规定。如前所述，《仲裁法》第六十一条虽规定了人民法院可以通知仲裁庭重新仲裁，但对于何种情况下应通知重新仲裁则未作出规定。《仲裁法解释》第二十一条规定了重新仲裁的适用范围，即仅限于违反《仲裁法》第五十八条规定的两种情形：仲裁裁决所根据的证据是伪造的或者对方当事人隐瞒了足以影响公正裁决的证据。该条第二款还要求人民法院通知仲裁庭重新仲裁时必须说明具体理由。这不仅有利于避免和减少人民法院通知重新仲裁的随意性，而且有利于仲裁庭进一步了解和查清问题，从而确保重新仲裁的案件质量，更好地维护当事人的合法权益。《仲裁法解释》第二十二条规定仲裁庭在指定的期限内开始重新仲裁的，人民法院应当裁定终结撤销程序。《仲裁法解释》第二十三条规定对重新仲裁裁决不服的，当事人可以在重新仲裁裁决书送达之日起六个月内向人民法院申请撤销。《仲裁法解释》有关重新仲裁的规定解决了许多司法实践中亟待解决的问题。

八、关于执行仲裁裁决

在执行仲裁裁决方面，《仲裁法解释》主要解决了司法实践中的两个主要问题：一是执行法院级别过低，在确定执行或者不予执行仲裁裁决时随意性较大的问题。《仲裁法解释》第二十九条规定，当事人申请执行仲裁裁决案件，由被执行人住所地或者被执行的财产所在地的中级人民法院管辖。这就

① 现为《民事诉讼法》(2023年修正)第九十一条。

把执行法院由原先的基层法院提高到中级人民法院，使审查撤销仲裁裁决和不予执行仲裁裁决的法院级别得到了统一，解决了不予执行仲裁裁决案件法院审查级别过低的问题，能够确保案件质量。二是限制当事人滥用不予执行抗辩权，故意拖延正确裁决执行的问题。《仲裁法解释》第二十六条规定，当事人向人民法院申请撤销仲裁裁决被驳回后，又在执行程序中以相同理由提出不予执行抗辩的，人民法院不予支持。这一规定解决了当事人以相同事由先申请撤销后申请不予执行以拖延执行的问题，也可以避免法院之间或者同一法院裁定维持仲裁裁决效力后又作出不予执行仲裁裁决的裁定，导致裁定之间相互冲突的问题。《仲裁法解释》第二十七条第一款还规定，当事人在仲裁程序中未对仲裁协议的效力提出异议，在仲裁裁决作出后以仲裁协议无效为由主张撤销仲裁裁决或者提出不予执行抗辩的，人民法院不予支持。这一规定有利于督促当事人积极行使异议权，提高仲裁效率，切实维护仲裁裁决的终局性。

九、关于案件管辖与审查

《仲裁法解释》还对仲裁协议效力审查、撤销仲裁裁决案件及不予执行仲裁裁决案件的法院管辖、审查组织及程序等问题作出了明确规定，弥补了法律规定的不足。

在仲裁协议效力审查方面，首先确定了法院管辖原则。《仲裁法解释》第十二条规定，当事人向人民法院申请确认仲裁协议效力的案件，由仲裁协议约定的仲裁机构所在地的中级人民法院管辖；仲裁协议约定的仲裁机构不明确的，由仲裁协议签订地或者被申请人住所地的中级人民法院管辖。申请确认涉外仲裁协议效力的案件，由仲裁协议约定的仲裁机构所在地、仲裁协议签订地、申请人或者被申请人住所地的中级人民法院管辖。涉及海事海商纠纷仲裁协议效力的案件，由仲裁协议约定的仲裁机构所在地、仲裁协议签订地、申请人或者被申请人住所地的海事法院管辖；上述地点没有海事法院的，由就近的海事法院管辖。其次明确了不予受理的条件。《仲裁法解释》第十三条规定，依照《仲裁法》第二十条第二款的规定，当事人在仲裁庭首次开庭前没有对仲裁协议的效力提出异议，而后向人民法院申请确认仲裁协议无效的，人民法院不予受理。仲裁机构对仲裁协议的效力作出决定后，当事人向人民法院申请确认仲裁协议效力或者申请撤销仲裁机构的决定的，人民法院不予受理；再次明确了审理组织与程序。《仲裁法解释》第十五条规定，人民法院审理仲裁协议效力确认案件，应当组成合议庭进行审查，并询问当事人。

在撤销和执行仲裁裁决审查方面，《仲裁法解释》不仅统一了审查案件的法院级别，而且明确要求组成合议庭进行审查并询问当事人。

十、其他规定

人民法院对撤销、不予执行仲裁裁决案件的审查不可避免地影响到作出仲裁裁决的仲裁机构，有些仲裁机构在得知当事人申请撤销或者提出不予执行仲裁裁决抗辩后甚至主动向有关人民法院提出意见，因此《仲裁法解释》亦对人民法院与仲裁机构之间的相关问题作出了规定。例如，根据审理撤销、执行仲裁裁决案件的实际需要，人民法院可以要求仲裁机构作出说明或者向相关仲裁机构调阅仲裁案卷。人民法院在办理涉及仲裁的案件过程中作出的裁定，也可以送相关的仲裁机构。

（撰稿人：陆效龙　吴兆祥）

最高人民法院
关于审理当事人申请撤销仲裁裁决案件几个具体问题的批复

法释〔1998〕16号

（1998年6月11日最高人民法院审判委员会第992次会议通过
1998年7月21日最高人民法院公告公布　自1998年7月28日起施行）

安徽省高级人民法院：

你院〔1996〕经他字第26号《关于在审理一方当事人申请撤销仲裁裁决的案件中几个具体问题应如何解决的请示报告》收悉。经研究，答复如下：

一、原依照有关规定设立的仲裁机构在《中华人民共和国仲裁法》（以下简称仲裁法）实施前受理、实施后审理的案件，原则上应当适用仲裁法的有关规定。鉴于原仲裁机构的体制与仲裁法规定的仲裁机构有所不同，原仲裁机构适用仲裁法某些规定有困难的，如仲裁庭的组成，也可以适用《中华人民共和国经济合同仲裁条例》[①]的有关规定，人民法院在审理有关申请撤销仲裁裁决案件中不应以未适用仲裁法的规定为由，撤销仲裁裁决。

二、一方当事人向人民法院申请撤销仲裁裁决的，人民法院在审理时，应当列对方当事人为被申请人。

三、当事人向人民法院申请撤销仲裁裁决的案件，应当按照非财产案件收费标准计收案件受理费；该费用由申请人交纳。

此复。

【导读及适用要点】

一、申请撤销仲裁裁决案件的法律适用

仲裁实行一裁终局的制度。裁决作出后，当事人就同一纠纷再申请仲裁或者向人民法院起诉的，仲裁委员会或者人民法院不予受理。当事人对仲裁裁决不服的，只能依法申请人民法院撤销仲裁裁决。《仲裁法》第五十八条规定："当事人提出证据证明裁决有下列情形之一的，可以向仲裁委员会所在地的中级人民法院申请撤销裁决：（一）没有仲裁协议的；（二）裁决的事项不属于仲裁协议的范围或者仲裁委员会无权仲裁的；（三）仲裁庭的组成或者仲裁的程序违反法定程序的；（四）裁决所根据的证据是伪造的；（五）对方当事人隐瞒了足以影响公正裁决的证据的；（六）仲裁员在仲裁该案时有索贿受贿，徇私舞弊，枉法裁决行为的。人民法院经组成合议庭审查核实裁决有前款规定情形之一的，应当裁定撤销。人民法院认定该裁决违背社会公共利益的，应当裁定撤销。"《仲裁法》规定了七项可以撤销仲裁裁决的法定理由，其

① 本批复引用的《中华人民共和国经济合同仲裁条例》已于1994年8月31日被《中华人民共和国仲裁法》废止。

中仲裁庭的组成或者仲裁的程序违反法定程序属于应当撤销仲裁裁决的重要理由，而且也是当事人申请撤销仲裁协议时经常援引的理由。

《仲裁法》实施后，原有的仲裁机构应当依法停止活动；当事人约定通过仲裁解决的民商事纠纷应当向依《仲裁法》设立的仲裁机构申请仲裁。但是，由于《仲裁法》所要求的仲裁机构必须新设，不是国务院和省、自治区人民政府、自治州人民政府以及县级人民政府的工商、城建、科技等部门设立的仲裁机构，也不是直辖市和省、自治区人民政府所在地的市以及其他设区的市设立的隶属于行政部门的仲裁机构。由于设立仲裁机构的工作在《仲裁法》实施时尚未完成，国务院办公厅于 1994 年 11 月 13 日、1995 年 5 月 26 日先后发出了《关于做好重新组建仲裁机构和筹建中国仲裁协会筹备工作的通知》(国办发〔1994〕99 号)、《关于进一步做好重新组建仲裁机构工作的通知》(国办发〔1995〕38 号)，规定直辖市和省、自治区人民政府所在地的市以及其他设区的市设立的隶属于行政部门的仲裁机构可以在《仲裁法》实施后一年内继续受理相关案件。这样，当事人对这些仲裁机构的仲裁裁决申请人民法院撤销时，如果人民法院完全适用《仲裁法》的规定，很多裁决可能被撤销。这样的结果不利于确立当事人之间的权利义务关系，也不利于维护社会经济关系的稳定。所以,《最高人民法院关于审理当事人申请撤销仲裁裁决案件几个具体问题的批复》(以下简称《审理当事人申请撤销仲裁裁决案的批复》) 第一条规定，原依照有关规定设立的仲裁机构在《仲裁法》实施前受理、实施后审理的案件，原则上应当适用《仲裁法》的有关规定。鉴于原仲裁机构的体制与《仲裁法》规定的仲裁机构有所不同，原仲裁机构适用《仲裁法》某些规定有困难的，如仲裁庭的组成，也可以适用《中华人民共和国经济合同仲裁条例》的有关规定，人民法院在审理有关申请撤销仲裁裁决案件中不应以未适用《仲裁法》的规定为由，撤销仲裁裁决。这条规定似乎不符合法律的时间效力的一般原则，但符合客观实际情况，是国家灵活政府和司法机关灵活执行法律的合理结果。当然，这样的规定只适用于实施《仲裁法》的过渡时期，即 1996 年 9 月 1 日前。

二、申请撤销仲裁裁决诉讼案件的当事人的称谓

申请撤销仲裁裁决的案件当事人有几方、他们的称谓是什么等问题，在

司法实践中有不同看法和做法。由于此类案件是当事人根据《仲裁法》向人民法院提出的新类型案件，《民事诉讼法》没有适用这类案件的特殊程序。最高人民法院必须明确这类案件当事人的称谓。

根据《民事诉讼法》的规定，一般民事诉讼当事人的称谓为原告和被告。原告是指认为自己的民事权益受到侵害或者与他人发生争议，向人民法院提起诉讼，并可能引起诉讼程序发生的人。被告是指被诉侵害原告民事权益或者与之发生民事权益争议的人。但是，在申请人民法院撤销仲裁裁决的诉讼中，申请人不符合民事诉讼原告的特征，不能称为原告；没有原告，就没有被告。对这类案件当事人的称谓有两点意见没有争议：一是对提起撤销仲裁裁决诉讼的人称申请人，没有不同的意见；二是不得将依法行使职能的仲裁委员会或者仲裁庭列为当事人或者被申请人。但是，是否应当有被申请人却存在不同的意见。有人认为此类案件中只有申请人，没有被申请人。基本理由如下：一是申请撤销仲裁裁决的人只是针对仲裁裁决，仲裁中的另一方当事人不负有义务，不同于执行程序等中被执行人；二是《仲裁法》只规定了申请撤销裁决的人，没有出现被申请人；三是《仲裁法》赋予仲裁程序中的双方当事人均有依法提出撤销裁决的权利，说明人民法院受理的这类案件只能确认一方当事人，确切称谓是申请撤销仲裁裁决人，不存在被申请一方当事人。

《审理当事人申请撤销仲裁裁决案的批复》第二条规定，向人民法院申请撤销仲裁裁决的当事人称申请人，仲裁裁决中的对方当事人为被申请人。司法解释的基本考虑是：其一，任何民事诉讼程序中的当事人不应当只有一方当事人参与，难以查清案件事实。法律赋予一方当事人发动诉讼活动的权利，必然赋予与该诉讼活动相关的其他人参与该诉讼活动的权利。因为民事法律关系总是涉及两方或多方当事人的权利义务，只是他方当事人在一些特定情况下并不参加或直接参加诉讼活动。其二，一方当事人接受仲裁裁决，另一方当事人不接受仲裁裁决时，仲裁裁决被撤销必然影响接受仲裁裁决当事人的权利。因而，仲裁程序中的一方当事人申请撤销仲裁裁决，赋予另一方当事人参与诉讼活动，不仅有利于案件事实的查清，也有利于维护当事人的合法权益，防止当事人利用诉讼活动拖延履行其应尽义务。其三，如果仲裁程序中的双方当事人都申请撤销仲裁裁决时，都列为申请人而没有被申请人，其情形如同一审判决后各方当事人都提出上诉时只有上诉人而没有被上诉人。因此，是否在申诉撤销仲裁裁决案件中列明被申请人，有利于保护当事人的诉讼权利，维护仲裁裁决的权威。

既然最高人民法院明确此类案件的当事人包括申请人和被申请人，因而人民法院在受理此类案件后，应当向被申请人送达应诉通知书。

三、申请撤销仲裁裁决案件的诉讼费用问题

《民事诉讼法》第一百零七条[①]规定，当事人进行民事诉讼，应当按照规定交纳案件受理费。《民事诉讼法（试行）》也有相同的规定。根据这些规定，最高人民法院除制定了专门的《人民法院诉讼收费办法》外，在《最高人民法院关于适用〈中华人民共和国民事诉讼法〉若干问题的意见》中也对诉讼费用问题作出了补充规定。但是，《仲裁法》中规定的申请撤销仲裁案件是新类型案件。以前的司法解释没有涉及。对这类案件如何收费，有两种不同的意见：一是按照财产案件收费；二是按照非财产案件收费。因此，《审理当事人申请撤销仲裁裁决案的批复》第三条根据《人民法院诉讼收费办法》确定的原则，规定当事人向人民法院申请撤销仲裁裁决的案件，应当按照非财产案件收费标准计收案件受理费。这主要是考虑到人民法院对申请撤销仲裁裁决案件的审理仅仅是审查仲裁裁决是否应当被撤销，而不直接审理当事人之间的权利义务关系。按《审理当事人申请撤销仲裁裁决案的批复》的规定，人民法院对这类案件收取的费用，无论仲裁裁决是否被撤销，都由申请人交纳和承担。

（撰稿人：汪治平）

① 现为《民事诉讼法》（2023年修正）第一百二十一条。

最高人民法院
关于未被续聘的仲裁员在原参加审理的案件裁决书上签名人民法院应当执行该仲裁裁决书的批复

法释〔1998〕21号

（1998年7月13日最高人民法院审判委员会第1001次会议通过
1998年8月31日最高人民法院公告公布　自1998年9月5日起施行）

广东省高级人民法院：

你院〔1996〕粤高法执函字第5号《关于未被续聘的仲裁员继续参加审理并作出裁决的案件，人民法院应否立案执行的请示》收悉。经研究，答复如下：

在中国国际经济贸易仲裁委员会深圳分会对深圳东鹏实业有限公司与中国化工建设深圳公司合资经营合同纠纷案件仲裁过程中，陈野被当事人指定为该案的仲裁员时具有合法的仲裁员身份，并参与了开庭审理工作。之后，新的仲裁员名册中没有陈野的名字，说明仲裁机构不再聘任陈野为仲裁员，但这只能约束仲裁机构以后审理的案件，不影响陈野在此前已合法成立的仲裁庭中的案件审理工作。其在该仲裁庭所作的〔94〕深国仲结字第47号裁决书上签字有效。深圳市中级人民法院应当根据当事人的申请对该仲裁裁决书予以执行。

此复。

【导读及适用要点】

一、挑选仲裁员的两种方式

我国《仲裁法》第六条第一款规定："仲裁委员会应当由当事人协议选

定。”但仲裁机构不从事具体裁决争议的工作，该项工作由仲裁员组成的仲裁庭负责。所以，挑选仲裁员就成为启动仲裁程序和赋予仲裁员权利的重要环节。当事人选择仲裁员通常有两种方式：一种方式是由当事人任意选择，即当事人双方可以自由选择争议相关方面的专家或者内行人担任仲裁员；另一种方式是法律对仲裁员的资格作出强制性规定，然后由仲裁机构根据法律的规定聘请仲裁员，将受聘仲裁员列入仲裁机构的仲裁员名册中。我国《仲裁法》第十三条第二款对仲裁员的条件作出了明确规定，仲裁机构只能从符合条件的人中聘任仲裁员；《仲裁法》还规定了，仲裁机构按不同专业设仲裁员名册。当事人只能从仲裁员名册中选择仲裁员。

二、具体案件的仲裁员的选定

列入仲裁员名册的人并不当然享有仲裁案件的权利。仲裁员只有被当事人选定或者被仲裁机构指定后，才实际享有仲裁案件的权利。因而《仲裁法》规定，当事人申请仲裁时，仲裁机构受理后，应当将仲裁员名册送达给当事人。由当事人选择或者委托仲裁机构指定仲裁员。仲裁员选定后，仲裁庭即告组成。如果不存在回避或者其他不能履行职责的事由，仲裁员即有权仲裁或参与仲裁的权利，他在仲裁裁决书的签名具有法律效力。仲裁裁决生效后，当事人应当自觉履行义务。

三、仲裁员的任期及仲裁权

按照我国《仲裁法》的规定，只有符合法定条件的人才可以被聘任为某一仲裁机构的仲裁员。被聘为仲裁员的，即可列入仲裁员名册。《仲裁法》没有对仲裁员的任期作出规定，只在第三十八条中规定了除名的条件。但是，既然仲裁员是仲裁机构聘任的，那么仲裁机构也当然享有解聘仲裁员的权利。《仲裁委员会章程示范文本》（1995年7月28日国务院办公厅发布）第十四条第二款规定：“仲裁员的聘任期为3年，期满可以继续聘任。”第二十三条规定：“仲裁员有下列情形之一的，仲裁委员会应当予以解聘：（一）隐瞒应当回避的情形，对案件审理产生不良影响的；（二）无正当理由不到庭审理案件的；（三）有不宜继续担任仲裁员的其他情形的。”因此，仲裁员的任期为3年，期满可以继续聘任；期满前可以依法被解聘。仲裁员任期届满或被解聘的，仲裁机构即将其名字从仲裁员名册中剔除。

仲裁员的权利或者权力表现在仲裁案件上，没有被选定或指定为具体案件的仲裁员，即使被列入仲裁员名册，也不能行使仲裁权。当某人被选定为仲裁员时，他即享有对本案完整的仲裁权。这种仲裁权表现在多方面，包括参与仲裁庭的审理活动、进行裁决、在裁决书上签名等。尽管仲裁员名册中的某人被当事人选定或仲裁机构指定为某一案件仲裁员后，在该案裁决作出前，仲裁机构将该人名字从仲裁员名册上取消或者不再列入新的仲裁员名册中，只表明该人不能再被选定或指定为该仲裁机构受理的案件的仲裁员。正如《最高人民法院关于未被续聘的仲裁员在原参加审理的案件裁决书上签名，人民法院应当执行该仲裁裁决书的批复》所述，新的仲裁员名册中没有某人的名字，只说明了仲裁机构不再聘任他为仲裁员，但这只能约束仲裁机构以后审理的案件，不影响在此前已合法成立的仲裁庭中的案件审理工作。如果以仲裁员是否列入仲裁员名册确定其仲裁权，则不利于案件的裁决。因为案件必须重新选定或者指定仲裁员。

（四）《最高人民法院关于未被续聘的仲裁员在原参加审理的案件裁决书上签名，人民法院应当执行该仲裁裁决书的批复》贯彻了当事人意思自治的精神

当事人意思自治是仲裁赖以存在的基石，是仲裁权产生、行使的重要原则，它贯穿于仲裁制度的各个方面。虽然不同时期不同国家对当事人意思自治的尊重与限制有所不同，但没有当事人的意思自治就没有仲裁制度。随着市场经济体制的建立与完善，仲裁在解决民事纠纷中的优势日益凸显，仲裁被认为是“以当事人授权和法律授权为其实现的基础”。[①] 基于这一理念，仲裁制度得到国家的普遍支持与尊重，这也是当事人意志得到更为广泛尊重的表现与结果。我国《仲裁法》正是充分肯定当事人的意思自主权才得以出台的，《最高人民法院关于未被续聘的仲裁员在原参加审理的案件裁决书上签名，人民法院应当执行该仲裁裁决书的批复》既是贯彻《仲裁法》的必然结果，也是人民法院在民事诉讼活动中尊重当事人意思自治的体现。

（撰稿人：汪治平）

① 参见乔欣：《仲裁权研究》，法律出版社 2001 年版，第 4 页。

最高人民法院
关于确认仲裁协议效力几个问题的批复

法释〔1998〕27号

（1998年10月21日最高人民法院审判委员会第1029次会议通过
1998年10月26日最高人民法院公告公布　自1998年11月5日起施行）

山东省高级人民法院：

你院鲁高法函〔1997〕84号《关于认定重建仲裁机构前达成的仲裁协议的效力的几个问题的请示》收悉。经研究，答复如下：

一、在《中华人民共和国仲裁法》实施后重新组建仲裁机构前，当事人达成的仲裁协议只约定了仲裁地点，未约定仲裁机构，双方当事人在补充协议中选定了在该地点依法重新组建的仲裁机构的，仲裁协议有效；双方当事人达不成补充协议的，仲裁协议无效。

二、在仲裁法实施后依法重新组建仲裁机构前，当事人在仲裁协议中约定了仲裁机构，一方当事人申请仲裁，另一方当事人向人民法院起诉的，经人民法院审查，按照有关规定能够确定新的仲裁机构的，仲裁协议有效。对当事人的起诉，人民法院不予受理。

三、当事人对仲裁协议的效力有异议，一方当事人申请仲裁机构确认仲裁协议效力，另一方当事人请求人民法院确认仲裁协议无效，如果仲裁机构先于人民法院接受申请并已作出决定，人民法院不予受理；如果仲裁机构接受申请后尚未作出决定，人民法院应予受理，同时通知仲裁机构终止仲裁。

四、一方当事人就合同纠纷或者其他财产权益纠纷申请仲裁，另一方当事人对仲裁协议的效力有异议，请求人民法院确认仲裁协议无效并就合同纠纷或者其他财产权益纠纷起诉的，人民法院受理后应当通知仲裁机构中止仲裁。人民法院依法作出仲裁协议有效或者无效的裁定后，应当将裁定书副本送达仲裁机构，由仲裁机构根据人民法院的裁定恢复仲裁或者撤销仲裁案件。

人民法院依法对仲裁协议作出无效的裁定后，另一方当事人拒不应诉的，人民法院可以缺席判决；原受理仲裁申请的仲裁机构在人民法院确认仲裁协议无效后仍不撤销其仲裁案件的，不影响人民法院对案件的审理。

此复。

【导读及适用要点】

一、《确认仲裁协议效力几个问题的批复》的指导思想

对仲裁协议的效力认定，《确认仲裁协议效力几个问题的批复》，首先是严格依照《仲裁法》的规定，全面准确地贯彻《仲裁法》的精神；其次是注意和国务院及最高人民法院已经发布的有关文件前后衔接。

仲裁协议包括合同中订立的仲裁条款和以其他书面方式在纠纷发生前或者纠纷发生后达成的请求仲裁的协议。依照我国《仲裁法》第四条、第六条、第十六条、第十八条的规定，仲裁协议应当具有：（1）请求仲裁的意思表示；（2）仲裁事项；（3）选定的仲裁机构。没有约定仲裁机构或约定不明确的，可以补充协议，达不成补充协议的，仲裁协议无效。据此，《确认仲裁协议效力几个问题的批复》第一条作出了规定。国务院办公厅《关于贯彻实施仲裁法需要明确的几个问题的通知》（国办发〔1996〕22 号）规定，《仲裁法》施行前当事人依法订立的仲裁协议继续有效。《最高人民法院关于实施《仲裁法》几个问题的通知》重申了这一点，《仲裁法》施行前当事人依法订立的仲裁协议继续有效，有关当事人向人民法院起诉的，人民法院不予受理。《最高人民法院关于确认仲裁协议效力几个问题的批复》（以下简称《确认仲裁协议效力几个问题的批复》）继续贯彻了这一规定精神。

应当注意的，一是对"继续有效"如何理解问题。"仲裁法施行前当事人依法订立的仲裁协议继续有效"的前提是《仲裁法》施行前当事人订立的仲裁协议不仅按照当时国家有关仲裁的规定衡量是有效的，而且在《仲裁法》施行后按照《仲裁法》的规定判断也必须是有效的。《仲裁法》属于程序法，对于其施行前当事人订立的仲裁协议具有溯及力。因此，在《仲裁法》施行后，判断仲裁协议（包括《仲裁法》施行前的）效力只能以《仲裁法》为依

据。二是仲裁机构的选定问题。一种意见认为，仲裁协议未约定仲裁机构的，应当认定无效。另一种意见认为，虽然仲裁协议未约定仲裁机构，只要约定的仲裁地点已依法重新组建仲裁机构的，该机构应当受理仲裁申请，意即协议有效。《确认仲裁协议效力几个问题的批复》采纳了第一种意见，即协议无效。因为《仲裁法》对此规定是明确的，无论是重新组建仲裁机构前还是重新组建仲裁机构后，仲裁协议只约定了仲裁地点而未约定仲裁机构的，仲裁协议无效，除非当事人就仲裁机构问题达成了补充协议。对于涉外贸易合同中关于在中国仲裁或者在中方所在国仲裁的约定，如果说在《仲裁法》施行前，以中国国际经济贸易仲裁委员会是当时中国唯一的涉外经济贸易纠纷的专门仲裁机构为由，认定仲裁协议有效还有一定道理，那么，在《仲裁法》施行后上述理由已经不复存在了。

二、仲裁机构的重组

根据《民事诉讼法》第一百一十一条[①]第二项和《仲裁法》第五条的规定，《确认仲裁协议效力几个问题的批复》第二条规定，《仲裁法》实施后依法重新组建仲裁机构前，当事人在仲裁协议中约定了仲裁机构，一方当事人申请仲裁，另一方当事人向人民法院起诉的，经人民法院审查，按照有关规定能够确定新的机构的，仲裁协议有效，对当事人的起诉，人民法院不予受理。仲裁机构重组以前，当事人达成的仲裁协议既约定了仲裁事项，也约定了仲裁机构，发生纠纷时仲裁机构已经重组，双方仍然愿意仲裁并达成新的仲裁协议选定新组建的仲裁委员会仲裁的，由新组建的仲裁委员会受理；当事人双方书面放弃仲裁后，一方当事人向人民法院起诉的，人民法院应当依法受理；一方当事人向仲裁机构申请仲裁，另一方当事人向人民法院提起诉讼的，只要当事人在仲裁协议中约定的仲裁机构具有确定性，即按照国办发〔1996〕22号通知能够确定新的仲裁机构的，原仲裁协议继续有效，其前提是协议中有仲裁机构的约定，以体现《仲裁法》的规定精神，又与国办发〔1996〕22号通知相一致。

人民法院审查仲裁协议约定的仲裁机构是否明确的标准是《确认仲裁

① 现为《民事诉讼法》(2023年修正)第一百二十七条。

协议效力几个问题的批复》第二条所述有关规定。有关规定指的是国办发〔1996〕22号通知第一条的规定，即原仲裁协议选定由直辖市或者省、自治区人民政府所在地的市或者其他设区的市范围内原各级仲裁机构仲裁的，分别由原仲裁机构所在地的直辖市或者省、自治区人民政府所在地的市或者其他设区的市新组建的仲裁委员会受理；原仲裁机构所在的地方依法不能组建或者可以组建但未组建仲裁委员会的，由省、自治区人民政府所在地的市新组建的仲裁委员会受理。

《确认仲裁协议效力几个问题的批复》第二条第一句“仲裁法实施后”与“有关规定”中“仲裁协议”适用的时间范围“仲裁法施行前”似有逻辑上的矛盾，实际上“仲裁法实施后”并不限制全段，它只是“依法重新组建”的前提，《仲裁法》是重新组建仲裁机构的依据。本段的时间界限是“重新组建仲裁机构前”，而不是“仲裁法实施后”。我们认为，《仲裁法》实施前当事人订立的仲裁协议更应当适用这一条。

《确认仲裁协议效力几个问题的批复》第二条最后一句“对当事人的起诉，人民法院不予受理”，不包括当事人就仲裁协议的效力提起的诉讼。

三、仲裁与诉讼的交叉

对于就仲裁协议的效力，一方申请仲裁一方提起诉讼的问题，《确认仲裁协议效力几个问题的批复》坚持两个原则：

一是意思自治和诉讼经济原则。依照《仲裁法》第二十条的规定，当事人对仲裁协议的效力有异议的，可以请求仲裁委员会作出决定。可见，仲裁机构有权就仲裁协议的效力作出决定。因此，如其先于法院受理并且已经作出决定，人民法院则不再受理当事人的起诉。这样做既尊重了当事人的意志，便利了当事人，兼顾了仲裁机构，又减轻了讼累。

二是司法优先原则。与《民事诉讼法》第一百一十一条[①]和《仲裁法》第五条所确定的有效仲裁协议排斥诉讼的规定相反，依照《仲裁法》第二十条的规定，当事人对仲裁协议的效力有异议，一方请求仲裁机构决定，另一方请求法院裁决的，由法院裁决。可见，人民法院就仲裁协议的效力享有优先

① 现为《民事诉讼法》（2023年修正）第一百二十七条。

裁决权。因此，凡仲裁机构尚未作出决定的，应由人民法院裁决，仲裁机构的审查应予终止。

根据以上原则，《确认仲裁协议效力几个问题的批复》第三条终止的仅仅是对仲裁协议效力的仲裁程序，不包括对经济贸易实体争议的仲裁程序。无论是一方当事人单就仲裁协议效力申请仲裁机构决定，还是就整个经济贸易纠纷申请仲裁，而另一方当事人就仲裁协议的效力问题向人民法院提起诉讼的，均应司法优先。《确认仲裁协议效力几个问题的批复》第三、四条均以此为原则。有人主张仲裁机构先于法院接受申请并已受理的，由仲裁机构决定。我们认为这种观点不完全符合《仲裁法》第二十条第一款规定的精神。当事人因对仲裁协议的效力有异议而起诉的，人民法院受理的条件除了仲裁机构尚未就仲裁协议的效力作出决定外，还应当有一个时间界限，即当事人是在仲裁庭首次开庭前提起诉讼的。当事人在仲裁庭开庭后提起诉讼的，人民法院不予受理。

四、程序与实体的混合

在仲裁协议有效成立的情况下，仲裁是排斥诉讼的。《民事诉讼法》第一百一十一条[①]第二项规定，双方当事人对合同纠纷自愿达成书面仲裁协议向仲裁机构申请仲裁、不得向人民法院起诉的，人民法院不受理当事人的起诉；《仲裁法》第五条规定："当事人达成仲裁协议，一方向人民法院起诉的，人民法院不予受理，但仲裁协议无效的除外。"在双方当事人对仲裁协议的效力有争议时，一方申请仲裁，另一方提起诉讼，依照《仲裁法》第二十条的规定，司法优先，由人民法院裁定。然而，提起诉讼的一方当事人既要求确认仲裁协议无效，又要求解决实体争议时如何处理？对此，《确认仲裁协议效力几个问题的批复》第四条作出了规定。

在这里，"通知仲裁机构中止仲裁"，中止的是仲裁机构的实体仲裁。仲裁机构中止仲裁后是恢复仲裁还是撤销仲裁案件，取决于人民法院作出的是仲裁协议有效的裁定还是仲裁协议无效的裁定。裁定仲裁协议无效的，仲裁机构在收到人民法院的裁定书副本以后，应当及时撤销仲裁案件，移送有关

① 现为《民事诉讼法》（2023 年修正）第一百二十七条。

人民法院，并通知仲裁申请人；仲裁协议有效的，人民法院在送达仲裁书副本给仲裁机构的同时，应当及时驳回当事人就合同纠纷或其他财产权益纠纷的起诉。人民法院裁定仲裁协议无效后，应当及时审理合同纠纷或其他财产权益纠纷，不受被告不应诉或者仲裁机构不撤销案件的影响。

（撰稿人：曹守晔）

最高人民法院
关于当事人对人民法院撤销仲裁裁决的裁定不服申请再审人民法院是否受理问题的批复

法释〔1999〕6号

（1999年1月29日最高人民法院审判委员会第1042次会议通过
1999年2月11日最高人民法院公告公布　自1999年2月16日起施行）

陕西省高级人民法院：

你院陕高法〔1998〕78号《关于当事人对人民法院撤销仲裁裁决的裁定不服申请再审是否应当受理的请示》收悉。经研究，答复如下：

根据《中华人民共和国仲裁法》第九条规定的精神，当事人对人民法院撤销仲裁裁决的裁定不服申请再审的，人民法院不予受理。

此复。

【导读及适用要点】

一、撤销仲裁裁决裁定是不可上诉的裁定

《民事诉讼法》只规定人民法院可以依法作出不予执行仲裁裁决的规定，

未规定可以作出撤销仲裁裁决的裁定。1994 年 8 月 31 日全国人大常委会通过的《中华人民共和国仲裁法》第五十八条[①]规定："当事人提出证据证明裁决有下列情形之一的，可以向仲裁委员会所在地的中级人民法院申请撤销裁决：（一）没有仲裁协议的；（二）裁决的事项不属于仲裁协议的范围或者仲裁委员会无权仲裁的；（三）仲裁庭的组成或者仲裁的程序违反法定程序的；（四）裁决所根据的证据是伪造的；（五）对方当事人隐瞒了足以影响公正裁决的证据的；（六）仲裁员在仲裁该案时有索贿受贿，徇私舞弊，枉法裁决行为的。人民法院经组成合议庭审查核实裁决有前款规定情形之一的，应当裁定撤销。人民法院认定该裁决违背社会公共利益的，应当裁定撤销。"依照本条规定，人民法院根据当事人的申请或者依职权可以依法作出撤销仲裁裁决的裁定。《民事诉讼法》第一百四十条[②]只规定不予受理裁定、对管辖权有异议的裁定和驳回起诉的裁定可以上诉，《仲裁法》未规定当事人对人民法院作出的撤销仲裁裁决的裁定有权提出上诉，因而撤销仲裁裁决的裁定一经送达即发生法律效力。

二、人民法院不受理对撤销仲裁裁决的裁定的再审申请

人民法院作出的撤销仲裁裁决的裁定生效后，如果当事人对这种裁定不服，申请法院再审，按照《最高人民法院关于当事人对人民法院撤销仲裁裁决的裁定不服申请再审人民法院是否受理问题的批复》，人民法院不予受理。

1.《民事诉讼法》第一百七十九条[③]的规定仅是申请再审的一般条件

《民事诉讼法》第一百七十九条规定："当事人的申请符合下列情形之一的，人民法院应当再审：（一）有新的证据，足以推翻原判决、裁定的；（二）原判决、裁定认定事实的主要证据不足的；（三）原判决、裁定适用法律确有错误的；（四）人民法院违反法定程序，可能影响案件正确判决、裁定的；（五）审判人员在审理该案件时有贪污受贿，徇私舞弊，枉法裁判行为的。"这是《民事诉讼法》规定的当事人对生效判决、裁定申请再审的一般条件。当事人申请再审除符合一般条件外，还必须符合其他规定。例如，《民事诉讼

---

① 现为《中华人民共和国仲裁法》（2017 年修正）第五十八条。

② 现为《民事诉讼法》（2023 年修正）第一百五十七条。

③ 现为《民事诉讼法》（2023 年修正）第二百一十一条、第二百一十五条。

法》第一百八十一条[①]规定，当事人对已经生效的解除婚姻关系的判决不得申请再审；《民事诉讼法》第一百八十二条[②]规定当事人申请应当在判决、裁定生效后六个月内提出。因此，对人民法院作出的撤销仲裁裁决的裁定，当事人不可仅援引《民事诉讼法》第一百七十九条的规定要求人民法院申请再审。

2．对撤销仲裁裁决的裁定再审不符合诉讼效益原则

现代司法追求公正与效益。司法效益是指用最短的时间和最低的成本公正解决当事人的法律争议。法律未赋予当事人对撤销仲裁裁决的裁定的上诉权就是基于司法效益原则。如果允许当事人对撤销仲裁裁决的裁定申请再审，就违背了这一原则。允许当事人对这一裁定申请再审，则裁定的效力总是处于不稳定状态，当事人的法律争议就会久拖不决。

3．对撤销仲裁裁决的再审不符合仲裁的原则

仲裁是与诉讼不同的解决当事人法律争议的一种重要方式，仲裁与诉讼相比，最大的特点是效率迅速。为体现这一特性，《仲裁法》第九条第一款规定："仲裁实行一裁终局的制度。裁决作出后，当事人就同一纠纷再申请仲裁或者向人民法院起诉的，仲裁委员会或者人民法院不予受理。"如果允许当事人就原撤销仲裁裁决的裁定申请再审，则仲裁裁决的效力总是处于待定状态。这样，法院对仲裁的监督与支持双重功能就剩下监督一项，而且严重地危及仲裁作用的充分发挥。

4．法院不受理对撤销仲裁裁决裁定的再审申请，当事人仍然享有其他救济权利

人民法院依法不受理对撤销仲裁裁决裁定的再审申请，既不表明法院作出的这种裁定不可能存在任何错误，也不表明这种可能确有错误的裁定影响当事人权利时，当事人再没有其他救济渠道。人民法院作出的撤销仲裁裁决的裁定不是对当事人实体权利义务争议的最终解决，只是解决当事人法律争议整个程序中的一个阶段。《仲裁法》第九条第二款规定："裁决被人民法院依法裁定撤销或者不予执行的，当事人就该纠纷可以根据双方重新达成的仲裁协议申请仲裁，也可以向人民法院起诉。"因此，仲裁裁决被人民法院依法

① 现为《民事诉讼法》（2023年修正）第二百一十三条。
② 现为《民事诉讼法》（2023年修正）第二百一十六条。

撤销后，当事人仍然享有两项救济方式：一是根据双方重新达成的仲裁协议申请仲裁；二是向人民法院提起民事诉讼。

（撰稿人：汪治平）

最高人民法院
关于人民检察院对撤销仲裁裁决的民事裁定提起抗诉人民法院应如何处理问题的批复

法释〔2000〕17号

（2000年6月30日最高人民法院审判委员会第1121次会议通过
2000年7月10日最高人民法院公告公布　自2000年7月15日起施行）

陕西省高级人民法院：

你院陕高法〔1999〕183号《关于下级法院撤销仲裁裁决的民事裁定确有错误，检察机关抗诉应如何处理的请示》收悉。经研究，答复如下：

检察机关对发生法律效力的撤销仲裁裁决的民事裁定提起抗诉，没有法律依据，人民法院不予受理。依照《中华人民共和国仲裁法》第九条的规定，仲裁裁决被人民法院依法撤销后，当事人可以重新达成仲裁协议申请仲裁，也可以向人民法院提起诉讼。

此复。

【导读及适用要点】

一、撤销仲裁裁决的民事裁定的含义

《仲裁法》第五章“申请撤销裁决”对申请撤销裁决的期限、撤销仲裁裁

决的条件等问题作出了详细规定。其中第五十八条规定："当事人提出证据证明裁决有下列情形之一的，可以向仲裁委员会所在地的中级人民法院申请撤销裁决：（一）没有仲裁协议的；（二）裁决的事项不属于仲裁协议的范围或者仲裁委员会无权仲裁的；（三）仲裁庭的组成或者仲裁的程序违反法定程序的；（四）裁决所根据的证据是伪造的；（五）对方当事人隐瞒了足以影响公正裁决的证据的；（六）仲裁员在仲裁该案时有索贿受贿，徇私舞弊，枉法裁决行为的。人民法院经组成合议庭审查核实裁决有前款规定情形之一的，应当裁定撤销。人民法院认定该裁决违背社会公共利益的，应当裁定撤销。"人民法院依据《仲裁法》的上述规定，根据当事人的申请，可以作出撤销仲裁机构裁决的民事裁定。

二、检察机关对人民法院的撤销仲裁裁决的民事裁定不可提出抗诉

依据《民事诉讼法》和《最高人民法院关于当事人对人民法院撤销仲裁裁决的裁定不服申请再审人民法院是否受理问题的批复》（法释〔1999〕6号）的规定，人民法院作出撤销仲裁裁决的民事裁定一经送达即发生法律效力，当事人不得上诉，也不得申请再审。于是，当事人向人民检察院提出抗诉申请。检察院可否对这种裁定提出抗诉呢？《民事诉讼法》第一百八十五条①对人民检察院提出抗诉的条件作出了明确规定，但并非对抗诉的范围作出明确界定。我们认为人民检察院除可以对不予受理、驳回起诉等裁定提出抗诉外，对其他大多数裁定不可提出抗诉。就人民法院撤销仲裁裁决的民事裁定而言，人民检察院也不应当提出抗诉。理由如下：

1.《民事诉讼法》和《仲裁法》都未规定人民检察院对此类裁定可以提出抗诉。

2. 人民法院无法审理此种抗诉案件。根据《仲裁法》第五十八条第一款和《民事诉讼法》第一百五十八条②第一款的规定，只有中级人民法院才有权作出撤销仲裁裁决的民事裁定，相应地只有省一级的检察院才有权对此种裁定提出抗诉，而按照检察院"抗审同级"的要求，对检察院的这种抗诉案件

① 现为《民事诉讼法》（2023年修正）第二百一十九条。
② 现为《民事诉讼法》（2023年修正）第一百八十二条。

只有高级法院才可审理，但按照《民事诉讼法》第一百八十四条[①]第一款的规定，上级法院审理再审案件应当按照二审程序进行，而《民事诉讼法》对此种案件的审理却没有相应的程序规定。

3.《仲裁法》第九条规定，裁决被高级人民法院依法裁定撤销或者不予执行的，当事人就该纠纷可以根据双方重新达成的仲裁协议申请仲裁，也可以向人民法院起诉。该条规定了此类案件的救济程序，人民法院依法撤销仲裁裁决，并不是解决当事人的实体争议，当事人的实体权利仍然可以通过仲裁或诉讼的途径予以最终解决。

4. 法律规定的仲裁和撤销仲裁制度体现了当事人的自愿和方便、快捷原则，如果程序上过于烦琐只会增加当事人不必要的负担。

最高人民法院就人民检察院对法院作出的生效裁定提出抗诉的问题已经作过多次司法解释，法释〔2000〕17号批复具体针对人民检察院对撤销仲裁裁决的民事裁定而提出抗诉的情况。如果人民检察院坚持对这类裁定提出抗诉，人民法院可以书面通知其不予受理。

当然，人民法院作出撤销仲裁裁决的民事裁定，当事人不得上诉和申请再审，人民检察院不得抗诉，并不意味着人民法院对仲裁机构所作的裁决可以随意撤销。法院对仲裁的监督必须遵循以事实为根据、以法律为准绳的原则。

（撰稿人：汪治平

审稿人：曹守晔）

---

① 现为《民事诉讼法》（2023年修正）第二百一十八条。

最高人民法院
关于当事人对驳回其申请撤销仲裁裁决的裁定不服而申请再审，人民法院不予受理问题的批复

法释〔2004〕9号

（2004年7月20日最高人民法院审判委员会第1320次会议通过
2004年7月26日最高人民法院公告公布　自2004年7月29日起施行）

陕西省高级人民法3院：

你院陕高法〔2004〕225号《关于当事人不服人民法院驳回其申请撤销仲裁裁决的裁定申请再审，人民法院是否受理的请示》收悉。经研究，答复如下：

根据《中华人民共和国仲裁法》第九条规定的精神，当事人对人民法院驳回其申请撤销仲裁裁决的裁定不服而申请再审的，人民法院不予受理。

此复。

【导读及适用要点】

一、《民事诉讼法》第一百七十九条[①]的规定仅仅是申请再审的一般条件

《民事诉讼法》第一百七十九条规定："当事人的申请符合下列情形之一的，人民法院应当再审：（一）有新的证据，足以推翻原判决、裁定的；（二）原判决、裁定认定事实的主要证据不足的；（三）原判决、裁定适用法律确有错误的；（四）人民法院违反法定程序，可能影响案件正确判决、裁定的；

① 现为《民事诉讼法》（2023年修正）第二百一十一条、第二百一十五条。

（五）审判人员在审理该案件时有贪污受贿，徇私舞弊，枉法裁判行为的。人民法院对不符合前款规定的申请，予以驳回。”本条规定只是当事人对生效判决、裁定提出再审申请的一般条件。当事人的再审申请除符合本条规定外，还必须符合其他法律规定，人民法院才应当受理。例如，《民事诉讼法》第一百八十一条[①]规定，当事人对已经生效的解除婚姻关系的判决不得申请再审；《民事诉讼法》第一百八十二条[②]还规定，当事人申请再审应当在判决、裁定生效后六个月内提出。又如，再审的次数问题，在《民事诉讼法》中并未规定，但并非可依据《民事诉讼法》第一百七十七条[③]的规定无次数限制的再审，否则法律关系永远处于不稳定状态。因此，对《民事诉讼法》第一百七十七条中的“裁定”应当作狭义理解，即仅指可以提出上诉的裁定。

二、对驳回撤销仲裁裁决申请的裁定再审不符合诉讼效益原则

现代司法追求公正与效益。司法效益，是指用最短的时间和最低的社会成本公正解决当事人的法律争议。法律未赋予当事人对驳回撤销仲裁裁决的裁定的上诉权就是基于司法效益原则。如果允许当事人对这一裁定申请再审，就违背了这一原则。允许当事人对这一裁定申请再审，则裁定的效力总是处于不稳定状态，诉讼程序难以顺利进行，其结局是当事人的法律争议久拖不决。

三、对驳回撤销仲裁裁决申请的裁定再审不符合仲裁的原则

仲裁与诉讼是解决当事人法律争议的两种有效方式。仲裁与诉讼相比，最大的优点是效率高。为体现仲裁的这一优点，《仲裁法》第九条第一款规定：“仲裁实行一裁终局的制度。裁决作出后，当事人就同一纠纷再申请仲裁或者向人民法院起诉的，仲裁委员会或者人民法院不予受理。”尽管《仲裁法》赋予当事人申请撤销仲裁裁决的权利，但一旦法院作出撤销仲裁裁决或者驳回当事人撤销仲裁裁决的裁定应当立即发生法律效力，同样是“一裁终局”。如果允许当事人对驳回撤销仲裁裁决的裁定申请再审，不仅法院裁定总

---

① 现为《民事诉讼法》（2023 年修正）第二百一十三条。
② 现为《民事诉讼法》（2023 年修正）第二百一十六条。
③ 现为《民事诉讼法》（2023 年修正）第二百零九条。

是处于效力待定状态，仲裁裁决也同样处于效力待定状态。这样，法院对仲裁的支持与监督的双重功能只剩下监督一项，而且严重危及仲裁功能的充分发挥，违反仲裁的效益原则。

四、人民法院不受理驳回撤销仲裁裁决的裁定的再审申请，当事人仍然享有其他救济权利

当事人不得对人民法院作出的驳回撤销仲裁裁决的裁定申请再审，既不表明这种裁定不会出“错”，也不表明这种可能出“错”的裁定影响当事人的民事权利时当事人没有救济渠道。人民法院作出驳回撤销仲裁裁决申请的裁定，只是对解决当事人法律争议整个过程中的一个程序性问题作出了处理，不是对当事人实体民事权利义务争议的最终解决。因此，如果当事人认为仲裁机构所作出的仲裁裁决确有错误，仍可以依据《民事诉讼法》第二百一十七条[①]的规定，申请人民法院对仲裁裁决裁定不予执行。《民事诉讼法》第二百一十七条[②]规定，“对依法设立的仲裁机构的裁决，一方当事人不履行的，对方当事人可以向有管辖权的人民法院申请执行。受申请的人民法院应当执行。被申请人提出证据证明仲裁裁决有下列情形之一的，经人民法院组成合议庭审查核实，裁定不予执行：（一）当事人在合同中没有订有仲裁条款或者事后没有达成书面仲裁协议的；（二）裁决的事项不属于仲裁协议的范围或者仲裁机构无权仲裁的；（三）仲裁庭的组成或者仲裁的程序违反法定程序的；（四）认定事实的主要证据不足的；（五）适用法律确有错误的；（六）仲裁员在仲裁该案时有贪污受贿，徇私舞弊，枉法裁决行为的。人民法院认定执行该裁决违背社会公共利益的，裁定不予执行。裁定书应当送达双方当事人和仲裁机构。仲裁裁决被人民法院裁定不予执行的，当事人可以根据双方达成的书面仲裁协议重新申请仲裁，也可以向人民法院起诉。”对比《仲裁法》第五十八条和《民事诉讼法》第二百一十七条[③]的规定，《民事诉讼法》规定的对仲裁裁决的审查标准比《仲裁法》的规定严格得多，从程序到实体（包括认定事实、适用法律）各个方面对仲裁裁决进行审查。因此，人民法院裁定

① 现为《民事诉讼法》（2023年修正）第二百四十七条。

② 现为《民事诉讼法》（2023年修正）第二百四十八条。

③ 现为《民事诉讼法》（2023年修正）第二百四十七条。

驳回撤销仲裁裁决申请后，当事人仍可以向人民法院申请对仲裁裁决不予执行。这一救济方式较申请撤销仲裁裁决有效得多。

五、不受理对驳回撤销仲裁裁决裁定的再审申请与保护当事人的诉权不冲突

有人认为如果人民法院不受理对驳回仲裁裁决的裁定的再审申请，会影响当事人诉权的行使。诉权是法律赋予当事人进行诉讼的权利，其表现形式是各种具体的诉讼权利。诉讼的行使应当有法律依据。既然《民事诉讼法》和《仲裁法》没有赋予当事人对驳回撤销仲裁裁决的裁定申请再审的权利，因而人民法院不受理对驳回撤销仲裁裁决的裁定的再审申请与保护当事人的诉权不相冲突。

六、《最高人民法院关于当事人对驳回其申请撤销仲裁裁决的裁定不服而申请再审，人民法院不予受理问题的批复》与最高人民法院其他司法解释精神一致

最高人民法院为贯彻实施《民事诉讼法》和《仲裁法》依法作出了一系列的司法解释。《最高人民法院关于当事人对人民法院撤销仲裁裁决的裁定不服申请再审人民法院是否受理问题的批复》(法释〔1999〕6号)规定："根据《中华人民共和国仲裁法》第九条规定的精神，当事人对人民法院撤销仲裁裁决的裁定不服申请再审的，人民法院不予受理。"《最高人民法院关于当事人对驳回其申请撤销仲裁裁决的裁定不服而申请再审，人民法院不予受理问题的批复》明确人民法院不受理当事人对驳回撤销仲裁裁决的裁定而提出的再审申请，有利于维护人民法院裁定的权威，也与既有的司法解释精神一脉相承。

（撰稿人：汪治平
审稿人：邵文虹）

最高人民法院
关于人事争议申请仲裁的时效期间如何计算的批复

法释〔2013〕23号

（2013年9月9日最高人民法院审判委员会第1590次会议通过
2013年9月12日最高人民法院公告公布　自2013年9月22日起施行）

四川省高级人民法院：

你院《关于事业单位人事争议仲裁时效如何计算的请示》（川高法〔2012〕430号）收悉。经研究，批复如下：

依据《中华人民共和国劳动争议调解仲裁法》第二十七条第一款、第五十二条的规定，当事人自知道或者应当知道其权利被侵害之日起一年内申请仲裁，仲裁机构予以受理的，人民法院应予认可。

【导读及适用要点】

一、人事争议的仲裁时效期间应确定为一年

在《最高人民法院关于人事争议申请仲裁的时效时间如何计算的批复》（以下简称《时效时间如何计算的批复》）起草过程中，对人事争议的仲裁时效期间如何计算问题，也形成了两种意见：第一种意见认为，人事争议仲裁时效应当适用《人事争议处理规定》相关规定，确定为六十日。理由在于，事业单位人事争议仲裁具有一定的行政色彩，显然区别于平等主体之间的劳动争议仲裁，且事业单位人事争议仲裁时效是一个实体问题，在《人事争议处理规定》第十六条明确规定事业单位人事争议仲裁时效为六十日的前提下，应当优先适用该规定，不能适用《劳动争议调解仲裁法》关于仲裁时效为一年的规定。第二种意见认为，人事争议的仲裁时效期间应适用《劳动争议调

解仲裁法》的规定，确定为一年。理由在于，《劳动争议调解仲裁法》第二十七条规定了“劳动争议申请仲裁的时效期间为一年”，第五十二条又规定：“事业单位实行聘用制的工作人员与本单位发生劳动争议的，依照本法执行；法律、行政法规或者国务院另有规定的，依照其规定。”鉴于《人事争议处理规定》不属于法律、行政法规或者国务院的规定，对于除聘任制公务员与所在单位之间因履行聘任合同发生争议的人事争议仲裁时效为六十日外，包括事业单位与其工作人员、社团组织与其工作人员、军队聘用单位与其文职人员之间发生的争议，均应参照《劳动争议调解仲裁法》的规定，将仲裁时效期间确定为一年。经审慎研究，《时效时间如何计算的批复》最终采纳了第二种意见，明确事业单位人事争议仲裁的时效期间，适用《劳动争议调解仲裁法》第二十七条第一款、第五十二条的规定，确定为一年。主要理由如下：

其一，从现行法律规定的角度看。虽然《人事争议处理规定》第十六条规定：“当事人从知道或应当知道其权利受到侵害之日起六十日内，以书面形式向有管辖权的人事争议仲裁委员会申请仲裁。当事人因不可抗力或者有其他正当理由超过申请仲裁时效，经人事争议仲裁委员会调查确认的，人事争议仲裁委员会应当受理。”第二条第二项又将“事业单位与工作人员之间因解除人事关系、履行聘用合同发生的争议”纳入了《人事争议处理规定》的调整范围。但是，《劳动争议调解仲裁法》第五十二条明确规定了事业单位实行聘用制的工作人员与本单位发生劳动争议的，应当依照《劳动争议调解仲裁法》执行。虽然该条又规定了“法律、行政法规或者国务院另有规定的，依照其规定”，但依据《立法法》第七条[①]第二款、第三款的规定，“全国人民代表大会制定和修改刑事、民事、国家机构的和其他的基本法律。全国人民代表大会常务委员会制定和修改除应当由全国人民代表大会制定的法律以外的其他法律；在全国人民代表大会闭会期间，对全国人民代表大会制定的法律进行部分补充和修改，但是不得同该法律的基本原则相抵触。”第六十五条[②]第一款又规定：“国务院根据宪法和法律，制定行政法规。”对于“国务院的其他规定”，虽然立法法对此并无规定，但依照文义解释，该“规定”的制定

① 现为《立法法》（2023年修正）第十条。
② 现为《立法法》（2023年修正）第七十二条。

主体也应只能是“国务院”。而《人事争议处理规定》是由中组部、人力资源和社会保障部、总政治部联合制定，显然不是法律、行政法规或者国务院的其他规定。故根据“上位法优于下位法”的一般规则，对于人事争议仲裁时效的法律适用问题，在作为上位法的《劳动争议调解仲裁法》有明确规定的情况下，不应再适用《人事争议处理规定》第十六条的规定，应根据《劳动争议调解仲裁法》第二十七条第一款的规定，确定为一年。

其二，从依法维护事业单位工作人员合法权益的角度看。一方面，《劳动争议调解仲裁法》规定的“事业单位实行聘用制的工作人员与本单位发生劳动争议时，依照本法执行”的规定，系出于保护事业单位相关工作人员合法权益的需要。应该说事业单位人事制度较为复杂，其形成也有特殊历史原因，但从法律适用的角度看，公务员法将事业单位工作人员排除在该法的适用范围之外，导致事业单位工作人员合法权益的维护缺乏相应的法律依据。我们认为，聘用合同与劳动合同并无本质区别，将事业单位聘用制工作人员与本单位发生的劳动争议纳入劳动法的调整，不仅能够有效解决事业单位工作人员实体权利保护无法可依的局面，更能够依法充分保护事业单位工作人员的合法权益，乃至促进我国事业单位改革不断向纵深发展。正因如此，《劳动合同法》第九十六条也规定：“事业单位与实行聘用制的工作人员订立、履行、变更、解除或者终止劳动合同，法律、行政法规或者国务院另有规定的，依照其规定；未作规定的，依照本法有关规定执行。”这与《劳动争议调解仲裁法》的规定如出一辙。另一方面，《人事争议处理规定》第十六条第一款所规定的“六十日”的期间过短，确有不利于对事业单位有关工作人员合法权益的维护之嫌。虽然该条第二款规定了“当事人因不可抗力或者有其他正当理由超过申请仲裁时效，经人事争议仲裁委员会调查确认的，人事争议仲裁委员会应当受理”，但这属于人事争议仲裁委员会依照职权调查确认的事项，且“正当理由”相对概括，不足以改变“六十日”期间相对较短的现实。对于人事争议仲裁时效期间，适用《劳动争议调解仲裁法》第二十七条关于“一年”的规定，无疑在权利行使期间的设计上更为科学，给处于相对弱势地位的事业单位工作人员更加充分的保护，使他们更有充分的时间搜集证据，选择合理的救济程序，做好必要的准备等。

其三，关于人事争议仲裁时效问题的定性问题。我们认为，在当前实体法与程序法结合越来越密切，实体权利救济与纠纷解决的程序设计密不可分的情况下，对某一事项有时难以准确界定为程序事项，抑或实体内容。人事争议仲裁时效与诉讼时效在本质上有共通之处，作为权利行使尤其是救济权行使期间的一种，都与当事人的实体权利密切相关，但又都与当事人通过相应的程序救济其权益密不可分，故不可简单地将此界定为实体问题。

二、关于“一年”人事争议仲裁时效期间如何适用的问题

依据《劳动争议调解仲裁法》第二十七条、第五十二条的规定，人事争议仲裁时效期间为一年，从当事人知道或者应当知道其权利被侵害之日起计算。

同诉讼时效一样，人事争议仲裁时效也适用时效中断、中止的规定。其一，关于时效的中断。因当事人一方向对方当事人主张权利，或者向有关部门请求权利救济，或者对方当事人同意履行义务而中断。从中断时起，仲裁时效期间重新计算。其二，关于时效的中止。因不可抗力或者有其他正当理由，当事人不能在上述仲裁时效期间内申请仲裁的，仲裁时效中止。从中止时效的原因消除之日起，仲裁时效期间继续计算。

在此应当注意的是，《劳动争议调解仲裁法》第五十二条仅是规定，事业单位实行聘用制的工作人员与本单位发生劳动争议的，适用该法规定。故上述“一年”的人事争议仲裁时效期间应仅限于实行聘用制的工作人员与事业单位之间的劳动争议案件。

鉴于仲裁时效问题主要涉及的是当事人向仲裁机构申请仲裁的问题。而有关仲裁程序与诉讼程序的衔接，《劳动争议调解仲裁法》第五条规定：“发生劳动争议，当事人不愿协商、协商不成或者达成和解协议后不履行的，可以向调解组织申请调解；不愿调解、调解不成或者达成调解协议后不履行的，可以向劳动争议仲裁委员会申请仲裁；对仲裁裁决不服的，除本法另有规定的外，可以向人民法院提起诉讼。”对于人事争议仲裁委员会不予受理当事人仲裁申请的情形，第二十九条又规定：“劳动争议仲裁委员会收到仲裁申请之日起五日内，认为符合受理条件的，应当受理，并通知申请人；认为不符合受理条件的，应当书面通知申请人不予受理，并说明理由。对劳动争议仲裁委员会不予受理或者逾期未作出决定的，申请人可以就该劳动争议事项向人

民法院提起诉讼。”这些规定确立了人事争议须首先通过仲裁程序解决，当事人对仲裁裁决以及仲裁机构不予受理或者逾期未作出决定的人事争议，才可以向人民法院寻求司法救济。在人民法院审理的已经过仲裁的人事争议案件中，如果涉及仲裁时效期间计算的问题，有关法律适用的规则是，人民法院经审查，当事人系自知道或者应当知道其权利被侵害之日起一年内申请仲裁，人事争议仲裁委员会予以受理的，应当予以认可。此外，依据《劳动争议调解仲裁法》第二十九条的规定，对人事争议仲裁委员会不予受理或者逾期未作出决定的，当事人可以就该人事争议事项向人民法院提起诉讼。

（撰稿人：陈龙业）

最高人民法院
关于对上海市高级人民法院等就涉及中国国际经济贸易仲裁委员会及其原分会等仲裁机构所作仲裁裁决司法审查案件请示问题的批复

法释〔2015〕15号

（2015年6月23日最高人民法院审判委员会第1655次会议通过
2015年7月15日最高人民法院公告公布　自2015年7月17日起施行）

上海市高级人民法院、江苏省高级人民法院、广东省高级人民法院：

因中国国际经济贸易仲裁委员会（以下简称中国贸仲）于2012年5月1日施行修订后的仲裁规则以及原中国国际经济贸易仲裁委员会华南分会（现已更名为华南国际经济贸易仲裁委员会，同时使用深圳国际仲裁院的名称，以下简称华南贸仲）、原中国国际经济贸易仲裁委员会上海分会（现已更名为上海国际经济贸易仲裁委员会，同时使用上海国际仲裁中心的名称，以下简称上海贸仲）变更名称并施行新的仲裁规则，致使部分当事人对相关仲裁协议的效力以及上述各仲裁机构受理仲裁案件的权限、仲裁的管辖、仲裁的执行等问题产生争议，向人民法院请求确认仲裁协议效力、申请撤销或者不予执行相关仲裁裁决，引发诸多仲裁司法审查案件。上海市高级人民法院、江苏省高级人民法院、广东省高级人民法院就有关问题向我院请示。

为依法保护仲裁当事人合法权益，充分尊重当事人意思自治，考虑中国贸仲和华南贸仲、上海贸仲的历史关系，从支持和维护仲裁事业健康发展，促进建立多元纠纷解决机制出发，经研究，对有关问题答复如下：

一、当事人在华南贸仲更名为华南国际经济贸易仲裁委员会、上海贸仲更名为上海国际经济贸易仲裁委员会之前签订仲裁协议约定将争议提交“中国国际经济贸易仲裁委员会华南分会”或者“中国国际经济贸易仲裁委员会上海分会”仲裁的，华南贸仲或者上海贸仲对案件享有管辖权。当事人以华南贸仲或者上海贸仲无权仲裁为由请求人民法院确认仲裁协议无效、申请撤销或者不予执行仲裁裁决的，人民法院不予支持。

当事人在华南贸仲更名为华南国际经济贸易仲裁委员会、上海贸仲更名为上海国际经济贸易仲裁委员会之后（含更名之日）本批复施行之前签订仲裁协议约定将争议提交“中国国际经济贸易仲裁委员会华南分会”或者“中国国际经济贸易仲裁委员会上海分会”仲裁的，中国贸仲对案件享有管辖权。但申请人向华南贸仲或者上海贸仲申请仲裁，被申请人对华南贸仲或者上海贸仲的管辖权没有提出异议的，当事人在仲裁裁决作出后以华南贸仲或者上海贸仲无权仲裁为由申请撤销或者不予执行仲裁裁决的，人民法院不予支持。

当事人在本批复施行之后（含施行起始之日）签订仲裁协议约定将争议提交“中国国际经济贸易仲裁委员会华南分会”或者“中国国际经济贸易仲裁委员会上海分会”仲裁的，中国贸仲对案件享有管辖权。

二、仲裁案件的申请人向仲裁机构申请仲裁的同时请求仲裁机构对案件的管辖权作出决定，仲裁机构作出确认仲裁协议有效、其对案件享有管辖权的决定后，被申请人在仲裁庭首次开庭前向人民法院提起申请确认仲裁协议效力之诉的，人民法院应予受理并作出裁定。申请人或者仲裁机构根据《最高人民法院关于确认仲裁协议效力几个问题的批复》（法释〔1998〕27号）第三条或者《最高人民法院关于适用〈中华人民共和国仲裁法〉若干问题的解释》（法释〔2006〕7号）第十三条第二款的规定主张人民法院对被申请人的起诉应当不予受理的，人民法院不予支持。

三、本批复施行之前，中国贸仲或者华南贸仲、上海贸仲已经受理的根据本批复第一条规定不应由其受理的案件，当事人在仲裁裁决作出后以仲裁机构无权仲裁为由申请撤销或者不予执行仲裁裁决的，人民法院不予支持。

四、本批复施行之前，中国贸仲或者华南贸仲、上海贸仲受理了同一仲裁案件，当事人在仲裁庭首次开庭前向人民法院申请确认仲裁协议效力的，人民法院应当根据本批复第一条的规定进行审理并作出裁定。

本批复施行之前，中国贸仲或者华南贸仲、上海贸仲受理了同一仲裁案件，当事人并未在仲裁庭首次开庭前向人民法院申请确认仲裁协议效力的，先受理的仲裁机构对案件享有管辖权。

此复。

【导读及适用要点】

一、处理相关争议的思路

鉴于这类案件涉及的专业性和历史复杂性，在对相关仲裁司法审查案件的处理上，最高人民法院一直遵循三个原则：

一是不越权。人民法院只在职权范围内根据相关证据材料对案件如何处理发表意见，对不属于人民法院职权范围内直接管辖的事情不表态。

二是尊重历史和正视客观现实。审理相关案件时要结合以前的司法实践，针对目前客观存在的现实情况，特别是对分会多年来受理案件的实际情况及其在相关主管机构设立、登记的情况作出认定。

三是有利于依法维护当事人权益和我国仲裁事业的健康平稳发展，促进多元解决纠纷机制的建立。

二、对《仲裁裁决司法审查案件请示问题的批复》条文的具体说明

（一）确认管辖权的基本原则

《最高人民法院关于对上海市高级人民法院等涉及中国国际经济贸易仲裁委员会及其原分会等仲裁机构所作仲裁裁决司法审查案件请示问题的批复》（以下简称《仲裁裁决司法审查案件请示问题的批复》）第一条为核心条款，

明确了处理此类案件的基本原则，对华南贸仲、上海贸仲是否有权依据当事人的约定受理仲裁案件以及如何依据当事人在不同的时间段签订的仲裁协议确定仲裁机构的管辖权予以明确。实际上，在仲裁机构之间产生争议并引发大量相关仲裁司法审查案件后，为正确审理案件，充分维护当事人合法权益，也为了维护仲裁事业的健康发展，最高人民法院亦曾经在各仲裁机构之间努力协调，力图促成各仲裁机构之间就争议案件的管辖权问题达成一个各方接受的解决方案，但遗憾的是最终未能成功。而人民法院审理相关仲裁案件，对该问题无法回避，因此《仲裁裁决司法审查案件请示问题的批复》第一条对各仲裁机构受理案件的管辖权问题予以明确。

从人民法院受理案件的情况看，对于仲裁协议中约定的仲裁机构为中国贸仲，案件应由中国贸仲受理的问题，无论是当事人还是仲裁机构之间基本均无异议。争议的焦点在于仲裁协议约定的仲裁机构为原华南分会、上海分会，华南贸仲、上海贸仲是否能够根据当事人的约定受理仲裁案件，因此《仲裁裁决司法审查案件请示问题的批复》主要是针对当事人签订仲裁协议约定将争议提交中国国际经济贸易仲裁委员会华南分会或者中国国际经济贸易仲裁委员会上海分会仲裁的如何处理作出规定。《仲裁裁决司法审查案件请示问题的批复》第一条区分三个时间段，即第一时间段为华南贸仲更名为华南国际经济贸易仲裁委员会、上海贸仲更名为上海国际经济贸易仲裁委员会之前；第二时间段为华南贸仲更名为华南国际经济贸易仲裁委员会、上海贸仲更名为上海国际经济贸易仲裁委员会之后（含更名之日）本批复施行之前；第三时间段为本批复施行之后（含施行起始之日）。

《仲裁裁决司法审查案件请示问题的批复》第一条第一款明确："当事人在华南贸仲更名为华南国际经济贸易仲裁委员会、上海贸仲更名为上海国际经济贸易仲裁委员会之前签订仲裁协议约定将争议提交'中国国际经济贸易仲裁委员会华南分会'或者'中国国际经济贸易仲裁委员会上海分会'仲裁的，华南贸仲或者上海贸仲对案件享有管辖权。当事人以华南贸仲或者上海贸仲无权仲裁为由请求人民法院确认仲裁协议无效、申请撤销或者不予执行仲裁裁决的，人民法院不予支持。"

该款明确了华南贸仲和上海贸仲系依法设立的仲裁机构，可以根据当事人签订的仲裁协议受理案件，该问题实际也是此类案件涉及的焦点问题。

人民法院并非仲裁机构设立登记的主管机构，对于华南贸仲、上海贸仲是否是依法设立的仲裁机构的问题，人民法院应当根据相关主管机构对仲裁机构的设立登记文件等作出认定。

根据广东省司法厅粤仲登字第12号《仲裁委员会登记证》以及华南贸仲的事业单位法人证书，根据上海市司法局沪司仲登字〔2011〕1号《仲裁委员会登记证》以及上海贸仲的事业单位法人证书，应当认定华南贸仲和上海贸仲均系依法成立的仲裁机构。同时，根据深圳市机构编制委员会深编办〔2012〕58号《关于中国国际经济贸易仲裁委员会华南分会更名的批复》及深圳市人民政府第254号政府令公布的《深圳国际仲裁院管理规定（试行）》的相关规定，可以认定现使用华南国际经济贸易仲裁委员会并同时使用深圳国际仲裁院名称的仲裁机构，是从原中国国际经济贸易仲裁委员会华南分会更名而来，并不属于新设的仲裁机构。同样，根据上海市机构编制委员会沪编〔2013〕101号批复，现名称为上海国际经济贸易仲裁委员会并同时使用上海国际仲裁中心名称的仲裁机构，也是从原中国国际经济贸易仲裁委员会上海分会更名而来，并非新设的仲裁机构。因此上海贸仲、华南贸仲为依法设立的仲裁机构，有权依照当事人的约定受理相关仲裁案件。

考虑到华南贸仲、上海贸仲在发生争议后一直主张其系独立的仲裁机构，且均进行了更名，现在名称中不再含有“中国国际经济贸易仲裁委员会”的文字表述，故不宜再享受“中国国际经济贸易仲裁委员会”这一名称带来的品牌效益，同时也为了进一步明确此类约定的案件管辖权，《仲裁裁决司法审查案件请示问题的批复》第一条第二款、第三款确定了华南贸仲、上海贸仲更名后案件的管辖原则，即当事人在华南贸仲更名为华南国际经济贸易仲裁委员会、上海贸仲更名为上海国际经济贸易仲裁委员会之后（含更名之日）签订仲裁协议约定将争议提交“中国国际经济贸易仲裁委员会华南分会”或者“中国国际经济贸易仲裁委员会上海分会”仲裁的，中国贸仲对案件享有管辖权。同时，考虑到由于《仲裁裁决司法审查案件请示问题的批复》发布施行前，对于当事人以及仲裁机构之间争议的关于华南贸仲、上海贸仲是否是依法设立的独立仲裁机构、是否有权根据当事人的约定仲裁案件的问题，一直缺乏明确的意见，故《仲裁裁决司法审查案件请示问题的批复》第一条第二款在规定“当事人在华南贸仲更名为华南国际经济贸易仲裁委员会、上海贸仲更名为上海国际经济贸易仲裁委员会之后（含更名之日）本批复发布之前签订仲裁协议约定将争议提交中国国际经济贸易仲裁委员会华南分会或者中国国际经济贸易仲裁委员会上海分会仲裁的，中国贸仲对案件享有管辖权”的同时，又进一步但书表明，如果申请人向华南贸仲或者上海贸仲申请仲裁，被申请人对华南贸仲或者上海贸仲的管辖权没有提出异议的，当事人在仲裁裁决作出后以华南贸仲或者上海贸仲无权仲裁为由申请撤销或者不予执行仲裁裁决的，人民法院不予支持。

（二）对于仲裁被申请人提出的确认仲裁效力案件的受理问题

《仲裁法》第二十条第一款规定：“当事人对仲裁协议的效力有异议的，可以请求仲裁委员会作出决定或者请求人民法院作出裁定。一方请求仲裁委员会作出决定，另一方请求人民法院作出裁定的，由人民法院裁定。”同时，从尊重当事人的意思自治及诉讼经济原则考虑，《最高人民法院关于确认仲裁协议效力几个问题的批复》第三条规定：“当事人对仲裁协议的效力有异议，一方当事人申请仲裁机构确认仲裁协议效力，另一方当事人请求人民法院确认仲裁协议无效，如果仲裁机构先于人民法院接受申请并已作出决定，人民法院不予受理；如果仲裁机构接受申请后尚未作出决定，人民法院应予受理，同时通知仲裁机构终止仲裁。”《最高人民法院关于适用仲裁法若干问题的解释》第十三条第二款亦规定：“仲裁机构对仲裁协议的效力作出决定后，当事人向人民法院申请确认仲裁协议效力或者申请撤销仲裁机构的决定的，人民法院不予受理。”

从人民法院目前受理的因中国贸仲与原分会争议引发的仲裁司法审查案件看，此类案件中出现了一种新情况，即一方当事人在争议发生后向仲裁机构申请仲裁，仲裁机构受理案件后，申请人又提交一份确认管辖申请书，请求仲裁机构对仲裁协议的效力及案件的管辖权问题作出决定，仲裁机构收到该申请后往往在较短的时间内作出其对案件有管辖权的决定。而作为仲裁案件的被申请人，其在知晓申请人申请仲裁的情况后，在其对仲裁机构的管辖权存有异议的情况下，有时会选择向人民法院提起确认仲裁协议效力之诉，请求人民法院作出裁定。但如前所述，仲裁机构根据申请人提出的申请经常在极短的时间内就作出了其有管辖权的决定，因此当被申请人知悉申请人向中国贸仲提起仲裁，其再向人民法院请求确认仲裁协议效力及仲裁庭的管辖权问题时，仲裁机构可能已经作出了管辖权的决定。那么根据上述司法解释的规定，人民法院则不应再受理被申请人提出的确认仲裁协议效力之诉。但笔者认为，当事人申请确认仲裁协议效力的前提应当是对仲裁协议的效力有异议，而目前一些仲裁案件的实际情况是申请人在向仲裁机构申请仲裁被受理之后，又请求仲裁机构作出对案件有管辖权的决定。既然申请人已经向仲裁机构申请仲裁，这足以表明其对仲裁协议的效力及仲裁机构的管辖权是没有异议的，此时申请人再请求仲裁机构作出对案件具有管辖权的决定，该申请实质不属于对仲裁协议效力有异议而提出的申请，且此种做法有利用司法解释的相关规定规避人民法院对仲裁机构是否享有案件管辖权进行审查的权利之嫌。故在《仲裁裁决司法审查案件请示问题的批复》第二条规定中强调，在这种情况下，对于被申请人提出的申请确认仲裁协议效力之诉，人民法院应予受理，不受《最高人民法院关于确认仲裁协议效力几个问题的批复》第三条以及《最高人民法院关于适用仲裁法若干问题的解释》第十三条第二款规定的约束。

（三）《仲裁裁决司法审查案件请示问题的批复》施行前受理案件的处理问题

仲裁机构之间的争议发生后如何妥善解决，一直缺乏权威的官方表态，人民法院亦迟迟未能及时审结相关案件。特别是当事人签订仲裁协议约定由原分会仲裁的案件，应当由谁对案件享有管辖权，各仲裁机构各执一词客观上使得案件当事人处于一种无所适从的状态，造成有的当事人选择向分会申请仲裁，而有的当事人则选择向中国贸仲申请仲裁的混乱局面。为避免给当事人造成诉累，也为了我国仲裁事业的健康、有序发展，《仲裁裁决司法审查案件请示问题的批复》对此类案件采取了变通的处理原则，即在本《仲裁裁决司法审查案件请示问题的批复》施行之前，中国贸仲或者华南贸仲、上海贸仲已经受理的根据本《仲裁裁决司法审查案件请示问题的批复》第一条规定不应由其受理的案件，当事人在仲裁裁决作出后以仲裁机构无权仲裁为由申请撤销或者不予执行仲裁裁决的，人民法院不予支持。当然，适用该条须具备如下两个前提条件：一是只有一家仲裁机构受理了案件，不存在两家仲裁机构均受理了同一案件的情况；二是在仲裁庭首次开庭前，并没有当事人就仲裁协议效力以及仲裁庭的管辖权问题向人民法院提起确认仲裁协议效力之诉。如果有当事人在仲裁庭首次开庭前向人民法院提起确认仲裁协议效力之诉，人民法院受理后，应当依据《仲裁裁决司法审查案件请示问题的批复》第一条的规定作出相关裁定。

（四）两家仲裁机构均受理同一案件的情况

从人民法院受理案件的情况看，亦存在两家仲裁机构受理了同一案件的情况、即争议发生后一方当事人向中国贸仲申请仲裁被受理，而另一方当事人就同一纠纷向华南贸仲或上海贸仲申请仲裁亦被受理。那么针对此类案件如何处理?《仲裁裁决司法审查案件请示问题的批复》根据当事人是否在仲裁庭首次开庭前向人民法院申请确认仲裁协议效力，又区分为两种情况。

第一种情况是不同仲裁机构受理了同一案件，一方当事人在仲裁庭首次开庭前向人民法院申请确认仲裁协议效力，此时当事人提起确认仲裁协议效力之诉，实质是请求人民法院确认究竟哪个仲裁机构对案件享有管辖权。对此种情况，人民法院应当根据《仲裁裁决司法审查案件请示问题的批复》第一条的规定进行审理并作出裁定。在此种情形下，由于当事人的起诉，使得人民法院在仲裁机构受理案件阶段即得以介入，因此对于案件管辖权的确定应当以人民法院最终裁定为准。

第二种情况是不同仲裁机构受理了同一案件，但当事人并未在仲裁庭首次开庭前向人民法院申请确认仲裁协议效力。在此种情形下，人民法院在仲裁机构受理案件阶段并未介入。对于此种情况，参照《仲裁裁决司法审查案件请示问题的批复》第三条的规定，采取变通的处理原则，即确定受理在先的仲裁机构对案件享有管辖权。

另外，对于此类仲裁司法审查案件，最高人民法院曾于 2013 年 9 月 4 日发布了法〔2013〕194 号《最高人民法院关于正确审理仲裁司法审查案件有关问题的通知》，要求各级人民法院对因该争议产生的仲裁司法审查案件，在作出裁定之前，须经审判委员会讨论提出意见后，逐级上报至最高人民法院，待最高人民法院答复后，方可作出裁定。而随着《仲裁裁决司法审查案件请示问题的批复》的颁布施行，对于如何审理此类案件，司法解释有了明确规定，因此最高人民法院又于 2015 年 7 月 20 日发布了法〔2015〕208 号通知，强调各级人民法院受理的相关仲裁司法审查案件中涉及的法律问题，根据《仲裁裁决司法审查案件请示问题的批复》可以明确处理意见的，无须再依照法〔2013〕194号通知的要求逐级上报，但最高人民法院此前针对涉外涉港澳台仲裁司法审查案件曾下发过多个通知，对于涉外涉港澳台仲裁司法审查案件，如果认定仲裁协议无效、应不予执行或者撤销的，必须逐级上报至最高人民法院批准。这些通知的要求仍然需要执行。故为避免上述无需再报请本院的表述引起歧义，通知进一步明确涉外涉港澳台仲裁司法审查案件，依照最高人民法院此前相关规定需逐级上报的，仍应按原规定执行。

《仲裁裁决司法审查案件请示问题的批复》的制定和出台，解决了贸仲及其原分会在仲裁管辖权和裁决效力上的诸多问题，有利于维护仲裁当事人的合法权益，有利于推动中国仲裁事业的发展，也有利于多元化纠纷解决机制的完善。

（撰稿人：刘敬东　任雪峰）

最高人民法院
关于审理涉及农村土地承包经营纠纷调解仲裁案件适用法律若干问题的解释

（2013年12月27日最高人民法院审判委员会第1601次会议通过
根据2020年12月23日最高人民法院审判委员会第1823次会议通过的
《最高人民法院关于修改〈最高人民法院关于在民事审判工作中适用
《中华人民共和国工会法》若干问题的解释〉等二十七件
民事类司法解释的决定》修正）

为正确审理涉及农村土地承包经营纠纷调解仲裁案件，根据《中华人民共和国农村土地承包法》《中华人民共和国农村土地承包经营纠纷调解仲裁法》《中华人民共和国民事诉讼法》等法律的规定，结合民事审判实践，就审理涉及农村土地承包经营纠纷调解仲裁案件适用法律的若干问题，制定本解释。

第一条　农村土地承包仲裁委员会根据农村土地承包经营纠纷调解仲裁

法第十八条规定，以超过申请仲裁的时效期间为由驳回申请后，当事人就同一纠纷提起诉讼的，人民法院应予受理。

第二条　当事人在收到农村土地承包仲裁委员会作出的裁决书之日起三十日后或者签收农村土地承包仲裁委员会作出的调解书后，就同一纠纷向人民法院提起诉讼的，裁定不予受理；已经受理的，裁定驳回起诉。

第三条　当事人在收到农村土地承包仲裁委员会作出的裁决书之日起三十日内，向人民法院提起诉讼，请求撤销仲裁裁决的，人民法院应当告知当事人就原纠纷提起诉讼。

第四条　农村土地承包仲裁委员会依法向人民法院提交当事人财产保全申请的，申请财产保全的当事人为申请人。

农村土地承包仲裁委员会应当提交下列材料：

（一）财产保全申请书；

（二）农村土地承包仲裁委员会发出的受理案件通知书；

（三）申请人的身份证明；

（四）申请保全财产的具体情况。

人民法院采取保全措施，可以责令申请人提供担保，申请人不提供担保的，裁定驳回申请。

第五条　人民法院对农村土地承包仲裁委员会提交的财产保全申请材料，应当进行审查。符合前条规定的，应予受理；申请材料不齐全或不符合规定的，人民法院应当告知农村土地承包仲裁委员会需要补齐的内容。

人民法院决定受理的，应当于三日内向当事人送达受理通知书并告知农村土地承包仲裁委员会。

第六条　人民法院受理财产保全申请后，应当在十日内作出裁定。因特殊情况需要延长的，经本院院长批准，可以延长五日。

人民法院接受申请后，对情况紧急的，必须在四十八小时内作出裁定；裁定采取保全措施的，应当立即开始执行。

第七条　农村土地承包经营纠纷仲裁中采取的财产保全措施，在申请保全的当事人依法提起诉讼后，自动转为诉讼中的财产保全措施，并适用《最高人民法院关于适用〈中华人民共和国民事诉讼法〉的解释》第四百八十七条[①]关于查封、扣押、冻结期限的规定。

第八条 农村土地承包仲裁委员会依法向人民法院提交当事人证据保全申请的，应当提供下列材料：

（一）证据保全申请书；

（二）农村土地承包仲裁委员会发出的受理案件通知书；

（三）申请人的身份证明；

（四）申请保全证据的具体情况。

对证据保全的具体程序事项，适用本解释第五、六、七条关于财产保全的规定。

第九条 农村土地承包仲裁委员会作出先行裁定后，一方当事人依法向被执行人住所地或者被执行的财产所在地基层人民法院申请执行的，人民法院应予受理和执行。

申请执行先行裁定的，应当提供以下材料：

（一）申请执行书；

（二）农村土地承包仲裁委员会作出的先行裁定书；

（三）申请执行人的身份证明；

（四）申请执行人提供的担保情况；

（五）其他应当提交的文件或证件。

第十条 当事人根据农村土地承包经营纠纷调解仲裁法第四十九条规定，向人民法院申请执行调解书、裁决书，符合《最高人民法院关于人民法院执行工作若干问题的规定（试行）》第十六条规定条件的，人民法院应予受理和执行。

第十一条 当事人因不服农村土地承包仲裁委员会作出的仲裁裁决向人民法院提起诉讼的，起诉期从其收到裁决书的次日起计算。

第十二条 本解释施行后，人民法院尚未审结的一审、二审案件适用本解释规定。本解释施行前已经作出生效裁判的案件，本解释施行后依法再审的，不适用本解释规定。

---

① 现为《民事诉讼法》（2023 年修正）第四百八十五条。

【导读及适用要点】

一、超过申请仲裁的时效期间后向人民法院起诉如何处理

《中华人民共和国农村土地承包经营纠纷调解仲裁法》(以下简称《调解仲裁法》)第十八条规定，农村土地承包经营纠纷申请仲裁的时效期间为二年，自当事人知道或应当知道其权利被侵害之日起计算。该条将所有土地承包经营纠纷中当事人的请求权均作为债权请求权对待，参照原《民法通则》[①]普通诉讼时效期间的规定，确定了申请仲裁的时效期间。对于农村土地承包仲裁委员会以超过申请仲裁的时效期间为由驳回当事人申请的，当事人可否再向人民法院起诉，实践中存在模糊认识。有意见认为，从诉讼的角度看，自当事人知道或应当知道其权利被侵害之日起，超过二年的，如是债权请求权，原则上也已超过诉讼时效期间；而且,《调解仲裁法》仅规定了不服仲裁裁决的，可以起诉，并未针对驳回申请的情况赋予当事人另诉的权利，因此，此种情况人民法院不应予以受理。我们认为，此种情况下，人民法院应予受理。理由是：一是农村土地承包纠纷中，仲裁非诉讼的前置程序，因此，仲裁时效与诉讼时效的计算应各自独立。认定当事人的请求权是否超过诉讼时效期间为人民法院职责范围，不能以仲裁的认定来代替法院的认定，且在农村土地承包经营纠纷中，对相应的请求权性质界定，理论和实务界均存在一定争议，导致两者在实践中掌握的认定标准不一定完全一致。二是诉讼请求是否超过诉讼时效期间，应由人民法院在受理后的实体审理中作出认定，而不是在决定是否受理的阶段。三是根据原《民法通则》第一百三十八条[②]规定，超过诉讼时效期间，当事人自愿履行的，不受诉讼时效限制。因此，在实践中，该类案件起诉到人民法院后，与审理其他民事案件一样，只有在对方当事人提出诉讼时效抗辩的情况下，人民法院才依法审查当事人的请求权是否超过

---

① 原《民法通则》于 1986 年 4 月 12 日第六届全国人民代表大会第四次会议通过，根据 2009 年 8 月 27 日第十一届全国人民代表大会常务委员会第十次会议《关于修改部分法律的决定》修正。《民法典》自 2021 年 1 月 1 日起施行，原《民法通则》同时废止。

② 已失效。

诉讼时效期间。四是对于农村土地承包经营纠纷，仲裁与诉讼是两种互相独立的纠纷解决方式，诉讼不以仲裁为前提或基础，也不对仲裁作出评断。与其他普通民事案件一样，人民法院审查的内容是当事人的请求权是否超过诉讼时效期间，而不是审查仲裁委员会关于超过仲裁时效的认定是否合法。当然申请仲裁可以作为诉讼时效中断的事由。五是当事人不服仲裁裁决的情况应既包括仲裁对实体的处理，也包括仲裁对程序的处理。

此外，人民法院受理后，对相应的请求权具体认定是否超出诉讼时效，也是需要进一步探讨的问题。农村土地承包经营纠纷中，有相当一部分为物权请求权，如排除妨碍请求权、消除危险请求权甚至返还原物请求权，还有一部分为确认物权请求权，上述请求权是否适用诉讼时效，在理论界和实务界均存在较大争议。而且，由于农村土地承包经营纠纷有其特殊性，土地承包经营权合同的订立、履行、变更、解除、终止均具有强制性，且实际上绝大多数也是表现为“收回、调整承包地的纠纷”或“侵害农村土地承包经营权的纠纷”，这涉及农民的基本生存权问题，又关乎国家相关政策的调整等因素，问题比较复杂，因此，甚至单纯的合同纠纷，是否一律适用诉讼时效制度，也需要进一步研究。

我们认为，排除妨碍请求权、消除危险请求权和确认物权请求权均不应适用诉讼时效制度。但由于《最高人民法院关于审理涉及农村土地承包经营纠纷调解仲裁案件适用法律若干问题的解释》(以下简称《农村土地承包经营纠纷调解仲裁案件适用法律的解释》)主要是针对程序问题的规定，且相关问题尚存在争议，故并未有单独条文对如何认定诉讼时效进行规定。尽管如此，《农村土地承包经营纠纷调解仲裁案件适用法律的解释》还是体现了这样的意图，不能简单地以农村土地承包仲裁委员会对仲裁时效的认定，作为人民法院认定当事人请求权是否超过诉讼时效期间的依据。

二、仲裁裁决书或调解书生效后起诉如何处理

根据《调解仲裁法》第十一条、第四十八条的规定，仲裁裁决书的生效条件是当事人收到仲裁裁决书之日起三十日未起诉；仲裁调解书的生效条件是当事人签收。在仲裁裁决书或调解书已经生效的情况下，当事人可否再行起诉，《调解仲裁法》没有明确规定。我们认为，根据《调解仲裁法》对农

村土地承包经营纠纷调解仲裁的制度设计目的，在调解书或仲裁书生效后，不应再赋予当事人另诉的权利。首先，根据《调解仲裁法》第四十九条的规定，发生法律效力的裁决书和调解书，具有强制执行力。按照民事诉讼法的基本理论，执行力是为了实现终局裁判所确立的权利义务安排而存在，终局裁判文书必须具备“执行力”这一自然属性。因此，具有强制执行力的裁决书和调解书，必然是对纠纷的一种终局性的裁判，按照一事不再理的基本原则，对同一纠纷，人民法院不应再予处理。其次，从农村土地承包仲裁委员会的性质看，虽然其主要职能是对纠纷进行裁决，具有中立性，但从其设立部门和人员组成看，亦具有一定的行政色彩。《调解仲裁法》第十二条第二款规定，农村土地承包仲裁委员会在当地人民政府指导下设立。设立农村土地承包仲裁委员会的，其日常工作由当地农村土地承包管理部门承担。可见农村土地承包仲裁委员会脱胎于行政管理机构，这是考虑到相关的行政管理部门不仅对国家各项农业政策熟悉，而且借助其管理职能，能够快速有效地解决相关纠纷，更好地达到化解矛盾，维护农村社会稳定的作用，此种制度设计有其存在的现实意义和合理性。因此，从维护农村土地承包仲裁委员会的公信力和推动建立多元纠纷解决机制的角度考虑，亦不应再赋予当事人在仲裁裁决书或调解书生效后另诉的权利。再次，从法律的具体规定看，《调解仲裁法》仅赋予当事人三十天的起诉期，并未规定当事人在收到裁决书三十日后起诉的权利。相比较而言，商事仲裁和劳动争议仲裁均有不同于农村土地承包经营纠纷调解仲裁的程序特点。商事仲裁采用的是一裁终局模式，法律仅针对仲裁裁决规定了申请撤销和申请执行程序，当事人对仲裁裁决不服的，也不能再行起诉；对于劳动争议调解仲裁，法律区分终局性裁决和非终局性裁决，对于终局性裁决，仅赋予劳动者提起诉讼的权利，对于非终局性裁决，劳动者和用人单位对裁决不服的，均有提起诉讼的权利。由此可以看出，法律对于三种仲裁设置了不同的裁诉模式，农村土地承包经营纠纷的裁诉模式有其自有的特点，在调解书或仲裁书生效后，如果再允许当事人可提起诉讼，则有违《调解仲裁法》第四十八条的制度目的。基于上述理解，《农村土地承包经营纠纷调解仲裁案件适用法律的解释》第二条对此进行了明确，即当事人在收到农村土地承包仲裁委员会作出的裁决书之日起三十日后或者签收农村土地承包仲裁委员会作出的调解书后，就同一纠纷向人民法院提起诉讼的，裁定不予受理；已经受理的，裁定驳回起诉。

三、诉的具体内容

据调研了解的情况，实践中，有很多当事人对仲裁裁决不服的，直接向人民法院请求撤销仲裁裁决。一些基层人民法院对撤销仲裁裁决的诉讼请求是否受理以及受理后如何判决也存在模糊认识。我们认为，根据《调解仲裁法》的设计，仲裁非诉讼的必经程序，诉讼与仲裁是并列的两种纠纷解决方式。当事人对农村土地承包仲裁委员会作出的裁决不服，自收到裁决书起三十日内依法提起诉讼的，仲裁裁决不发生法律效力，不存在维持或撤销仲裁裁决的问题。故人民法院没有必要对仲裁裁决进行评断，而应就当事人之间实体权利义务关系作出判决。《调解仲裁法》第四十八条关于“当事人不服仲裁裁决的，可以自收到裁决书之日起三十日内向人民法院起诉”的规定中，诉的具体内容是就原纠纷的争议，而不是对仲裁裁决的争议。当事人对仲裁裁决不服的，在三十日内起诉即可使仲裁裁决对其不具有约束力。而且，撤销仲裁裁决是一个重大的裁诉制度设计，现有的两种仲裁即商事仲裁和劳动争议仲裁中，对撤销仲裁裁决的情况，法律均有明确的规定，因此，在《调解仲裁法》没有明确规定的情况下，不应赋予当事人请求撤销仲裁裁决的权利。基于上述认识，《农村土地承包经营纠纷调解仲裁案件适用法律的解释》明确规定，当事人在法定期限内提起诉讼，请求撤销仲裁裁决的，人民法院应当告知当事人就原纠纷提起诉讼。

但是，有一个具体的问题需要说明。从文义解释的角度分析，《调解仲裁法》第四十八条赋予三十日内起诉权利的当事人，应既包括仲裁案件的申请人，也包括被申请人。而且，实践中，申请人和被申请人亦均有可能对仲裁裁决不服。问题是，在有些诉的类型如给付之诉中，如果被申请人不服仲裁裁决，其向人民法院起诉的诉讼请求为何？如张某与李某就土地承包经营权转让的费用发生纠纷，张某向当地农村土地承包仲裁委员会申请仲裁，请求李某支付土地承包经营权转让费用五万元，但李某抗辩认为双方约定的转让费用仅四万元。经仲裁委员会裁决，支持了张某的请求。李某不服该仲裁裁决，但其认可该土地承包经营权是转让的，仅是不认可具体转让费用，此时其虽然可以依据《调解仲裁法》第四十八条规定，在收到仲裁裁决书三十日内向人民法院起诉，但作为一个新的独立的诉，被申请人却很难提出具体的诉讼请求。因此，有意见认为，此时，被申请人只能向人民法院申请撤销仲裁裁决。我们认为，基于前述分析，在法律没有明确赋予当事人请求撤销仲裁裁决权利的情况下，我们不能突破法律规定，直接赋予被申请人以撤销请求权，而且，从权利义务平等的角度看，仅赋予被申请人以撤销请求权而不赋予申请人撤销请求权亦无法自圆其说。在总体上不承认当事人有请求撤销仲裁裁决权利的背景下，对此种情况的解释只能是，当事人的起诉本身是阻断仲裁裁决书生效的条件，而不论起诉的具体内容。被申请人如果向人民法院起诉请求撤销仲裁裁决，人民法院即便裁定不予受理，该不予受理的裁定亦具有阻断仲裁裁决书生效的作用。此时，如果仲裁案件的申请人向人民法院申请强制执行该仲裁裁决书，人民法院不应予以受理，并可以告知仲裁案件的申请人，可就原纠纷提起诉讼。

关于三十日期间的性质，我们认为，该期间为法定的除斥期间，而不是诉讼时效。根据民事诉讼法的基本理论，诉讼时效是指权利人在法定期间内不行使权利，即丧失请求人民法院保护其民事权利的法律制度；除斥期间是指法律预定或者当事人约定，期限届满形成权消灭的期间。除斥期间与诉讼时效的差别主要表现在：（1）除斥期间主要适用于形成权，而诉讼时效主要适用于请求权；（2）除斥期间是不变期间，不因任何事由而中止、中断或延长，而诉讼时效可以因法定事由而中止、中断和延长；（3）诉讼时效期间届满，权利人丧失胜诉权，但不因此丧失实体权利，而除斥期间届满，当事人的实体权利即消灭。从上述分析看，《调解仲裁法》第四十八条规定中的三十日应为除斥期间。首先，根据该条的规定，申请人向被申请人主张权利或者被申请人同意履行债务均不能导致该期间的中断，阻断仲裁裁决书生效的方式只能是向人民法院起诉，而原《民法通则》对诉讼时效的界定是“向人民法院请求保护民事权利”，而不是“向人民法院提起诉讼”；其次，在法定的三十日内，当事人任何一方的单方意思表示即向人民法院起诉，就可以使仲裁裁决书不生效，该权利符合形成权的特点；最后，三十日期间届满，当事人即丧失向人民法院起诉的权利本身，而不是丧失胜诉权。

四、关于财产保全问题

《调解仲裁法》第二十六条第二款规定，当事人申请财产保全的，农村土地承包仲裁委员会应当将当事人的申请提交被申请人住所地或者财产所在地的基层人民法院。仲裁中的财产保全，均需要通过人民法院完成，商事仲裁中也有类似的规定，《仲裁法》第二十八条第二款规定，当事人申请财产保全的，仲裁委员会应当将当事人的申请依照民事诉讼法的有关规定提交人民法院。对于仲裁中的财产保全申请，是否必须要求当事人提供担保，实践中有不同看法。一种意见认为，农村土地承包经营纠纷案件有一定的特殊性，纠纷的标的基本上都与土地相关，且农民自身财产有限，不需要也不应一刀切地规定必须提供担保，可以授权人民法院根据案件情况自由裁量；另一种意见认为，此种情况下申请的财产保全，不是诉讼中的财产保全，因尚未进入诉讼程序，人民法院对案情不了解，仅做形式上的审查，因此，可视为诉前保全，按照民事诉讼法的规定，诉前保全必须提供担保。我们认为，对于仲裁程序中提出的财产保全申请，是否需要当事人提供担保，可以由人民法院自由裁量。主要考虑是：首先，从司法解释的定位看，《调解仲裁法》并未明确规定此种情况下的财产保全必须由当事人提供担保，作为司法解释，不宜明显突破法律的规定，增加当事人的负担。其次，从财产保全的功能上看，财产保全的功能是确保裁决的顺利执行，最终保障民事权利的实现。《调解仲裁法》第二条第二款、第三款规定："农村土地承包经营纠纷包括：（一）因订立、履行、变更、解除和终止农村土地承包合同发生的纠纷；（二）因农村土地承包经营权转包、出租、互换、转让、入股等流转发生的纠纷；（三）因收回、调整承包地发生的纠纷；（四）因确认农村土地承包经营权发生的纠纷；（五）因侵害农村土地承包经营权发生的纠纷；（六）法律、法规规定的其他农村土地承包经营纠纷。因征收集体所有的土地及其补偿发生的纠纷，不属于农村土地承包仲裁委员会的受理范围，可以通过行政复议或者诉讼等方式解决。"从仲裁的受案范围看，相关纠纷的标的主要是农村土地，不存在当事人恶意转移财产等影响裁决执行的问题，而且由于农业生产有其自身的自然规律，根据原《物权法》[①]规定，土地承包经营权的变动亦非采用登记生效主义，因此，对于相关纠纷，并无合适的财产保全措施适用。同时，由于农民自身财产的有限，一般情况下，也并无财产可供保全。基于上述认识，《农村土地承包经营纠纷调解仲裁案件适用法律的解释》并未明确要求当事人提供担保，而是规定人民法院可以要求当事人提供担保。

按照《调解仲裁法》的规定，当事人在农村土地承包仲裁委员会仲裁期间申请财产保全的，不是由当事人直接向法院提交申请，而是由农村土地承包仲裁委员会将当事人的申请提交相关法院。因此，对于当事人提交的材料不齐全或不符合规定的，《农村土地承包经营纠纷调解仲裁案件适用法律的解释》规定了由人民法院直接告知农村土地承包仲裁委员会需要补正的内容。但是，农村土地承包仲裁委员会并不是申请财产保全的当事人，只是代当事人提交申请，因此，《农村土地承包经营纠纷调解仲裁案件适用法律的解释》同时规定，人民法院决定受理的，应当向当事人送达受理通知书。对于人民法院决定财产保全受理后，应于何时告知当事人，《调解仲裁法》和民事诉讼法均未明确规定。参考《民事诉讼法》第一百二十八条[②]关于“合议庭组成人员确定后，应当在三日内告知当事人”的时限规定，《农村土地承包经营纠纷调解仲裁案件适用法律的解释》亦酌定了三日的时限。对于财产保全申请案件中当事人地位，实践中存在一定模糊认识，有意见基于《调解仲裁法》中由农村土地承包仲裁委员会提交申请的规定，认为应将农村土地承包仲裁委员会列为财产保全申请的当事人。我们认为，该种意见是错误的，如上所述，农村土地承包仲裁委员会只是代当事人提交材料，真正的申请人仍是仲裁中的当事人，故《农村土地承包经营纠纷调解仲裁案件适用法律的解释》专门对此进行了明确，即申请财产保全的当事人为申请人。

在仲裁中申请财产保全后，当事人对仲裁裁决不服又依法提起诉讼的，先前的财产保全如何与诉讼中的财产保全衔接，是裁诉衔接中的一个重要问题。从司法实践看，关于诉讼或仲裁中的财产保全措施与执行程序的衔接问题，《最高人民法院关于人民法院民事执行中查封、扣押、冻结财产的规定》

---

① 已失效。

② 现为《民事诉讼法》（2023年修正）第一百三十一条。

第四条已经作出了明确规定，即诉讼前、诉讼中及仲裁中采取财产保全措施的，进入执行程序后，自动转为执行中的查封、扣押、冻结措施，并适用该规定第二十九条关于查封、扣押、冻结期限的规定。该条对诉讼（仲裁）中财产保全措施与执行程序的衔接采用了自动转移模式。但该条是从执行的角度，对诉讼（仲裁）中财产保全措施与执行程序衔接作出的规定，对仲裁与诉讼中财产保全措施的衔接问题并未涉及。《农村土地承包经营纠纷调解仲裁案件适用法律的解释》基于诉讼与仲裁的程序特点，也采纳了上述司法解释规定的模式，对仲裁与诉讼中财产保全措施的衔接，亦采用自动转移模式。

在仲裁案件中提出财产保全申请的当事人应为仲裁案件的申请人，但是，实践中，在仲裁程序中提出财产保全申请的当事人，不一定就是诉讼中的原告。如果仲裁申请人认可仲裁裁决结果，未提起诉讼，而是被申请人提起诉讼的，则被申请人作为诉讼中的原告，不能再查封自己的财产，此时，仲裁中的财产保全措施不能自动转为诉讼中的财产保全措施。故《农村土地承包经营纠纷调解仲裁案件适用法律的解释》着重强调了只有在“申请保全的当事人依法提起诉讼”的情况下，财产保全措施才能自动转为诉讼中的财产保全措施。在仲裁中的被申请人不服仲裁裁决提起诉讼的情况下，原财产保全申请的当事人应重新提出财产保全的申请，否则，被申请人可以依法申请解除保全措施或者由人民法院依职权解除。关于财产保全的各种具体措施及相应的期限，根据《最高人民法院关于人民法院民事执行中查封、扣押、冻结财产的规定》第二十九条规定，人民法院冻结被执行人的银行存款及其他资金的期限不得超过六个月，查封、扣押动产的期限不得超过一年，查封不动产、冻结其他财产权的期限不得超过二年。法律、司法解释另有规定的除外。申请执行人申请延长期限的，人民法院应当在查封、扣押、冻结期限届满前办理续行查封、扣押、冻结手续，续行期限不得超过前款规定期限的二分之一。我们认为，仲裁中的财产保全措施应与诉讼中财产保全措施保持一致，也应符合上述司法解释中有关期限的规定。此外，如果是在仲裁裁决未生效期间，保全措施期限届满的，申请人亦应办理续封申请。

五、关于先行裁定问题

《调解仲裁法》第四十二条规定，对权利义务关系明确的纠纷，经当事人申请，仲裁庭可以先行裁定维持现状、恢复农业生产以及停止取土、占地等行为；一方当事人不履行先行裁定的，另一方当事人可以向人民法院申请执行，但应当提供相应的担保。对于先行裁定（先行裁决），商事仲裁和劳动争议调解仲裁也有类似的规定，如《仲裁法》第五十五条规定，仲裁庭仲裁纠纷时，其中一部分事实已经清楚，可以就该部分先行裁决。《劳动争议调解仲裁法》第四十三条第二款规定，仲裁庭裁决劳动争议案件时，其中一部分事实已经清楚，可以就该部分先行裁决。第四十四条规定，仲裁庭对追索劳动报酬、工伤医疗费、经济补偿或者赔偿金的案件，根据当事人的申请，可以裁决先予执行，移送人民法院执行。仲裁庭裁决先予执行的，应当符合下列条件：（1）当事人之间权利义务关系明确；（2）不先予执行将严重影响申请人的生活。劳动者申请先予执行的，可以不提供担保。由此可以看出，针对不同的仲裁类型，法律规定了不同的先行裁定（先行裁决）或先予执行情形。在商事仲裁和劳动争议调解仲裁中，对事实清楚的部分，根据案件情况，仲裁庭即可以作出先行裁决。农村土地承包经营纠纷中的先行裁定，不仅要求权利义务关系明确，而且针对的是特定的行为，即维持现状、恢复农业生产以及停止取土、占地，体现了农村土地承包经营纠纷的特点。

《调解仲裁法》中，财产保全、证据保全和仲裁裁决书、调解书的执行，法律均明确规定了有管辖权的法院，唯独对于先行裁定，《调解仲裁法》没有明确规定，导致实践中对此存在不同认识。一种意见认为，应按照民事诉讼法有关执行管辖的规定，被执行人住所地或者被执行的财产所在地人民法院均有管辖权；另一种意见认为，先行裁定主要内容是维持现状、恢复农业生产以及停止取土、占地，针对的是农村土地，而且，如果被执行人是外出务工人员，则有可能出现被执行人住所地不在当地的情形，给执行造成相当的不便，不符合经济便利原则，因此，由被执行的财产所在地人民法院管辖更合适。我们同意第一种意见，理由是：第一，从确定管辖的基本原则看。我国民事诉讼法确定管辖的原则主要有便于当事人进行诉讼、便于人民法院行使审判权、保证案件的公正审判，维护当事人合法权益、确定性与灵活性相结合等原则，以最大限度利用司法资源，减少当事人的讼累，推动诉讼迅速、便捷进行。赋予当事人被执行人住所地和被执行财产所在地两个法院管辖的选择权，可以最大限度保护当事人利益，当事人可以根据自己的需要进行选择。第二，不论是执行仲裁裁决还是执行先行裁定，总体上均属于执行范畴，按照民事诉讼法执行管辖的规定，更符合立法本意。第三，选择执行法院为申请执行人的权利，其从自身利益最大化角度出发，完全可以根据实际需要排除被执行人住所地法院管辖。故《农村土地承包经营纠纷调解仲裁案件适用法律的解释》从遵循立法本意和当事人利益最大化原则出发，规定了被执行人住所地和被执行财产所在地法院均有管辖权。

对于申请执行人败诉后的赔偿问题，考虑到确定申请执行人是否败诉，须待仲裁案件审结后甚至诉讼后才能具体认定，且属于实体权利义务审理范畴，无法在先予执行一案中解决，而且，法律对此有明确规定。故《农村土地承包经营纠纷调解仲裁案件适用法律的解释》第九条仅就管辖问题和需要提供的具体材料等程序性事项进行了规定。

六、关于执行仲裁裁决书或调解书的问题

《民事诉讼法》第二百三十九条①规定，申请执行的期间为两年。申请执行时效的中止、中断，适用法律有关诉讼时效中止、中断的规定。《最高人民法院关于适用〈中华人民共和国民事诉讼法〉执行程序若干问题的解释》第二十八条②规定，申请执行时效因申请执行、当事人双方达成和解协议、当事人一方提出履行要求或者同意履行义务而中断。从中断时起，申请执行时效期间重新计算。对于申请执行仲裁裁决或调解书，是否受上述执行时效的限制，《调解仲裁法》没有明确规定，实践中也存在一定的模糊认识。我们认为，《调解仲裁法》第四十九条规定的向人民法院申请执行“发生法律效力的调解书、裁决书”也应受到两年申请执行时效的限制。理由是：首先，由生效仲裁裁决或调解书确定的民事权利与生效判决确定的民事权利以及民法上的民事权利在本质上并无二致，两者应依相同的法理，采取相同的保护方法。其次，时效制度的本质是当事人在一定期间内不行使权利，即丧失请求人民法院依法保护其民事权利的制度。法律上设定执行期限的目的，也正是在于如果生效法律文书确定的权利人不及时行使权利，则权利人和义务人以及相

① 现为《民事诉讼法》(2023年修正)第二百五十条。

② 现为《最高人民法院关于适用〈中华人民共和国民事诉讼法〉执行程序若干问题的解释》(2020年修正)第二十条。

关人的财产经济关系一直处于不稳定的状态，必然影响正常的社会经济秩序。为了促使债权人及时行使自己的债权，防止被执行人转移财产，设置申请执行期限，督促权利人及时行使申请执行的权利，以稳定法律秩序。超过申请执行期限，债权人即丧失请求人民法院行使公权力予以强制执行的权利。因此，从制度价值上看，仲裁裁决或调解书的强制执行，也应适用申请执行时效制度。最后，从文义解释上看，《民事诉讼法》执行程序一编规范的不仅包括人民法院作出的生效判决、裁定，也包括法律规定由人民法院执行的其他法律文书。《民事诉讼法》第二百二十四条①规定："发生法律效力的民事判决、裁定，以及刑事判决、裁定中的财产部分，由第一审人民法院或者与第一审人民法院同级的被执行的财产所在地人民法院执行。法律规定由人民法院执行的其他法律文书，由被执行人住所地或者被执行的财产所在地人民法院执行。"《民事诉讼法》第二百三十九条②规定，申请执行的期间为二年。该条并未明确限定此二年为申请执行民事判决、裁定的期限，因此，从体系解释的角度看，《民事诉讼法》第二百二十四条规定的民事判决、裁定以及刑事判决、裁定中的财产部分和法律规定由人民法院执行的其他法律文书均有第二百三十九条的适用余地，即执行仲裁裁决书或调解书亦应受两年时效的限制。但由于向人民法院申请强制执行的时间从性质上来说为诉讼时效，该期间届满不影响案件的受理。人民法院应当在受理执行申请后，审查执行时效问题，《农村土地承包经营纠纷调解仲裁案件适用法律的解释》系对是否受理问题的规定，故对申请执行时效并未作出明确规定，但并不意味申请执行仲裁裁决和调解书不受申请执行时效的限制，在受理后，人民法院还是要审查执行申请是否超过两年的时效期间。

根据《调解仲裁法》第四十八条和第四十九条的规定，当事人向人民法院申请强制执行仲裁裁决的，应当满足两个条件：一是双方当事人收到裁决书均已满三十日且未起诉，该裁决书发生法律效力的；二是该裁决书发生法律效力后，债务人未依照裁决书规定的期限履行义务。我们认为，除了上述两个条件外，向人民法院申请执行发生法律效力的调解书、裁决书，还应当

---

① 现为《民事诉讼法》（2023年修正）第二百三十五条。

② 现为《民事诉讼法》（2023年修正）第二百五十条。

符合现有司法解释的相关规定，即《最高人民法院关于人民法院执行工作若干问题的规定（试行）》第18条[①]关于受理执行案件条件的规定，“人民法院受理执行案件应当符合下列条件：（1）申请或移送执行的法律文书已经生效；（2）申请执行人是生效法律文书确定的权利人或其继承人、权利承受人；（3）申请执行人在法定期限内提出申请；（4）申请执行的法律文书有给付内容，且执行标的和被执行人明确；（5）义务人在生效法律文书确定的期限内未履行义务；（6）属于受申请执行的人民法院管辖。”因此，《农村土地承包经营纠纷调解仲裁案件适用法律的解释》第十条将申请执行发生法律效力的调解书、裁决书的受理条件指向上述司法解释的规定。

除上述内容外，《农村土地承包经营纠纷调解仲裁案件适用法律的解释》还对证据保全的具体程序，申请财产保全、证据保全、执行先行裁定需要提供的材料以及三十天起诉时间的起算点等问题作出了规定。

（撰稿人：张勇健　程新文　辛正郁　王　丹）

最高人民法院
关于仲裁司法审查案件报核问题的有关规定

（2017年11月20日最高人民法院审判委员会第1727次会议通过
根据2021年11月15日最高人民法院审判委员会第1850次
会议通过的《最高人民法院关于修改〈最高人民法院关于仲裁
司法审查案件报核问题的有关规定〉的决定》修正
2021年10月20日最高人民法院公告公布
自2022年1月1日起施行）

为正确审理仲裁司法审查案件，统一裁判尺度，依法保护当事人合法权益，保障仲裁发展，根据《中华人民共和国民事诉讼法》《中华人民共和国仲

① 现为《最高人民法院关于人民法院执行工作若干问题的规定（试行）》（2020年修正）第16条。

裁法》等法律规定，结合审判实践，制定本规定。

第一条　本规定所称仲裁司法审查案件，包括下列案件：

（一）申请确认仲裁协议效力案件；

（二）申请撤销我国内地仲裁机构的仲裁裁决案件；

（三）申请执行我国内地仲裁机构的仲裁裁决案件；

（四）申请认可和执行香港特别行政区、澳门特别行政区、台湾地区仲裁裁决案件；

（五）申请承认和执行外国仲裁裁决案件；

（六）其他仲裁司法审查案件。

第二条　各中级人民法院或者专门人民法院办理涉外涉港澳台仲裁司法审查案件，经审查拟认定仲裁协议无效，不予执行或者撤销我国内地仲裁机构的仲裁裁决，不予认可和执行香港特别行政区、澳门特别行政区、台湾地区仲裁裁决，不予承认和执行外国仲裁裁决，应当向本辖区所属高级人民法院报核；高级人民法院经审查拟同意的，应当向最高人民法院报核。待最高人民法院审核后，方可依最高人民法院的审核意见作出裁定。

各中级人民法院或者专门人民法院办理非涉外涉港澳台仲裁司法审查案件，经审查拟认定仲裁协议无效，不予执行或者撤销我国内地仲裁机构的仲裁裁决，应当向本辖区所属高级人民法院报核；待高级人民法院审核后，方可依高级人民法院的审核意见作出裁定。

第三条　本规定第二条第二款规定的非涉外涉港澳台仲裁司法审查案件，高级人民法院经审查，拟同意中级人民法院或者专门人民法院以违背社会公共利益为由不予执行或者撤销我国内地仲裁机构的仲裁裁决的，应当向最高人民法院报核，待最高人民法院审核后，方可依最高人民法院的审核意见作出裁定。

第四条　依据本规定第二条第二款由高级人民法院审核的案件，高级人民法院应当在作出审核意见之日起十五日内向最高人民法院报备。

第五条　下级人民法院报请上级人民法院审核的案件，应当将书面报告和案件卷宗材料一并上报。书面报告应当写明审查意见及具体理由。

第六条　上级人民法院收到下级人民法院的报核申请后，认为案件相关事实不清的，可以询问当事人或者退回下级人民法院补充查明事实后再报。

第七条 上级人民法院应当以复函的形式将审核意见答复下级人民法院。

第八条 在民事诉讼案件中，对于人民法院因涉及仲裁协议效力而作出的不予受理、驳回起诉、管辖权异议的裁定，当事人不服提起上诉，第二审人民法院经审查拟认定仲裁协议不成立、无效、失效、内容不明确无法执行的，须按照本规定第二条的规定逐级报核，待上级人民法院审核后，方可依上级人民法院的审核意见作出裁定。

第九条 本规定自 2018 年 1 月 1 日起施行，本院以前发布的司法解释与本规定不一致的，以本规定为准。

【导读及适用要点】

一、关于仲裁司法审查案件统一适用报核规定的问题

我国早于 1987 年就加入了《承认及执行外国仲裁裁决公约》(以下简称《纽约公约》)。为更好地履行国际公约的规定，最高人民法院自 1995 年开始，通过发布相关通知的方式，逐步建立起了涉外仲裁司法审查案件的内部报告制度（以下简称内请制度）。内请制度要求，凡人民法院拟认定涉外仲裁协议无效、撤销或不予执行涉外仲裁裁决，拒绝承认和执行外国仲裁裁决的，必须报经本辖区高级人民法院审查，并最后报请最高人民法院答复后方可作出裁定。内请制度的建立，对于人民法院审理涉外仲裁司法审查案件准确适用法律、统一裁判尺度起到了积极的作用，较好地保障了涉外仲裁司法审查案件的正确审理。但该项制度在以下方面尚需进一步完善：第一，内请制度是以通知的形式确立的，法律效力性不强；第二，内请制度仅限于涉外仲裁司法审查案件的领域，在非涉外仲裁司法审查案件方面尚未建立类似制度，不利于仲裁事业的全面有序健康发展；第三，内请制度在具体程序方面尚缺乏规范性。因此，有必要制定司法解释对该项制度加以规范和完善。

内请制度只适用于涉外涉港澳台仲裁司法审查案件，在非涉外涉港澳台仲裁司法审查案件方面一直未能建立起行之有效的管理和指导监督制度。实践中，申请撤销或不予执行非涉外涉港澳台仲裁裁决案件的数量，要远远高

于申请撤销或不予执行涉外涉港澳台仲裁裁决案件。实践中，非涉外涉港澳台仲裁司法审查案件，确实存在些许法律适用错误的情况。由于仲裁司法审查案件一审终审，当事人不享有上诉、复议以及申请再审的权利，对检察机关的抗诉人民法院也不予受理。一旦出现错案，当事人缺乏有效救济途径，有必要对非涉外涉港澳台案件也建立相应的制度加以规范。因此，《最高人民法院关于仲裁司法审查案件报核问题的有关规定》（以下简称《报核问题规定》）对于仲裁司法审查案件不再区分是否为涉外涉港澳台仲裁司法审查案件，统一适用报核制度。这样的规定利于仲裁司法审查案件的整体规范，利于仲裁事业的发展。

二、关于仲裁司法审查案件审核权限的问题

基于各级人民法院的审判力量及受理案件数量的考虑，《报核问题规定》区分案件是否为涉外涉港澳台案件作出了不同规定。对于涉外涉港澳台仲裁司法审查案件，仍然延续原有内请制度的规定，由最高人民法院最终审核。非涉外涉港澳台仲裁司法审查案件由高级人民法院最终审核。为平等保护各方当事人合法权益，慎重适用公共利益原则，如果当事人住所地跨省级行政区域，或者受理案件的人民法院拟以违背社会公共利益为由不予执行或者撤销仲裁裁决的，则应报最高人民法院审核。

三、关于涉及仲裁协议效力的其他案件报核的问题

在人民法院受理的民事案件中，人民法院作出的不予受理、驳回起诉、管辖权异议裁定，可能涉及对仲裁协议效力进行审查的问题，该类案件实质上与确认仲裁协议效力案件性质相同，所以《报核问题规定》第七条[①]规定，在民事案件中，对于人民法院因涉及仲裁协议效力而作出的不予受理、驳回起诉、管辖权异议的裁定，当事人不服提起上诉，二审法院经审查拟认定仲裁协议不成立、无效、失效、内容不明确无法执行的，须按照本规定第二条的规定逐级报核，待上级人民法院审核后，方可依上级人民法院的审核意见作出裁定。应当指出的是，一审法院作出的上述三类裁定，当事人依法可以

① 现为《最高人民法院关于仲裁司法审查案件报核问题的有关规定》（2023 年修正）第八条。

提起上诉。无论一审裁定对仲裁协议效力如何认定，如果当事人均不提出上诉，则表明当事人对结果均予接受，此种情形下上级法院不须过多干预。故报核问题规定只是对当事人不服一审裁定的上诉案件，二审法院经审查认为仲裁协议不成立、无效、失效、内容不明确无法执行的，才应当按照本规定逐级报核。

四、关于仲裁司法审查案件类型的问题

《最高人民法院关于审理仲裁司法审查案件若干问题的规定》(以下简称《仲裁司法审查规定》)第一条根据《仲裁法》《民事诉讼法》等法律规定，结合审判实践，对人民法院目前受理的仲裁司法审查案件的具体类型加以明确。主要包括以下五类：（1）申请确认仲裁协议效力案件；（2）申请执行我国内地仲裁机构的仲裁裁决案件；（3）申请撤销我国内地仲裁机构的仲裁裁决案件；（4）申请认可和执行我国香港特别行政区、澳门特别行政区、台湾地区仲裁裁决案件；（5）申请承认和执行外国仲裁裁决案件。同时规定了"其他仲裁司法审查案件"作为兜底条款，为将来可能出现的一些新类型案件留有余地。例如，最高人民法院2016年12月30日发布了《关于为自由贸易试验区建设提供司法保障的意见》规定："在自贸试验区内注册的企业相互之间约定在内地特定地点、按照特定仲裁规则、由特定人员对有关争议进行仲裁的，可以认定该仲裁协议有效。"此处所指"三特定"的仲裁案件即仲裁地为内地的临时仲裁案件，兜底条款可以为此类案件留有余地。

有意见认为，应将上述第二项"申请执行我国内地仲裁机构的仲裁裁决案件"修改为"申请不予执行我国内地仲裁机构的仲裁裁决案件"。我们未采纳该意见。首先，根据《民事诉讼法》规定，执行仲裁裁决是否违背公共利益，是人民法院应当依职权进行审查的事项，并不需要被申请人提出不予执行的申请或抗辩，即使在被申请人没有提出不予执行的申请或抗辩的情况下，人民法院亦应对执行仲裁裁决是否违背社会公共利益进行审查；其次，人民法院根据申请人提出的执行申请作为申请执行案件予以立案，被申请人有异议的，是提出不予执行的抗辩，在申请人并未申请执行的情况下，不存在仅仅根据被申请人提出的不予执行申请作为不予执行案件立案的情况。故仲裁司法审查规定将该类案件表述为"申请执行我国内地仲裁机构的仲裁裁决

案件”。

还有意见认为，应当增加申请仲裁案件的证据保全和申请仲裁案件的财产保全两类案件。仲裁司法审查规定目前规定的五类案件均涉及人民法院对仲裁案件司法监督权的行使，与仲裁保全的案件性质上有所区别。仲裁保全的案件一般由各级人民法院的执行机构负责。最高人民法院有关部门也正在制定有关执行仲裁裁决案件以及保全方面的司法解释，执行案件与仲裁司法审查案件在立案、审查程序、法律依据方面多有不同，故仲裁司法审查规定对于仲裁案件的证据和财产保全问题并未涉及。

五、关于仲裁司法审查案件管辖的问题

关于仲裁司法审查案件的管辖问题，对于法律、司法解释有明确规定的，《仲裁司法审查规定》未再重复规定，只是对以下两种情形的案件管辖问题作出规定。

（一）关于申请确认仲裁协议效力案件的管辖问题

对于此类案件，《最高人民法院关于适用〈中华人民共和国仲裁法〉若干问题的解释》(2006年)(以下简称《仲裁法解释》)第十二条规定：“当事人向人民法院申请确认仲裁协议效力的案件，由仲裁协议约定的仲裁机构所在地的中级人民法院管辖；仲裁协议约定的仲裁机构不明确的，由仲裁协议签订地或者被申请人住所地的中级人民法院管辖。申请确认涉外仲裁协议效力的案件，由仲裁协议约定的仲裁机构所在地、仲裁协议签订地、申请人或者被申请人住所地的中级人民法院管辖。涉及海事海商纠纷仲裁协议效力的案件，由仲裁协议约定的仲裁机构所在地、仲裁协议签订地、申请人或者被申请人住所地的海事法院管辖；上述地点没有海事法院的，由就近的海事法院管辖。”该条规定对申请确认国内和涉外仲裁协议，区分了不同的联结点确定管辖法院，同时对于涉及海事海商纠纷仲裁协议作出了由海事法院管辖的规定。《仲裁司法审查规定》第二条不再区分国内案件和涉外案件，规定了统一的确定管辖权的标准，采取了《仲裁法解释》第十二条关于确定涉外仲裁协议效力和涉及海事海商纠纷仲裁协议效力案件的标准，规定申请确认仲裁协议效力的案件，由仲裁协议约定的仲裁机构所在地、仲裁协议签订地、申请人住所地、被申请人住所地的中级人民法院或者专门法院管辖。该条规定主

要是基于以下考虑：第一，近年来我们一直强调应当建立国内国际仲裁司法审查案件统一归口管理机制，不宜再将申请确认国内和涉外仲裁协议效力的案件区分不同的联结点确定管辖法院。《仲裁法解释》第十二条在规定涉及海事海商纠纷仲裁协议效力案件的管辖问题时也未区分国内案件和涉外案件；第二，有意见认为，《仲裁法解释》第二十条关于“当事人向人民法院申请确认仲裁协议效力的案件，由仲裁协议约定的仲裁机构所在地的中级人民法院管辖；仲裁协议约定的仲裁机构不明确的，由仲裁协议签订地或者被申请人住所地的中级人民法院管辖”的规定欠完善。就当事人提起的确认仲裁协议效力之诉而言，约定的仲裁机构是否明确，可能就是当事人争议的事项以及主张仲裁协议无效的理由，需要法院受理案件后经审查作出认定。而按照《仲裁法解释》第十二条的规定，则可能需要在确定案件管辖权时，先行对约定的仲裁机构是否明确这一本应该在受理案件后需要审查认定的问题作出认定，有所不妥。故对《仲裁法解释》第十条规定作出修改。为了解决可能产生的管辖冲突问题，《仲裁司法审查规定》第四条进一步规定，申请人向两个以上有管辖权的人民法院提出申请的，由最先立案的人民法院管辖。

（二）关于涉及关联案件的申请承认外国仲裁裁决案件管辖问题

《最高人民法院关于适用〈中华人民共和国民事诉讼法〉的解释》（以下简称《民事诉讼法解释》）第五百四十四条规定：“对外国法院作出的发生法律效力的判决、裁定或者外国仲裁裁决，需要中华人民共和国法院执行的，当事人应当先向人民法院申请承认。人民法院经审查，裁定承认后，再根据民事诉讼法第三编的规定予以执行。当事人仅申请承认而未同时申请执行的，人民法院仅对应否承认进行审查并作出裁定。”因此，外国仲裁裁决只有经过法定的承认程序，才能在我国法域具有法律效力。对于该类案件的管辖问题，《民事诉讼法》第二百八十三条[①]规定：“国外仲裁机构的裁决，需要中华人民共和国人民法院承认和执行的，应当由当事人直接向被执行人住所地或者其财产所在地的中级人民法院申请，人民法院应当依照中华人民共和国缔结或者参加的国际条约，或者按照互惠原则办理。”在被申请人住所地、财产所在地均不在我国境内，基于审理关联案件的一些需要，申请人又需要我国法

① 现为《民事诉讼法》（2023年修正）第三百零四条。

院承认外国仲裁裁决的效力的情形下，根据《民事诉讼法》第二百八十三条的规定无法确定可以受理当事人申请承认外国仲裁裁决案件的管辖法院。为充分保护当事人的合法权益，《仲裁司法审查规定》第三条规定，外国仲裁裁决与人民法院或者我国内地仲裁机构审理的案件存在关联，被申请人住所地、财产所在地均不在我国内地，申请人申请承认外国仲裁裁决的，由受理关联案件的人民法院或者仲裁机构所在地的中级人民法院管辖。同时考虑到就人民法院受理的关联案件而言，受理法院可能是从基层人民法院至最高人民法院的任何一级法院，鉴于受理申请承认外国仲裁裁决案件的法院应为中级人民法院，该条进一步规定，受理关联案件的人民法院为基层人民法院的，申请承认外国仲裁裁决的案件应当由该基层人民法院的上一级人民法院管辖。受理关联案件的人民法院是高级人民法院或者最高人民法院的，由上述法院决定自行审查或者指定中级人民法院审查。

六、关于仲裁司法审查案件受理的问题

对于仲裁司法审查案件的受理问题，特别是对于不符合受理条件的案件应当如何处理，一直以来缺乏明确的规定。《仲裁司法审查规定》第五条、第六条对申请人提出申请所应当提交文件的规定，即为人民法院立案时对于申请人的申请是否符合受理条件应当审查的内容。因此《仲裁司法审查规定》第七条规定，申请人提交的文件不符合第五条、第六条的规定，经人民法院释明后提交的文件仍然不符合规定的，裁定不予受理。同时还规定，申请人向对案件不具有管辖权的法院提出申请，法院应当告知其向有管辖权的法院提出申请。申请人仍不变更申请的，裁定不予受理。

对于法院立案后发现不符合受理条件的应当如何处理，此前也缺乏明确规定。参照《民事诉讼法解释》第二百零八条、第二百一十二条的规定，《仲裁司法审查规定》第八条规定，立案后发现不符合受理条件的，应当裁定驳回申请。裁定驳回申请的案件，申请人再次申请并符合受理条件的，人民法院应予受理。

仲裁司法审查规定进一步明确，当事人对于不予受理和驳回申请的裁定不服的，可以提起上诉。该规定主要是基于以下考虑：第一，《民事诉讼法》

第一百五十四条[①]规定不予受理、驳回起诉的裁定可以上诉，仲裁司法审查案件的审查程序虽不同于普通程序，但就民事诉讼中人民法院所作的裁定而言，均应适用第一百五十四条的规定；第二，2015年7月1日起施行的《最高人民法院关于认可和执行台湾地区仲裁裁决的规定》第八条明确规定，对于不予受理的裁定，当事人可以提起上诉。从保证司法解释规定的一致性、法律适用的统一性考虑，同为仲裁司法审查案件，亦应作出如此规定。

七、关于管辖权异议的问题

对于仲裁司法审查案件当事人可否提出管辖权异议，一直缺乏明确的规定，各地法院的做法也不尽相同。对于仲裁司法审查案件的管辖法院，法律、司法解释均作出了明确规定，因此也应当允许当事人对此类案件提出管辖权异议。目前在仲裁司法审查案件中没有关于被申请人提交答辩意见的规定，因此在确定被申请人提出管辖权异议的期限方面，《仲裁司法审查规定》要求，被申请人对管辖权有异议的，应当自收到受理通知之日起十五日内提出，对在我国领域内没有住所的当事人规定了三十日的期限。同时根据《民事诉讼法》第一百五十四条的规定，明确对管辖权异议的裁定当事人可以提起上诉。这与仲裁司法审查规定关于不予受理和驳回申请的裁定可以上诉相一致。

八、关于仲裁协议和仲裁裁决涉外性质判断标准的问题

《最高人民法院关于适用〈中华人民共和国涉外民事关系法律适用法〉若干问题的解释（一）》（以下简称《涉民事法律适用法解释》）第一条对于如何判断一项民事关系是否具有涉外因素作出了明确规定，据此，《仲裁司法审查规定》对于判断涉外仲裁协议和涉外仲裁裁决的标准也作出规定，即具有《涉民事法律适用法解释》第一条规定情形的仲裁协议和仲裁裁决为涉外仲裁协议和涉外仲裁裁决。

九、关于协议选择涉外仲裁协议准据法的问题

实践中，当事人往往在合同中订立了仲裁条款，且约定了合同适用的法

---

① 现为《民事诉讼法》（2023年修正）第一百七十八条。

律，这就涉及能否将当事人约定合同适用的法律作为认定合同中仲裁条款（协议）效力适用的法律的问题。基于《仲裁法》第十九条所确定的仲裁协议独立性原则，法院在多年司法实践中一直掌握的原则是，当事人如果约定仲裁协议适用的法律，必须作出明确的意思表示，其约定的合同适用的法律，不能当然视为确认合同中仲裁条款（协议）效力的法律。《仲裁司法审查规定》第十三条对该问题予以明确。

十、关于根据仲裁机构所在地或仲裁地确认仲裁协议适用法律的问题

《中华人民共和国涉外民事关系法律适用法》(以下简称《法律适用法》)第十八条规定："当事人可以协议选择仲裁协议适用的法律。当事人没有选择的，适用仲裁机构所在地法律或者仲裁地法律。"该条规定将确认涉外仲裁协议效力的准据法区分为两个层次，且在第二个层次中出现了两个并列选项，即仲裁机构所在地法律或者仲裁地法律。这样可能产生的一种情形是，适用仲裁机构所在地和仲裁地的法律，会对仲裁协议效力作出不同的认定。为正确适用法律适用法的规定，从支持仲裁的原则出发，《仲裁司法审查规定》第十四条规定，在这种情况下应当适用确认仲裁协议有效的法律作为准据法，最大限度地支持当事人通过仲裁的方式解决纠纷。

十一、关于准确认定仲裁机构和仲裁地的问题

《法律适用法》第十八条规定："当事人可以协议选择仲裁协议适用的法律。当事人没有选择的，适用仲裁机构所在地法律或者仲裁地法律。"司法实践中，有的当事人签订的仲裁协议中没有明确约定仲裁机构和仲裁地，但是根据其约定适用的仲裁规则，可以对仲裁机构或者仲裁地作出认定。《仲裁司法审查规定》第十五条结合司法实践规定，根据当事人约定的仲裁规则可以确定仲裁机构或者仲裁地的，应认定为《法律适用法》第十八条中所指的仲裁机构和仲裁地，并据此确定人民法院审查案件应当适用的法律。

十二、关于适用《纽约公约》时确定仲裁协议效力准据法的问题

对涉外仲裁协议效力进行审查时，应当首先确认适用的准据法。在法院受理的申请确认仲裁协议效力案件以及申请承认和执行外国仲裁裁决案件时，

均可能涉及对涉外仲裁协议效力作出审查认定的情况，但该两类案件在认定准据法方面适用的冲突规范是不同的。

就法院受理的申请确认涉外仲裁协议效力的案件而言，应当根据我国的冲突规范对准据法作出认定。《仲裁法司法解释》第十六条规定："对涉外仲裁协议的效力审查，适用当事人约定的法律；当事人没有约定适用的法律但约定了仲裁地的，适用仲裁地法律；没有约定适用的法律也没有约定仲裁地或者仲裁地约定不明的，适用法院地法律。"《法律适用法》第十八条规定："当事人可以协议选择仲裁协议适用的法律。当事人没有选择的，适用仲裁机构所在地法律或者仲裁地法律。"《法律适用法解释》(2012 年）第十四条[①]规定："当事人没有选择涉外仲裁协议适用的法律，也没有约定仲裁机构或者仲裁地，或者约定不明的，人民法院可以适用中华人民共和国法律认定该仲裁协议的效力。" 根据上述规定，在人民法院审理的确认涉外仲裁协议效力案件中，确定准据法的原则是：（1）当事人约定适用的法律；（2）仲裁机构所在地或仲裁地法律（《仲裁法解释》仅规定了仲裁地法律）；（3）法院地即我国内地法律。

在适用《纽约公约》对承认和执行外国仲裁裁决案件进行审查时，同样可能涉及确认仲裁协议效力的问题。该公约第五条第一款（甲）项规定："第二条所称协定之当事人依对其适用之法律有某种无行为能力情形者，或该项协定依当事人作为协定准据之法律系属无效，或未指明以何法律为准时，依裁决地所在国法律系属无效者。" 据此，在审查是否应当承认和执行外国仲裁裁决时，如果涉及对仲裁协议效力的审查问题，确定准据法的适用原则是：（1）当事人的属人法（对当事人的行为能力作出认定）；（2）当事人选择的法律；（3）裁决地所在国法律。

上述两类案件在确认准据法方面最大的区别是，在确认仲裁协议效力案件中，如果当事人没有选择适用的法律，也没有约定明确的仲裁机构和仲裁地，法院应当适用法院地法律即我国内地的法律对仲裁协议效力作出认定。而根据《纽约公约》的规定，在当事人没有选择仲裁协议效力准据法的情况下，应当根据裁决地所在国的法律对仲裁协议效力作出认定。由于仲裁裁决

① 现为《法律适用法解释》(2020 年修正）第十二条。

已经作出，裁决地应当是确定的。

司法实践中，人民法院在适用《纽约公约》审查申请承认和执行外国仲裁裁决案件时，涉及对仲裁协议效力认定时，存在着错误适用冲突规范，即适用《仲裁法解释》第十六条或者《法律适用法》第十八条规定确定准据法，而没有按照公约的规定确定准据法的问题，因此《仲裁司法审查规定》第十六条对该问题予以了明确。

十三、关于仲裁司法审查案件中所作裁定效力的问题

对于仲裁司法审查案件中人民法院所作裁定何时生效，是否允许上诉、复议、申请再审等问题，此前的一些司法解释虽然有所涉及，但尚缺乏系统性、全面性。《仲裁司法审查规定》第二十条对该问题予以明确，即除不予受理、驳回申请、管辖权异议三类裁定外，人民法院在审查仲裁司法审查案件中可能作出的裁定，包括确认仲裁协议效力的裁定、是否撤销我国内地仲裁机构仲裁裁决的裁定、是否执行我国内地仲裁机构仲裁裁决的裁定、是否认可和执行港澳台仲裁裁决的裁定、是否承认和执行外国仲裁裁决的裁定、是否准许撤回申请的裁定等，一经送达即发生法律效力，均不允许当事人申请复议、上诉或者申请再审。如此规定主要基于以下理由考虑：第一，《民事诉讼法》第一百五十四条①仅规定不予受理、驳回起诉和管辖权异议三类裁定当事人可以上诉，并未规定其他裁定可以上诉；第二，此前的一些司法解释、批复等也体现了这一基本原则，规定对不予执行仲裁裁决的裁定、是否撤销仲裁裁决的裁定，当事人申请再审的不予受理，人民检察院抗诉的也不予受理等；第三，仲裁的高效性是当事人选择通过仲裁方式解决纠纷的一个重要原因，如果在仲裁司法审查案件中设置过多的复议、上诉、再审等程序，使仲裁结果长期处于不确定的状态，将导致仲裁解决纠纷的高效性这一优势荡然无存，也与《仲裁法》第九条规定的仲裁一裁终局原则相违背。同时，为了避免与将来可能出台的其他法律或司法解释的规定相冲突，该条进一步规定“但法律和司法解释另有规定的除外”。

① 现为《民事诉讼法》（2023年修正）第一百七十八条。

十四、关于涉及港澳台仲裁司法审查案件的问题

因港澳台地区与内地处于不同的法域，司法实践中，对于涉港澳台案件的审理均参照适用涉外案件的有关规定。《民事诉讼法解释》（2020 年）第五百五十一条[①]规定："人民法院审理涉及香港、澳门特别行政区和台湾地区的民事诉讼案件，可以参照适用涉外民事诉讼程序的特别规定。"《仲裁司法审查规定》第二十一条对申请确认涉港澳台仲裁协议效力案件以及申请执行或者撤销内地仲裁机构作出的涉港澳台仲裁裁决案件法律适用问题予以明确，即参照适用涉外案件的有关规定。

对于申请认可和执行港澳台地区仲裁裁决的仲裁司法审查案件，因已有最高人民法院《关于内地与香港特别行政区相互执行仲裁裁决的安排》《关于内地与澳门特别行政区相互认可和执行仲裁裁决的安排》《关于认可和执行台湾地区仲裁裁决的规定》等司法解释作出明确规定，故此类案件的司法审查直接适用相关规定即可，无须再参照适用涉外案件的有关规定。

（撰稿人：张勇健　任雪峰　梁　颖）

① 现为《民事诉讼法》（2023 年修正）第五百四十九条。

二、涉港澳台仲裁

最高人民法院
关于内地与香港特别行政区相互执行仲裁裁决的安排

法释〔2000〕3号

（1999年6月18日最高人民法院审判委员会第1069次会议通过 2000年1月24日最高人民法院公告公布　自2000年2月1日起施行）

根据《中华人民共和国香港特别行政区基本法》第九十五条的规定，经最高人民法院与香港特别行政区（以下简称香港特区）政府协商，香港特区法院同意执行内地仲裁机构（名单由国务院法制办公室经国务院港澳事务办公室提供）依据《中华人民共和国仲裁法》所作出的裁决，内地人民法院同意执行在香港特区按香港特区《仲裁条例》所作出的裁决。现就内地与香港特区相互执行仲裁裁决的有关事宜作出如下安排：

一、在内地或者香港特区作出的仲裁裁决，一方当事人不履行仲裁裁决的，另一方当事人可以向被申请人住所地或者财产所在地的有关法院申请执行。

二、上条所述的有关法院，在内地指被申请人住所地或者财产所在地的中级人民法院，在香港特区指香港特区高等法院。

被申请人住所地或者财产所在地在内地不同的中级人民法院辖区内的，申请人可以选择其中一个人民法院申请执行裁决，不得分别向两个或者两个以上人民法院提出申请。

被申请人的住所地或者财产所在地，既在内地又在香港特区的，申请人不得同时分别向两地有关法院提出申请。只有一地法院执行不足以偿还其债务时，才可就不足部分向另一地法院申请执行。两地法院先后执行仲裁裁决的总额，不得超过裁决数额。

三、申请人向有关法院申请执行在内地或者香港特区作出的仲裁裁决的，应当提交以下文书：

（一）执行申请书；

（二）仲裁裁决书；

（三）仲裁协议。

四、执行申请书的内容应当载明下列事项：

（一）申请人为自然人的情况下，该人的姓名、地址；申请人为法人或者其他组织的情况下，该法人或其他组织的名称、地址及法定代表人姓名；

（二）被申请人为自然人的情况下，该人的姓名、地址；被申请人为法人或者其他组织的情况下，该法人或其他组织的名称、地址及法定代表人姓名；

（三）申请人为法人或者其他组织的，应当提交企业注册登记的副本。申请人是外国籍法人或者其他组织的，应当提交相应的公证和认证材料；

（四）申请执行的理由与请求的内容，被申请人的财产所在地及财产状况。

执行申请书应当以中文文本提出，裁决书或者仲裁协议没有中文文本的，申请人应当提交正式证明的中文译本。

五、申请人向有关法院申请执行内地或者香港特区仲裁裁决的期限依据执行地法律有关时限的规定。

六、有关法院接到申请人申请后，应当按执行地法律程序处理及执行。

七、在内地或者香港特区申请执行的仲裁裁决，被申请人接到通知后，提出证据证明有下列情形之一的，经审查核实，有关法院可裁定不予执行：

（一）仲裁协议当事人依对其适用的法律属于某种无行为能力的情形；或者该项仲裁协议依约定的准据法无效；或者未指明以何种法律为准时，依仲裁裁决地的法律是无效的；

（二）被申请人未接到指派仲裁员的适当通知，或者因他故未能陈述意见的；

（三）裁决所处理的争议不是交付仲裁的标的或者不在仲裁协议条款之内，或者裁决载有关于交付仲裁范围以外事项的决定的；但交付仲裁事项的决定可与未交付仲裁的事项划分时，裁决中关于交付仲裁事项的决定部分应当予以执行；

（四）仲裁庭的组成或者仲裁庭程序与当事人之间的协议不符，或者在有关当事人没有这种协议时与仲裁地的法律不符的；

（五）裁决对当事人尚无约束力，或者业经仲裁地的法院或者按仲裁地的法律撤销或者停止执行的。

有关法院认定依执行地法律，争议事项不能以仲裁解决的，则可不予执行该裁决。

内地法院认定在内地执行该仲裁裁决违反内地社会公共利益，或者香港特区法院决定在香港特区执行该仲裁裁决违反香港特区的公共政策，则可不予执行该裁决。

八、申请人向有关法院申请执行在内地或者香港特区作出的仲裁裁决，应当根据执行地法院有关诉讼收费的办法交纳执行费用。

九、1997 年 7 月 1 日以后申请执行在内地或者香港特区作出的仲裁裁决按本安排执行。

十、对 1997 年 7 月 1 日至本安排生效之日的裁决申请问题，双方同意：

1997 年 7 月 1 日至本安排生效之日因故未能向内地或者香港特区法院申请执行，申请人为法人或者其他组织的，可以在本安排生效后六个月内提出；如申请人为自然人的，可以在本安排生效后一年内提出。

对于内地或香港特区法院在 1997 年 7 月 1 日至本安排生效之日拒绝受理或者拒绝执行仲裁裁决的案件，应允许当事人重新申请。

十一、本安排在执行过程中遇有问题和修改，应当通过最高人民法院和香港特区政府协商解决。

【导读及适用要点】

一、关于相互执行仲裁裁决的范围问题

香港回归后，内地仲裁体制发生了变化。1995 年 9 月 1 日《仲裁法》实施。根据该法，各省、自治区和直辖市人民政府所在地的市或根据需要其他

设区的市可以设立仲裁委员会，其主要职责是受理国内仲裁案件。根据国务院办公厅国办发〔1996〕22号文件的规定，对于涉外案件当事人自愿选择新组建的仲裁委员会仲裁的，国内仲裁委员会也可以受理涉外仲裁案件。因此，执行内地的仲裁裁决就不能仅限于中国国际经济贸易仲裁委员会和中国海事仲裁委员会的裁决。因为这一做法已经不能适应内地变化了的实际情况和需要，也有悖于《纽约公约》的规定。根据《纽约公约》第一条的规定，承认和执行的范围应当是"所在国以外国家领土内作出的仲裁裁决"，而非根据仲裁机构作出的裁决。对于香港而言，即只要是内地作出的仲裁裁决，不论是国内仲裁机构还是涉外仲裁机构，只要符合执行条件的，都应予以执行，体现在《最高人民法院关于内地与香港特别行政区相互执行仲裁裁决的安排》（以下简称《内地与香港特别行政区相互执行仲裁裁决的安排》）中，即"香港特区同意执行内地仲裁机构（名单由国务院法制办经国务院港澳事务办公室提供）依据我国《仲裁法》所作出的裁决，内地人民法院同意执行在香港特区按香港特区仲裁条例作出的裁决"。

由于《内地与香港特别行政区相互执行仲裁裁决的安排》基本上体现了《纽约公约》的主要内容，因此在内地执行香港特区仲裁裁决时，对于我国在加入公约时所作出的商事保留还是应当继续适用的，即执行仲裁裁决的范围是对按照内地法律属于契约性和非契约性商事法律关系而引起的争议所作出的仲裁裁决。

二、申请执行仲裁裁决的期限问题

《内地与香港特别行政区相互执行仲裁裁决的安排》规定：申请人向法院申请执行内地或者香港特区仲裁裁决的期限，应当依据执行地法律程序处理。对于申请执行期限，内地和香港特区的法律有不同规定。内地《民事诉讼法》第二百一十九条[①]规定，双方或者一方当事人是公民的，申请执行期限为1年，双方当事人是法人或者其他组织的，申请执行期限为6个月。自法律文书规定履行期间的最后一日计算；法律文书规定分期履行的，从规定的每次履行期间的最后一日计算。香港特区法律则不分何种情况，时限均为6年。

① 现为《民事诉讼法》（2023年修正）第二百五十条。

对于香港回归后至《内地与香港特别行政区相互执行仲裁裁决的安排》生效前这一期间因故未能提出执行申请的，《内地与香港特别行政区相互执行仲裁裁决的安排》也作出了特殊规定，即允许法人、自然人自《内地与香港特别行政区相互执行仲裁裁决的安排》生效后，分别在6个月、1年之内提出申请，而对于有关法院已经拒绝执行仲裁裁决的，也允许当事人重新提出申请，期限比照上述规定。

三、执行仲裁裁决的申请问题

内地与香港特区作出的仲裁裁决需要到对方区域执行的，只要当事人的申请符合《内地与香港特别行政区相互执行仲裁裁决的安排》第三条、第四条的要求，有关法院就应当受理。根据第三条、第四条的规定，申请人提出执行申请时，应当提供下列材料：一是执行申请书。向内地法院申请执行的，执行申请书必须以中文文本提出；向香港法院提出申请的，执行申请书中文、英文均可。申请书应当按照第四条的要求填写清楚申请人的名称或姓名、地址、企业注册登记副本、申请执行的理由与请求的内容、被申请人财产所在地及其财产状况。对于申请人是外国籍的，要提交相应的公证和认证材料。二是仲裁裁决书。三是仲裁协议书。《内地与香港特别行政区相互执行仲裁裁决的安排》对于仲裁裁决书、协议书未要求公证、认证，只是对于没有中文文本的，申请人提交中文译本时，要对中文译本加以证明。这也是有效原则的具体体现。

四、关于拒绝执行仲裁裁决的问题

《内地与香港特别行政区相互执行仲裁裁决的安排》第七条规定了拒绝执行的几种情形，在适用时应当注意以下几点：首先，法院对于仲裁裁决不进行主动审查，只有当一方当事人提出申请，而被申请执行人又提供了充分证据证明仲裁裁决具有《内地与香港特别行政区相互执行仲裁裁决的安排》第七条第一款所列5种情形之一时，法院才能进行审查，经审查核实后裁定不予执行。如果被申请执行人不能提供充足证据证明有第七条第一款所列情形之一的，则应驳回拒绝执行的申请。其次，当法院在执行中发现且又能够认定依据执行地法律，争议事项不能以仲裁解决，或者执行该仲裁裁决违反执行地的公共利益或公共政策时，应根据第七条第二款的规定，直接依职权作出不予执行的裁定。第三，第七条第一款所列的几种情形，基本上属于程序性的问题，第一项是仲裁协议无效、仲裁协议当事人无行为能力；第二项、第四项是仲裁严重违反规定，限制或者剥夺了当事人依据仲裁规则所应当享有的权利；第三项是仲裁裁决的内容超出了当事人的授权范围；第五项是裁决未生效或者被撤销停止执行。由此可见，《内地与香港特别行政区相互执行仲裁裁决的安排》对于仲裁裁决在认定事实和适用法律方面是否有错误是不予审查的，其对仲裁裁决的审查只是程序审查。这同内地法院对国内仲裁机构作出的裁决进行实质性审查是完全不同的。第四，《内地与香港特别行政区相互执行仲裁裁决的安排》虽然规定了公共秩序条款，但香港回归后，两地关系发生了根本性的变化，一国之内相互提供协助应当比国与国之间更全面、有效，因此应当严格限制公共秩序条款的适用，对于拒绝执行仲裁裁决的采取慎重态度。

（撰稿人：邵文虹　高莎薇）

最高人民法院
关于内地与澳门特别行政区相互认可和执行仲裁裁决的安排

法释〔2007〕17号

（2007年9月17日最高人民法院审判委员会第1437次会议通过
2007年12月12日最高人民法院公告公布　自2008年1月1日起实施）

根据《中华人民共和国澳门特别行政区基本法》第九十三条的规定，经最高人民法院与澳门特别行政区协商，现就内地与澳门特别行政区相互认可和执行仲裁裁决的有关事宜达成如下安排：

第一条　内地人民法院认可和执行澳门特别行政区仲裁机构及仲裁员按照澳门特别行政区仲裁法规在澳门作出的民商事仲裁裁决，澳门特别行政区法院认可和执行内地仲裁机构依据《中华人民共和国仲裁法》在内地作出的民商事仲裁裁决，适用本安排。

本安排没有规定的，适用认可和执行地的程序法律规定。

第二条　在内地或者澳门特别行政区作出的仲裁裁决，一方当事人不履行的，另一方当事人可以向被申请人住所地、经常居住地或者财产所在地的有关法院申请认可和执行。

内地有权受理认可和执行仲裁裁决申请的法院为中级人民法院。两个或者两个以上中级人民法院均有管辖权的，当事人应当选择向其中一个中级人民法院提出申请。

澳门特别行政区有权受理认可仲裁裁决申请的法院为中级法院，有权执行的法院为初级法院。

第三条　被申请人的住所地、经常居住地或者财产所在地分别在内地和澳门特别行政区的，申请人可以向一地法院提出认可和执行申请，也可以分别向两地法院提出申请。

当事人分别向两地法院提出申请的，两地法院都应当依法进行审查。予以认可的，采取查封、扣押或者冻结被执行人财产等执行措施。仲裁地法院应当先进行执行清偿；另一地法院在收到仲裁地法院关于经执行债权未获清偿情况的证明后，可以对申请人未获清偿的部分进行执行清偿。两地法院执行财产的总额，不得超过依据裁决和法律规定所确定的数额。

第四条　申请人向有关法院申请认可和执行仲裁裁决的，应当提交以下文件或者经公证的副本：

（一）申请书；

（二）申请人身份证明；

（三）仲裁协议；

（四）仲裁裁决书或者仲裁调解书。

上述文件没有中文文本的，申请人应当提交经正式证明的中文译本。

第五条　申请书应当包括下列内容：

（一）申请人或者被申请人为自然人的，应当载明其姓名及住所；为法人或者其他组织的，应当载明其名称及住所，以及其法定代表人或者主要负责人的姓名、职务和住所；申请人是外国籍法人或者其他组织的，应当提交相应的公证和认证材料；

（二）请求认可和执行的仲裁裁决书或者仲裁调解书的案号或识别资料和生效日期；

（三）申请认可和执行仲裁裁决的理由及具体请求，以及被申请人财产所在地、财产状况及该仲裁裁决的执行情况。

第六条 申请人向有关法院申请认可和执行内地或者澳门特别行政区仲裁裁决的期限，依据认可和执行地的法律确定。

第七条 对申请认可和执行的仲裁裁决，被申请人提出证据证明有下列情形之一的，经审查核实，有关法院可以裁定不予认可：

（一）仲裁协议一方当事人依对其适用的法律在订立仲裁协议时属于无行为能力的；或者依当事人约定的准据法，或当事人没有约定适用的准据法而依仲裁地法律，该仲裁协议无效的；

（二）被申请人未接到选任仲裁员或者进行仲裁程序的适当通知，或者因他故未能陈述意见的；

（三）裁决所处理的争议不是提交仲裁的争议，或者不在仲裁协议范围之内；或者裁决载有超出当事人提交仲裁范围的事项的决定，但裁决中超出提交仲裁范围的事项的决定与提交仲裁事项的决定可以分开的，裁决中关于提交仲裁事项的决定部分可以予以认可；

（四）仲裁庭的组成或者仲裁程序违反了当事人的约定，或者在当事人没有约定时与仲裁地的法律不符的；

（五）裁决对当事人尚无约束力，或者业经仲裁地的法院撤销或者拒绝执行的。

有关法院认定，依执行地法律，争议事项不能以仲裁解决的，不予认可和执行该裁决。

内地法院认定在内地认可和执行该仲裁裁决违反内地法律的基本原则或者社会公共利益，澳门特别行政区法院认定在澳门特别行政区认可和执行该仲裁裁决违反澳门特别行政区法律的基本原则或者公共秩序，不予认可和执行该裁决。

第八条 申请人依据本安排申请认可和执行仲裁裁决的，应当根据执行地法律的规定，交纳诉讼费用。

第九条　一方当事人向一地法院申请执行仲裁裁决，另一方当事人向另一地法院申请撤销该仲裁裁决，被执行人申请中止执行且提供充分担保的，执行法院应当中止执行。

根据经认可的撤销仲裁裁决的判决、裁定，执行法院应当终结执行程序；撤销仲裁裁决申请被驳回的，执行法院应当恢复执行。

当事人申请中止执行的，应当向执行法院提供其他法院已经受理申请撤销仲裁裁决案件的法律文书。

第十条　受理申请的法院应当尽快审查认可和执行的请求，并作出裁定。

第十一条　法院在受理认可和执行仲裁裁决申请之前或者之后，可以依当事人的申请，按照法院地法律规定，对被申请人的财产采取保全措施。

第十二条　由一方有权限公共机构（包括公证员）作成的文书正本或者经公证的文书副本及译本，在适用本安排时，可以免除认证手续在对方使用。

第十三条　本安排实施前，当事人提出的认可和执行仲裁裁决的请求，不适用本安排。

自1999年12月20日至本安排实施前，澳门特别行政区仲裁机构及仲裁员作出的仲裁裁决，当事人向内地申请认可和执行的期限，自本安排实施之日起算。

第十四条　为执行本安排，最高人民法院和澳门特别行政区终审法院应当相互提供相关法律资料。

最高人民法院和澳门特别行政区终审法院每年相互通报执行本安排的情况。

第十五条　本安排在执行过程中遇有问题或者需要修改的，由最高人民法院和澳门特别行政区协商解决。

第十六条　本安排自2008年1月1日起实施。

【导读及适用要点】

一、关于《最高人民法院关于内地与澳门特别行政区相互认可和执行仲裁裁决的安排》的性质与名称

双方一致认为，内地与澳门特别行政区是“一国两制”下的不同法域，相互之间的仲裁裁决的认可与执行在性质上不同于国与国之间的司法协助，因此，在名称上要区别于国家与国家之间司法协助，使用“认可与执行”而不是“承认与执行”。所以，《内地与澳门特别行政区相互认可和执行仲裁裁决的安排》(以下简称《内地与澳门特别行政区相互认可和执行仲裁裁决的安排》) 是“一国两制”下不同区际法域之间就司法协助问题达成的法律性文件，其主体是基本法规定的澳门特别行政区与内地的司法机关，其效力需要经一定程序始能产生并得以适用，在内地由最高人民法院转化为司法解释予以实施，在澳门特别行政区经特首签发公布后实施。

二、关于《内地与澳门特别行政区相互认可和执行仲裁裁决的安排》的适用范围

两地实践中的仲裁的范围并不一致，尤其是基于两地法律的不同规定，彼此的仲裁事项的范围有本质的区别。如行政事务，依内地法律是不能通过仲裁方式解决的，但澳门则有行政仲裁制度。在澳门劳动争议仲裁是作为民事类仲裁处理；内地的劳动仲裁则区别于《仲裁法》规定的民商事仲裁，在性质上和程序上有较大的差异。因此，《内地与澳门特别行政区相互认可和执行仲裁裁决的安排》要解决的首要问题就是对《内地与澳门特别行政区相互认可和执行仲裁裁决的安排》适用的范围进行明确。为此，《内地与澳门特别行政区相互认可和执行仲裁裁决的安排》第一条规定：“内地人民法院认可和执行澳门特别行政区仲裁机构及仲裁员按照澳门特别行政区仲裁法规在澳门作出的民商事仲裁裁决，澳门特别行政区法院认可和执行内地仲裁机构依据《中华人民共和国仲裁法》在内地作出的民商事仲裁裁决，适用《内地与澳门特别行政区相互认可和执行仲裁裁决的安排》。”

《内地与澳门特别行政区相互认可和执行仲裁裁决的安排》第一条规定实际解决了三个问题：第一个问题是，仲裁事项的范围。从规定来看，澳门特别行政区依照《内地与澳门特别行政区相互认可和执行仲裁裁决的安排》可以到内地人民法院申请认可和执行的仲裁裁决限于民商事仲裁裁决，不包括澳门特别行政区的行政仲裁裁决。内地依《内地与澳门特别行政区相互认可和执行仲裁裁决的安排》到澳门法院申请认可和执行的仲裁裁决限于《中华人民共和国仲裁法》规定的仲裁裁决，也即通常所说的民商事仲裁裁决，包括国内仲裁裁决和涉外仲裁裁决，同时排除了劳动争议仲裁裁决和人事仲裁裁决以及农村土地承包合同仲裁裁决。第二个问题是，是否承认临时仲裁？临时仲裁（adhocarbitration），也称特别仲裁、特设仲裁或随意仲裁，是根据双方当事人的仲裁协议，在争议发生后由双方当事人推荐的仲裁员临时组成的，负责审理当事人之间的有关争议，并在审理终结后即行解散的仲裁。由于内地现有的法律不承认临时仲裁，也没有临时仲裁制度。澳门特别行政区有临时仲裁制度。双方经磋商后认为，认可与执行仲裁只是程序性司法协助，认可和执行地法院不宜对仲裁裁决作出实体法上的审查，只要是依据澳门的仲裁法律在澳门作出的仲裁裁决，依澳门法律合法有效的，在内地可以由人民法院进行认可和执行。基于此种考虑，《内地与澳门特别行政区相互认可和执行仲裁裁决的安排》第一条规定中对澳门仲裁裁决的表述为“认可和执行澳门仲裁机构及仲裁员作出的仲裁裁决”。这既包括了澳门特别行政区仲裁机构作出的仲裁裁决，也包括了非仲裁机构的仲裁员作出的临时仲裁。第三个问题是，仲裁地。《内地与澳门特别行政区相互认可和执行仲裁裁决的安排》第一条规定仅适用于在内地或者澳门作出的仲裁裁决的相互认可与执行适用《内地与澳门特别行政区相互认可和执行仲裁裁决的安排》。对于澳门特别行政区的仲裁机构及仲裁员在内地和澳门之外的第三地作出的仲裁裁决的认可与执行，以及对内地仲裁机构在澳门或者在第三地作出的仲裁裁决，也不适用于《内地与澳门特别行政区相互认可和执行仲裁裁决的安排》。当然对于国外仲裁机构在内地或者在澳门作出的仲裁裁决的认可和执行问题，也不能适用《内地与澳门特别行政区相互认可和执行仲裁裁决的安排》的规定。

三、关于当事人同时向内地和澳门法院申请认可和执行仲裁裁决问题内地仲裁裁决的

当事人依据《仲裁法》的规定，可以向内地的中级人民法院申请执行仲裁裁决。澳门仲裁裁决的当事人可以依据澳门的法律规定向澳门的法院申请认可和执行仲裁裁决。在被申请人的住所地、经常居住地或者财产所在地分别在内地和澳门的，当事人是否可以向两地法院分别提出认可和执行仲裁裁决的申请？这是在双方磋商过程中重点研究的问题之一。此前，最高人民法院与澳门特别行政区、香港特别行政区进行司法协助的磋商过程中，就民商事判决、仲裁裁决当事人能否同时向两地的法院申请认可或者执行问题，在处理上经历了一个变化的过程。如在《内地与香港特别行政区签署的认可和执行仲裁裁决的安排》第二条第三款规定："被申请人的住所地或者财产所在地，既在内地又在香港特区的，申请人不得同时分别向两地有关法院提出申请。只有一地法院执行不足以偿还其债务时，才可就不足部分向另一地法院申请执行。两地法院先后执行仲裁裁决的总额，不得超过裁决数额。"1999年最高人民法院和香港特别行政区签署该安排时，对当事人依同一仲裁裁决能否向两地法院同时申请执行问题，采取了禁止性的态度。当时的主要理由在于：如果允许同时向两地法院申请执行，由于执行法院间欠缺必要的沟通协调机制，容易出现总执行数额超过应执行金额的可能，为了保证执行工作的便捷，先由一地法院执行，执行不足的再向另一地法院仲裁执行足以保护债权人的利益。2006年最高人民法院和澳门特别行政区签署的《关于内地与澳门特别行政区相互认可和执行民商事判决的安排》则有了进一步的变化。该安排第五条规定："被申请人在内地和澳门特别行政区均有可供执行财产的，申请人可以向一地法院提出执行申请。申请人向一地法院提出执行申请的同时，可以向另一地法院申请查封、扣押或者冻结被执行人的财产。待一地法院执行完毕后，可以根据该地法院出具的执行情况证明，就不足部分向另一地法院申请采取处分财产的执行措施。两地法院执行财产的总额，不得超过依据判决和法律规定所确定的数额。"2006年的这一安排，比1999年的安排更进了一步，明确规定可以向一地法院申请执行，同时可以向另一地法院申请采取查封、扣押或者冻结被执行人的财产的措施，但并未明确规定可以同

时向两地法院申请执行。这一改变解决了由于一地法院先执行完结后再能向另一地法院申请执行，被执行人可能会转移财产或者采取其他损害债权人利益的行为，也存在因其他原因而丧失执行能力的风险。所以，在一地法院执行程序启动时，债权人可以向另一地申请对被执行人财产的保全措施。如此规定，虽然能够解决实际问题，但从法理上则有未尽明白之处。按照民事诉讼法等有关程序和法律规定，查封、扣押或者冻结财产的措施从性质分两种，一是财产保全措施，一是执行措施。财产保全是在起诉前或者诉讼开始后为保证裁判能够得以执行而采取的措施。在司法协助中，判决或者仲裁裁决的认可和执行不属于可以采用财产保全的程序，而执行措施则必须在执行程序启动之后才能采取，安排规定与此也不相符。因此，《内地与澳门特别行政区相互认可和执行仲裁裁决的安排》又作出了进一步的规定，其第三条规定："被申请人的住所地、经常居住地或者财产所在地分别在内地和澳门特别行政区的，申请人可以向一地法院提出认可和执行申请，也可以分别向两地法院提出申请。当事人分别向两地法院提出申请的，两地法院都应当依法进行审查。予以认可的，采取查封、扣押或者冻结被执行人财产等执行措施。仲裁地法院应当先进行执行清偿；另一地法院在收到仲裁地法院关于经执行债权未获清偿情况的证明后，可以对申请人未获清偿的部分进行执行清偿。两地法院执行财产的总额，不得超过依据裁决和法律规定所确定的数额。"当事人同时向两地法院申请执行的，要符合有关执行案件管辖的有关规定，《内地与澳门特别行政区相互认可和执行仲裁裁决的安排》规定了三个连结点作为可以向法院申请执行的标准，包括被申请人的住所地、经常居住地或者财产所在地。如果在内地和澳门分别有上述连结点的，当事人可以分别向两地法院申请执行。如果在澳门作出的仲裁裁决向内地人民法院，或者在内地作出的仲裁裁决向澳门法院申请执行的，应当先申请法院认可，法院予以认可后才开始执行程序。所以，当事人分别向两地法院申请认可和执行的，两地法院都应当依法（主要是《内地与澳门特别行政区相互认可和执行仲裁裁决的安排》）进行审查，予以认可的，依法可以采取财产执行措施，不受另一地法院认可和执行程序的影响。为避免两地法院分别就同一仲裁裁决内容进行执行清偿，可能导致申请人得到超过裁决数额的财产的情况出现，又避免两地法院之间相互推诿，《内地与澳门特别行政区相互认可和执行仲裁裁决的安排》

规定了在具体执行清偿时，先由作出仲裁裁决地的法院进行执行清偿，另一地法院收到仲裁地法院关于经执行债权未获得清偿（部分未获清偿或者全部未获清偿）情况的证明后，才可以对未获清偿部分为执行清偿。

四、申请认可和执行仲裁裁决的条件及管辖法院

内地或者澳门的仲裁裁决，当事人向另一地法院申请认可和执行的，应当符合相应的条件：其一，应当有生效的仲裁裁决。《内地与澳门特别行政区相互认可和执行仲裁裁决的安排》第四条规定，向另一地法院申请认可和执行仲裁裁决的，应当提交仲裁裁决书或者仲裁调解书，并有仲裁协议。其二，应当有在另一地可以执行的标的。《内地与澳门特别行政区相互认可和执行仲裁裁决的安排》第二条规定，即在另一地被执行人有可供执行的财产或者被执行人住所或者经常居住地。这三个联结点只要具备其中一个即可。其三，管辖法院。《内地与澳门特别行政区相互认可和执行仲裁裁决的安排》第二条规定，在内地受理澳门仲裁裁决的认可和执行的法院统一为中级人民法院，在澳门受理内地仲裁裁决的认可和执行的法院分别由中级法院和初级法院受理。按照内地仲裁法和仲裁法的司法解释规定，仲裁裁决的执行法院为中级人民法院，按照民事诉讼法的规定，承认和执行外国仲裁裁决的法院也是中级人民法院，所以《内地与澳门特别行政区相互认可和执行仲裁裁决的安排》规定内地对澳门仲裁裁决的认可和执行均由同一中级人民法院管辖。当然，如果在内地同时有两个以上的中级人民法院均有管辖权时，《内地与澳门特别行政区相互认可和执行仲裁裁决的安排》则赋予申请人以选择权，但一经选择即为确定，不得变更，亦不得同时向两个以上的内地中级人民法院就同一仲裁裁决申请认可和执行。由于在澳门，负责仲裁裁决的执行事宜的法院是初级法院，而认可仲裁裁决的是中级人民法院，所以《内地与澳门特别行政区相互认可和执行仲裁裁决的安排》尊重澳门现有立法规定，将认可内地仲裁裁决的法院和执行仲裁裁决的法院也分别由中级法院和初级法院管辖，这就可能出现先到澳门中级法院申请认可，认可后再到初级法院申请执行的两次程序，具体如何衔接，宜按澳门现行程序法规定。

五、关于认可和执行仲裁裁决的审查标准

《内地与澳门特别行政区相互认可和执行仲裁裁决的安排》对两地法院审查认可和执行另一地的仲裁裁决的实质条件并没有作出明确的规定，而采用了 1958 年《纽约公约》的做法，规定了不予认可和执行仲裁裁决的条件。《内地与澳门特别行政区相互认可和执行仲裁裁决的安排》第七条的规定，从内容上看，与 1958 年《纽约公约》第五条规定基本相同。但这里特别说明，《内地与澳门特别行政区相互认可和执行仲裁裁决的安排》第七条规定也有与纽约公约第五条规定不同之处，在适用时要注意。第一点不同是《内地与澳门特别行政区相互认可和执行仲裁裁决的安排》第七条第一款第一项中“仲裁协议一方当事人依对其适用的法律在订立仲裁协议时属于无行为能力的”与《纽约公约》第五条规定的“第二条所称协定之当事人依对其适用之法律有某种无行为能力情形者”不同。两处虽都以仲裁协议因订立协议人依法为无行为能力而无效导致仲裁裁决亦为无效为由，规定法院可以不予以认可和执行。但依法为无行为能力会有不同情形，一是订立仲裁协议时为无行为能力，二是订立仲裁协议时有行为能力，但事后丧失了行为能力。对于前一情形，自然该仲裁协议属于无效，除非得到其监护人之追认。对于后一情形，该仲裁协议应为有效，不因其行为能力的变化而受影响。可见，《纽约公约》的规定并不严谨，所以《内地与澳门特别行政区相互认可和执行仲裁裁决的安排》作出了不同的规定。第二点不同是，《内地与澳门特别行政区相互认可和执行仲裁裁决的安排》第七条第二项规定的“或者因他故未能陈述意见者”与《纽约公约》第五条第二项规定的“因他故，未能申辩者”有些许差异，除了字面上的区别外，在此特别要说明的是“因他故”的具体内涵可能会有不同的理解。从广义上理解，“他故”一词是指其他原因，从狭义上讲，他故应当指客观原因，即当事人自身过错之外的客观原因。《纽约公约》的规定并不清楚，虽然译文多直接译为“他故”，《内地与澳门特别行政区相互认可和执行仲裁裁决的安排》继续使用这一词，是因为该用法已经为人们所熟知。但具体在内涵上，狭义的理解才是《内地与澳门特别行政区相互认可和执行仲裁裁决的安排》的本意见。第三点不同是《内地与澳门特别行政区相互认可和执行仲裁裁决的安排》第七条第五项规定的“或者业经仲裁地的法院撤

销或者拒绝执行的”与《纽约公约》第五条第五项规定的“或业经裁决地所在国或裁决所依据法律之国家之主管机关撤销或停止执行者”，两者最大的不同在于安排使用了“拒绝执行”一词，不同于纽约公约使用的“停止执行”。《内地与澳门特别行政区相互认可和执行仲裁裁决的安排》主要是考虑了澳门与内地相关法律的规定，内地人民法院依当事人申请可以撤销仲裁裁决也可以裁定不予执行仲裁裁决，所以此处的拒绝执行在内地法律上应当指不予执行；澳门的法律规定与内地的不同，其没有规定不予执行制度，也不存在停止执行的规定。经协商，双方一致使用拒绝执行一词，通指因法定事由不执行仲裁裁决的情形。

六、关于撤销仲裁裁决和不予执行仲裁裁决的裁定对另一地法院认可和执行仲裁裁决的影响

按照内地法律规定，仲裁裁决作出后，有两种方式将影响到仲裁裁决的效力，一是申请撤销，一是主张不予执行。不予执行裁定虽非使仲裁裁决失去法律效力，但能产生该仲裁裁决不能执行的效果，与撤销裁定的后果基本一致。内地的仲裁裁决当事人向澳门法院申请认可和执行后，可能会出现被执行人向人民法院申请撤销仲裁裁决的情况。按照内地《仲裁法》的规定，如果人民法院受理当事人撤销仲裁裁决的申请，仲裁裁决的执行程序将无条件终止。同样，如果一方向人民法院申请执行仲裁裁决，但被执行人主张不予执行的，人民法院裁定不予执行的，执行程序也应当终止。但按照澳门的法律规定，如果仲裁裁决已经进入执行程序，另一方当事人提出撤销仲裁裁决的，法院也不会停止执行。澳门法律没有规定不予执行的程序，但有执行异议制度。但澳门的执行异议不同于内地的不予执行，而与内地《民事诉讼法》规定的执行异议基本相同，显然与不予执行没有对等的基础。我们充分考虑到两地法律制度的不同，并尽可能地寻找双方都能接受的处理方案。经双方最终协商一致，只对申请撤销仲裁裁决的程序加以规定，对不予执行的问题不作规定，理由如下：一是不予执行与撤销诉讼并列为限制仲裁裁决效力的方法，按照《仲裁法》的规定，涉外仲裁的事由完全一致，国内仲裁的理由基本一致，个别情形不一致，因此，当事人可以仅选择适用撤销诉讼基本可以满足权利保护需要。二是两种方式并存的问题已经凸显，不同法院甚

至同一法院不同部门在撤销程序和执行程序中作出完全相反的裁定的情形难以处理，为此《仲裁法》有关司法解释已经对当事人以相同事由分别提不予执行和撤销诉讼进行了严格的限制。三是内地和澳门属于不同法域，安排虽非条约但是区际间的司法协助协议，求同存异才能达成一致，所以本着早日达成协议的目的，内地可以放弃此一要求。《内地与澳门特别行政区相互认可和执行仲裁裁决的安排》第九条的规定可以说充分体现了双方的务实精神：第一，一方当事人向一地法院申请执行仲裁裁决，另一方当事人向另一地法院申请撤销该仲裁裁决，应当由被执行人提出中止执行的申请，再由执行法院决定是否中止执行；第二，撤销仲裁裁决程序启动后，被执行人申请中止执行的，不能当然自动中止认可和执行程序，只有被执行人提供充分担保时，法院才可以决定中止执行；第三，撤销仲裁裁决的法院裁判，要经另一地法院的认可程序予以确认后始能产生终结仲裁裁决执行的效力。

七、关于《内地与澳门特别行政区相互认可和执行仲裁裁决的安排》实施的问题

这个问题可以分为几种情况说明：第一种情况是，《内地与澳门特别行政区相互认可和执行仲裁裁决的安排》实施后，当事人提出的认可和执行仲裁裁决的请求，都应当按照《内地与澳门特别行政区相互认可和执行仲裁裁决的安排》审查处理。第二种情况是，《内地与澳门特别行政区相互认可和执行仲裁裁决的安排》实施前，当事人提出的认可和执行仲裁裁决的请求，是否还需要按依据《内地与澳门特别行政区相互认可和执行仲裁裁决的安排》审查处理？这种情形主要针对澳门特区。因为根据澳门特区法律，在不存在互惠的情况下，澳门特区已经依据澳门法律认可和执行了内地仲裁裁决。因此，对于澳门特区法院已经受理申请认可和执行内地仲裁裁决的案件，就应当继续按照澳门特区的有关法律规定审查处理，不必再重新适用《内地与澳门特别行政区相互认可和执行仲裁裁决的安排》进行审查。第三种情形也是针对澳门特区。由于在内地与澳门特区建立相互认可和执行仲裁裁决机制以前，内地法院是不认可和执行澳门特区仲裁裁决的。考虑到 1999 年 12 月 20 日澳门回归以后，两地是在一个主权国家内部不同法律区域间进行的司法协助，虽然《内地与澳门特别行政区相互认可和执行仲裁裁决的安排》是 2007

年实施的，但是这种相互认可和执行仲裁裁决制度应当是自澳门回归祖国后即应当具有的，故《内地与澳门特别行政区相互认可和执行仲裁裁决的安排》对于1999年12月20日澳门回归以后至《内地与澳门特别行政区相互认可和执行仲裁裁决的安排》实施前这一段时间作出的仲裁裁决，规定都可以根据《内地与澳门特别行政区相互认可和执行仲裁裁决的安排》在内地申请执行。并且考虑到这类案件可能超过内地申请认可和执行的法定期限，故《内地与澳门特别行政区相互认可和执行仲裁裁决的安排》规定申请认可和执行的期限，应当自《内地与澳门特别行政区相互认可和执行仲裁裁决的安排》实施之日起算。

（撰稿人：高莎微　吴兆祥）

最高人民法院
关于认可和执行台湾地区仲裁裁决的规定

法释〔2015〕14号

（2015年6月2日最高人民法院审判委员会第1653次会议通过
2015年6月29日最高人民法院公告公布　自2015年7月1日起施行）

为保障海峡两岸当事人的合法权益，更好地适应海峡两岸关系和平发展的新形势，根据民事诉讼法、仲裁法等有关法律，总结人民法院涉台审判工作经验，就认可和执行台湾地区仲裁裁决，制定本规定。

第一条　台湾地区仲裁裁决的当事人可以根据本规定，作为申请人向人民法院申请认可和执行台湾地区仲裁裁决。

第二条　本规定所称台湾地区仲裁裁决是指，有关常设仲裁机构及临时仲裁庭在台湾地区按照台湾地区仲裁规定就有关民商事争议作出的仲裁裁决，包括仲裁判断、仲裁和解和仲裁调解。

第三条　申请人同时提出认可和执行台湾地区仲裁裁决申请的，人民法院先按照认可程序进行审查，裁定认可后，由人民法院执行机构执行。

申请人直接申请执行的，人民法院应当告知其一并提交认可申请；坚持不申请认可的，裁定驳回其申请。

第四条 申请认可台湾地区仲裁裁决的案件，由申请人住所地、经常居住地或者被申请人住所地、经常居住地、财产所在地中级人民法院或者专门人民法院受理。

申请人向两个以上有管辖权的人民法院申请认可的，由最先立案的人民法院管辖。

申请人向被申请人财产所在地人民法院申请认可的，应当提供财产存在的相关证据。

第五条 对申请认可台湾地区仲裁裁决的案件，人民法院应当组成合议庭进行审查。

第六条 申请人委托他人代理申请认可台湾地区仲裁裁决的，应当向人民法院提交由委托人签名或者盖章的授权委托书。

台湾地区、香港特别行政区、澳门特别行政区或者外国当事人签名或者盖章的授权委托书应当履行相关的公证、认证或者其他证明手续，但授权委托书在人民法院法官的见证下签署或者经中国大陆公证机关公证证明是在中国大陆签署的除外。

第七条 申请人申请认可台湾地区仲裁裁决，应当提交以下文件或者经证明无误的副本：

（一）申请书；

（二）仲裁协议；

（三）仲裁判断书、仲裁和解书或者仲裁调解书。

申请书应当记明以下事项：

（一）申请人和被申请人姓名、性别、年龄、职业、身份证件号码、住址（申请人或者被申请人为法人或者其他组织的，应当记明法人或者其他组织的名称、地址、法定代表人或者主要负责人姓名、职务）和通讯方式；

（二）申请认可的仲裁判断书、仲裁和解书或者仲裁调解书的案号或者识别资料和生效日期；

（三）请求和理由；

（四）被申请人财产所在地、财产状况及申请认可的仲裁裁决的执行情况；

（五）其他需要说明的情况。

第八条 对于符合本规定第四条和第七条规定条件的申请，人民法院应当在收到申请后七日内立案，并通知申请人和被申请人，同时将申请书送达被申请人；不符合本规定第四条和第七条规定条件的，应当在七日内裁定不予受理，同时说明不予受理的理由；申请人对裁定不服的，可以提起上诉。

第九条 申请人申请认可台湾地区仲裁裁决，应当提供相关证明文件，以证明该仲裁裁决的真实性。

申请人可以申请人民法院通过海峡两岸调查取证司法互助途径查明台湾地区仲裁裁决的真实性；人民法院认为必要时，也可以就有关事项依职权通过海峡两岸司法互助途径向台湾地区请求调查取证。

第十条 人民法院受理认可台湾地区仲裁裁决的申请之前或者之后，可以按照民事诉讼法及相关司法解释的规定，根据申请人的申请，裁定采取保全措施。

第十一条 人民法院受理认可台湾地区仲裁裁决的申请后，当事人就同一争议起诉的，不予受理。

当事人未申请认可，而是就同一争议向人民法院起诉的，亦不予受理，但仲裁协议无效的除外。

第十二条 人民法院受理认可台湾地区仲裁裁决的申请后，作出裁定前，申请人请求撤回申请的，可以裁定准许。

第十三条 人民法院应当尽快审查认可台湾地区仲裁裁决的申请，决定予以认可的，应当在立案之日起两个月内作出裁定；决定不予认可或者驳回申请的，应当在作出决定前按有关规定自立案之日起两个月内上报最高人民法院。

通过海峡两岸司法互助途径送达文书和调查取证的期间，不计入审查期限。

第十四条 对申请认可和执行的仲裁裁决，被申请人提出证据证明有下列情形之一的，经审查核实，人民法院裁定不予认可：

（一）仲裁协议一方当事人依对其适用的法律在订立仲裁协议时属于无行为能力的；或者依当事人约定的准据法，或当事人没有约定适用的准据法而依台湾地区仲裁规定，该仲裁协议无效的；或者当事人之间没有达成书面仲裁协议的，但申请认可台湾地区仲裁调解的除外；

（二）被申请人未接到选任仲裁员或进行仲裁程序的适当通知，或者由于其他不可归责于被申请人的原因而未能陈述意见的；

（三）裁决所处理的争议不是提交仲裁的争议，或者不在仲裁协议范围之内；或者裁决载有超出当事人提交仲裁范围的事项的决定，但裁决中超出提交仲裁范围的事项的决定与提交仲裁事项的决定可以分开的，裁决中关于提交仲裁事项的决定部分可以予以认可；

（四）仲裁庭的组成或者仲裁程序违反当事人的约定，或者在当事人没有约定时与台湾地区仲裁规定不符的；

（五）裁决对当事人尚无约束力，或者业经台湾地区法院撤销或者驳回执行申请的。

依据国家法律，该争议事项不能以仲裁解决的，或者认可该仲裁裁决将违反一个中国原则等国家法律的基本原则或损害社会公共利益的，人民法院应当裁定不予认可。

第十五条　人民法院经审查能够确认台湾地区仲裁裁决真实，而且不具有本规定第十四条所列情形的，裁定认可其效力；不能确认该仲裁裁决真实性的，裁定驳回申请。

裁定驳回申请的案件，申请人再次申请并符合受理条件的，人民法院应予受理。

第十六条　人民法院依据本规定第十四条和第十五条作出的裁定，一经送达即发生法律效力。

第十七条　一方当事人向人民法院申请认可或者执行台湾地区仲裁裁决，另一方当事人向台湾地区法院起诉撤销该仲裁裁决，被申请人申请中止认可或者执行并且提供充分担保的，人民法院应当中止认可或者执行程序。

申请中止认可或者执行的，应当向人民法院提供台湾地区法院已经受理撤销仲裁裁决案件的法律文书。

台湾地区法院撤销该仲裁裁决的，人民法院应当裁定不予认可或者裁定终结执行；台湾地区法院驳回撤销仲裁裁决请求的，人民法院应当恢复认可或者执行程序。

第十八条 对人民法院裁定不予认可的台湾地区仲裁裁决，申请人再次提出申请的，人民法院不予受理。但当事人可以根据双方重新达成的仲裁协议申请仲裁，也可以就同一争议向人民法院起诉。

第十九条 申请人申请认可和执行台湾地区仲裁裁决的期间，适用民事诉讼法第二百三十九条[①]的规定。

申请人仅申请认可而未同时申请执行的，申请执行的期间自人民法院对认可申请作出的裁定生效之日起重新计算。

第二十条 人民法院在办理申请认可和执行台湾地区仲裁裁决案件中所作出的法律文书，应当依法送达案件当事人。

第二十一条 申请认可和执行台湾地区仲裁裁决，应当参照《诉讼费用交纳办法》的规定，交纳相关费用。

第二十二条 本规定自2015年7月1日起施行。

本规定施行前，根据《最高人民法院关于人民法院认可台湾地区有关法院民事判决的规定》（法释〔1998〕11号），人民法院已经受理但尚未审结的申请认可和执行台湾地区仲裁裁决的案件，适用本规定。

【导读及适用要点】

一、关于适用范围

《最高人民法院关于认可和执行台湾地区仲裁裁决的规定》（以下简称《认可和执行台湾地区仲裁裁决的规定》）第二条规定："本规定所称台湾地区仲裁裁决是指，有关常设仲裁机构及临时仲裁庭在台湾地区按照台湾地区仲裁规定就有关民商事争议作出的仲裁裁决，包括仲裁判断、仲裁和解和仲裁调解。"该条款明确了可予认可和执行的台湾地区仲裁裁决的认定标准及其外延，较之于之前进一步扩大了认可和执行的范围。就台湾地区仲裁裁决的认定，要注意以下几点：

---

① 现为《民事诉讼法》（2023年修正）第二百五十条。

1. 关于台湾地区仲裁裁决的认定标准。台湾地区“仲裁法”第四十七条规定，在台湾境外作出的裁决以及在台湾依据外国法律作成的裁决系外国仲裁裁决。根据该条之“立法理由”，该条所称之外国法律，包含外国仲裁法规、外国仲裁机构仲裁规则及国际组织仲裁规则。按照台湾地区“仲裁法”被认定为外国仲裁裁决的，自不宜列入《认可和执行台湾地区仲裁裁决的规定》的适用范围。鉴此，本条明确了认定台湾地区仲裁裁决的两个必备因素：一是仲裁地因素，即在台湾地区作出；二是仲裁程序规则适用因素，即适用台湾地区仲裁规定，该仲裁规定既包括台湾地区“仲裁法”，亦包括台湾地区的相关仲裁规则。

2. 关于台湾地区仲裁裁决的外延。按照台湾地区“仲裁法”，仲裁庭就仲裁事项可作出仲裁判断、仲裁和解和仲裁调解，其并无大陆“仲裁裁决”之概念。基于表述方便和易于为大陆人士理解的考虑，《认可和执行台湾地区仲裁裁决的规定》采用“台湾地区仲裁裁决”之概念，明确其包括仲裁判断、仲裁和解和仲裁调解三种形式，并将三者均纳入《认可和执行台湾地区仲裁裁决的规定》适用范围。

第一，关于仲裁判断。仲裁判断即为仲裁庭作出的判断，等同于大陆仲裁法中仲裁裁决的概念。台湾地区“仲裁法”第三十七条规定：“仲裁人之判断，于当事人间，与法院之确定判决，有同一效力。”将台湾地区的仲裁判断列入《认可和执行台湾地区仲裁裁决的规定》的适用范围，自无争议。

第二，关于仲裁和解。台湾地区“仲裁法”第四十四条规定了仲裁和解，即“仲裁事件，于仲裁判断前，得为和解”；“和解成立者，由仲裁人作成和解书。前项和解，与仲裁判断有同一效力。”该仲裁和解类似于大陆仲裁法第五十一条所规定的由仲裁庭作出的调解（该调解与仲裁裁决具有同等法律效力）。二者的共性在于，在当事人订有仲裁协议的前提下，达成与仲裁判断或仲裁裁决具有同等法律效力的和解书或调解书。故，台湾地区的仲裁和解可纳入《认可和执行台湾地区仲裁裁决的规定》的适用范围。

第三，关于仲裁调解。台湾地区“仲裁法”第四十五条规定了仲裁调解，即“未依本法订立仲裁协议者，仲裁机构得依当事人之声请，经他方同意后，由双方选定仲裁人进行调解。调解成立者，由仲裁人作成调解书”；“前项调解成立者，其调解与仲裁和解有同一效力。”按照台湾地区“仲裁法”第四十五条、第四十四条和第三十七条，可推导出所谓的仲裁调解与法院之确定判决有同一效力。故，台湾地区的仲裁调解亦可纳入《认可和执行台湾地区仲裁裁决的规定》的适用范围。

《认可和执行台湾地区仲裁裁决的规定》起草过程中曾有意见提出，虽然大陆仲裁法中没有与台湾地区“仲裁法”第四十五条的仲裁调解书相对应的概念，但是《最高人民法院关于建立健全诉讼与非诉讼相衔接的矛盾纠纷解决机制的若干意见》(法发〔2009〕45号)第九条规定:“没有仲裁协议的当事人申请仲裁委员会对民事纠纷进行调解的，由该仲裁委员会专门设立的调解组织按照公平中立的调解规则进行调解后达成的有民事权利义务内容的调解协议，经双方当事人签字或者盖章后，具有民事合同性质”台湾地区“仲裁法”第四十五条规定的仲裁调解与上述意见第九条规定的调解协议较为类似，二者共性在于，当事人未达成仲裁协议的前提下，仲裁庭(或其下设的调解机构)促成调解，达成协议。根据上述意见第九条的规定，调解协议并不具有强制执行力。在大陆尚未赋予与台湾地区的仲裁调解具有类似地位的调解协议以强制执行力的情况下，暂不宜将台湾地区的仲裁调解纳入《认可和执行台湾地区仲裁裁决的规定》的适用范围。上述观点虽有一定道理，但基于以下两点考虑，最终将台湾地区仲裁调解纳入《认可和执行台湾地区仲裁裁决的规定》适用范围。一是大陆司法实践中亦有通过司法确认赋予上述意见第九条中调解协议以强制执行力的做法，在一定意义上该司法确认与《认可和执行台湾地区仲裁裁决的规定》规定的认可审查具有相同的功能。二是在台湾地区“仲裁法”实际赋予仲裁调解与法院之确定判决有同一效力的情况下，将台湾地区仲裁调解纳入《认可和执行台湾地区仲裁裁决的规定》的适用范围，作为大陆人民法院可以认可和执行的对象，有利于减少两岸当事人的诉累，保障当事人的合法权益。

3. 所谓台湾地区仲裁裁决既包括机构仲裁裁决，也包括临时仲裁裁决。目前，大陆仲裁法虽未规定临时仲裁问题，但是根据《承认及执行外国仲裁裁决公约》《最高人民法院关于适用〈中华人民共和国民事诉讼法〉的解释》

第五百四十五条[①]以及内地与港澳特区两个认可和执行仲裁裁决安排的规定，当事人可就境外的临时仲裁裁决在我国（内地）申请认可和执行。台湾地区允许临时仲裁，因此同样会产生当事人就台湾地区临时仲裁裁决在大陆申请认可和执行的问题。《认可和执行台湾地区仲裁裁决的规定》用我国（内地）对外国（港澳）临时仲裁裁决的一贯做法，明确将台湾地区临时仲裁裁决纳入《认可和执行台湾地区仲裁裁决的规定》的适用范围。

4. 所谓台湾地区仲裁裁决仅限于就有关民商事争议作出的仲裁裁决，不包括有关解决行政争议的仲裁裁决。台湾地区“仲裁法”第一条第二款规定，可仲裁的争议以“依法得和解者为限”。就该条款，有台湾学者认为：“不仅民事争议，若行政上给付的争议可能和解的，亦可以仲裁方式解决”。[②]这一点与大陆《仲裁法》第三条有关依法应当由行政机关处理的行政争议不能仲裁的规定明显不同。根据《海峡两岸共同打击犯罪及司法互助协议》第十条“相互认可及执行民事确定裁判与仲裁裁决（仲裁判断）”的约定，《认可和执行台湾地区仲裁裁决的规定》仅适用于民商事仲裁裁决，而不适用于有关涉及行政争议的仲裁裁决。对于台湾地区就行政争议作出的仲裁裁决的认可和执行问题，需要在两岸有明确协议或共识基础上，大陆有关方面另行以适当方式加以规范。

二、关于司法对仲裁的支持

大陆《仲裁法》第五条规定：“当事人达成仲裁协议，一方向人民法院起诉的，人民法院不予受理，但仲裁协议无效的除外。”该条规定表明了人民法院对当事人意思自治的尊重和对仲裁的支持，体现了在当事人之间存在有效仲裁协议的前提下，仲裁优先于诉讼的精神。《认可和执行台湾地区仲裁裁决的规定》第十一条第一款规定：“人民法院受理认可台湾地区仲裁裁决的申请后，当事人就同一争议起诉的，不予受理。”第二款规定：“当事人未申请认可，而是就同一争议向人民法院起诉的，亦不予受理，但仲裁协议无效的除

① 现为《最高人民法院关于适用〈中华人民共和国民事诉讼法〉的解释》（2022 年修正）第五百四十三条。

② 吴光明：《仲裁权之探讨——海峡两岸之比较研究》，载《仲裁法理论与判决研究》，我国台湾地区翰芦图书出版有限公司 2004 年版，第 75 页。

外。”该两款规定均体现了大陆《仲裁法》第五条的精神，即在当事人之间存在有效仲裁协议的情况下，无论当事人是否向人民法院提出认可台湾地区仲裁裁决的申请，其就同一争议向人民法院起诉的，人民法院均不予受理。就该两款条文的理解，需注意以下几点：

1. 关于本条第一款规定的人民法院受理认可申请后当事人在大陆重新起诉的问题。《认可台湾民事判决规定》第十一条第一款亦有类似规定，即“人民法院受理认可台湾地区法院民事判决的申请后，当事人就同一争议起诉的，不予受理。”二者虽然表述类似，处理结果相同，但法理依据相异。前者更多体现了仲裁优先的精神，即有效仲裁协议排斥法院管辖；后者在本质上体现了一事不再理的原则。

2. 关于本条第二款规定的当事人在大陆未申请认可而选择向人民法院起诉的问题。《最高人民法院关于认可和执行台湾地区法院民事判决的规定》（以下简称《认可台湾民事判决规定》）第十二条亦有类似规定，即“案件虽经台湾地区有关法院判决，但当事人未申请认可，而是就同一争议向人民法院起诉的，应予受理。”二者处理结果完全相反。前者依然体现了仲裁优先的精神；后者则体现了对当事人诉讼权利的尊重。

3. 本条两款的处理结果均为人民法院不予受理，但不同在于第二款有“仲裁协议无效”的除外条款。就本条第一款规定的情形，人民法院认定仲裁协议无效的，结合《认可和执行台湾地区仲裁裁决的规定》第十四条和第十八条，当事人可以就同一争议向人民法院起诉。

4. 本条第二款和第十四条第一款第一项均涉及仲裁协议无效的问题，后者明确了准据法的适用，前者对此未予规定。判断仲裁协议的效力应适用相应的准据法，而准据法的认定则应遵守相同的法律适用规则。故，本条第二款有关认定仲裁协议无效的准据法，应当参照适用第十四条第一款第一项的规定，即优先适用当事人约定的准据法，在当事人没有约定时适用台湾地区的仲裁规定。

三、关于司法对仲裁的监督

司法对仲裁的监督主要体现在《认可和执行台湾地区仲裁裁决的规定》第十四条不予认可和第十五条驳回申请的相关规定，核心是第十四条。

仲裁裁决与法院判决在认可和执行问题上最主要的区别在于审查条件——不予认可理由上的差异。除了正当程序（即被申请人在此前的仲裁或诉讼程序中得到合法通知或传唤）及公共秩序条款可以作为其二者审查的共同条件外，其他审查事项均需根据各自的性质而设定，并不能相互简单替代，其中有些审查事项甚至相冲突。仲裁庭的组成或者仲裁程序的合法性、争议事项的可仲裁性等是仲裁裁决审查所独有的事项；而申请认可和执行地法院的专属管辖则为法院判决审查所特有。对仲裁裁决审查中要求当事人之间订有有效的仲裁协议，而有效的仲裁协议恰恰是对判决不予认可的重要理由。鉴此，《认可和执行台湾地区仲裁裁决的规定》第十四条参考内地与港澳两个认可和执行仲裁裁决安排及《承认及执行外国仲裁裁决公约》的有关内容，规定了不予认可台湾地区仲裁裁决的具体理由。该条规定的理由与上述安排和公约的内容除个别表述外，基本保持了一致。就该条文，要注意以下几点：

1. 部分表述的调整。《认可和执行台湾地区仲裁裁决的规定》系最高人民法院单方发布的司法解释，而非海峡两岸签署的裁判认可司法协助协议，仅适用于台湾地区仲裁裁决在大陆的认可和执行问题，故《认可和执行台湾地区仲裁裁决的规定》并未延续内地与港澳两个认可和执行仲裁裁决安排及《承认及执行外国仲裁裁决公约》中有关依据仲裁地法律确定仲裁协议效力及仲裁庭的组成或者仲裁程序合法性等表述，而是在第十四条第一款第一、四、五项中直接表述为依据“台湾地区仲裁规定”认定或“经台湾地区法院撤销或者驳回执行申请”。表述虽然有一定差异，但体现的法理并无二致。

2. 具体审查事项。第十四条第一款所列的五种情形，基本上属于程序性问题，第一项是仲裁协议无效；第二项是限制或者剥夺了当事人重大程序性权利；第三项是仲裁裁决超范围；第四项是仲裁庭组成或者仲裁程序不合法；第五项是仲裁裁决未生效或者被撤销、驳回执行申请。由此可见，人民法院对于台湾地区仲裁裁决中的事实认定和法律适用问题是不予审查的，其对仲裁裁决的审查只是程序性审查。该审查类似于人民法院对大陆仲裁机构作出的涉外仲裁裁决的审查，不同于人民法院对大陆仲裁机构作出的非涉外仲裁裁决所进行的实质性审查。

第十四条第二款主要规定了公共秩序保留条款。在适用该款规定时应采用“结果说”，即只有认可台湾地区仲裁裁决的结果违反国家法律的基本原则或损害社会公共利益时才不予认可，而不得简单根据仲裁裁决的内容即作出不予认可的裁定。海峡两岸在社会、经济制度等方面均存在较大差异，规定公共秩序条款固然可以起到“安全阀”的功能，但是认可和执行台湾地区仲裁裁决毕竟属于一国之内的区际司法协助，人民法院在司法实践中应当采取十分慎重的态度，严格限制公共秩序条款的适用。该款中所称“依据国家法律，该争议事项不能以仲裁解决的”，即争议事项不具有可仲裁性，其中就包括对依法应当由行政机关处理的行政争议所作的仲裁裁决，目前不能依据《认可和执行台湾地区仲裁裁决的规定》予以认可执行，未来不排除可以通过其他方式予以认可和执行。

3. 审查的启动方式。第十四条第一款所列五种情形，人民法院不主动审查，只有被申请人提出申请后人民法院方予以审查；同时也只有被申请人能够举证证明有关情形存在，人民法院方可裁定不予认可。就第十四条第二款所列情形，人民法院应当依职权主动审查。

4. 仲裁调解审查的特殊规定。《认可和执行台湾地区仲裁裁决的规定》第二条明确其适用范围涵盖台湾地区的仲裁调解，而按照台湾地区“仲裁法”，仲裁调解适用于“未依本法订立仲裁协议者”，故当事人申请认可台湾地区仲裁调解书时，其并无仲裁协议。鉴此，第十四条第一款第一项规定了申请认可台湾地区仲裁调解时的除外条款，即不得以无仲裁协议为由裁定不予认可。同理，《认可和执行台湾地区仲裁裁决的规定》第七条有关申请时应当提交材料的规定，亦应作相同的解释，即申请认可台湾地区仲裁调解书的，不应要求提交仲裁协议。

司法对仲裁的监督还体现在第十五条有关驳回申请的规定。就当事人的认可申请，《认可和执行台湾地区仲裁裁决的规定》与《认可台湾民事判决规定》第十六条基本一致，区分了裁定不予认可与裁定驳回申请两种否定性的处理结果。第十五条规定的裁定驳回申请，仅适用于不能确认台湾地区仲裁裁决真实性的情形。

四、关于审查期限及不予认可的报审程序

《认可和执行台湾地区仲裁裁决的规定》第十三条明确了对台湾地区仲裁裁决的审查期限及拟不予认可时的报审程序。此前，《最高人民法院关于承认

和执行外国仲裁裁决收费及审查期限问题的规定》[①]（法释〔1998〕28号）第四条规定了人民法院办理申请承认和执行外国仲裁裁决案件的2个月审查期限及不予承认时的报审程序，该程序表明了人民法院审慎对待境外仲裁裁决的态度，实质上体现了人民法院支持仲裁的立场，在实践中也取得了较好的法律效果和社会效果。台湾地区仲裁并非外国仲裁，但就审查期限及不予认可时的报审问题，则完全可参照适用上述有关外国仲裁裁决的规定。鉴此，《认可和执行台湾地区仲裁裁决的规定》就审查期限及不予认可报审问题采用了前述法释〔1998〕28号司法解释的意见。

五、关于在台撤销仲裁裁决程序对人民法院认可和执行程序的影响

台湾地区仲裁裁决进入人民法院的认可审查和执行程序后，如果当事人（通常是被申请人）又向台湾地区法院提出撤销仲裁裁决之诉的，撤销之诉的审理结果将直接影响该仲裁裁决的法律效力，进而对人民法院的认可和执行程序产生影响。根据台湾地区“仲裁法”，起诉撤销仲裁裁决的，“法院得依当事人之声请，定相当并确实之担保，裁定停止执行”，即该仲裁裁决在台湾被起诉撤销期间，亦可停止执行。鉴此，在仲裁裁决被当事人在台湾法院提起撤销之诉的情况下，在申请认可和执行地（大陆）自不宜赋予该仲裁裁决比仲裁地（台湾地区）更高的效力。《认可和执行台湾地区仲裁裁决的规定》第十七条第一款就此规定：“一方当事人向人民法院申请认可或者执行台湾地区仲裁裁决，另一方当事人向台湾地区法院起诉撤销该仲裁裁决，被申请人申请中止认可或者执行并且提供充分担保的，人民法院应当中止认可或者执行程序。”同时，该条第二款要求被申请人应当向人民法院提供台湾地区法院已经受理撤销仲裁裁决案件的法律文书。第三款则区分在台撤销之诉的审理结果，分别规定了人民法院在认可或者执行程序中的相应处理方式。就该条文，需注意以下几点：

1. 根据第十四条第一款第五项，仲裁裁决业经台湾地区法院撤销的，人民法院裁定不予认可。本条第一款适用于在台湾地区启动撤销仲裁裁决之诉但尚未作出判决的情形；而第十四条第一款第五项仅适用于被申请人提供证

---

① 已失效。

据证明台湾地区法院已经作出了撤销仲裁裁决的判决或者驳回执行申请的情形。

2. 区分台湾法院撤销之诉的判决情况及该申请案件在人民法院所处的阶段，作出不同的处理。人民法院中止认可或者执行程序后，如果台湾地区法院驳回撤销仲裁裁决请求，无论该申请案件处于认可阶段还是执行阶段，人民法院均应当恢复相应的程序；如果台湾地区法院撤销该仲裁裁决，该申请案件尚处于认可审查阶段的，人民法院应当裁定不予认可，该申请案件已经处于执行阶段的，人民法院应当裁定终结执行。

3. 台湾地区法院的撤销之诉判决是否需要人民法院认可。司法实践中，多数意见认为，台湾地区仲裁裁决在大陆法院认可和执行程序中，不宜再要求当事人就台湾地区法院的撤销之诉判决向人民法院提出认可申请。《认可和执行台湾地区仲裁裁决的规定》第十四条第一款第五项规定的不予认可的理由，即“（仲裁）裁决……业经台湾地区法院撤销……的”，也并未要求台湾法院的撤销判决需经人民法院认可。主要是考虑：其一，这样规定与《承认及执行外国仲裁裁决公约》第五条第一款（戊）项的内容相一致，符合国际司法协助的惯例，并且一国范围内的区际司法协助不宜规定较之于国际司法协助更为烦琐的程序。其二，在认可和执行仲裁裁决程序中，人民法院的审查对象是仲裁裁决，台湾法院撤销仲裁裁决的判决只是审查中认定仲裁裁决效力的证据而已，只要能确认其真实性即可，无需对其效力再作深度审查。这样理解既有利于减少当事人的诉累，也可有效地提高司法效率。

六、关于裁定不予认可后的纠纷解决途径

人民法院作出不予认可裁定后申请人再次提出申请的，人民法院不予受理，但当事人若就同一争议向人民法院起诉，法院可否受理不无疑问。该问题的关键在于，人民法院作出不予认可的裁定后，当事人之间原有的仲裁协议是否还继续具有约束双方通过仲裁解决争议的效力。与人民法院对境外仲裁裁决作出的不予认可裁定相类似的是，人民法院对大陆仲裁裁决作出的撤销或者不予执行裁定。对于后者，大陆《仲裁法》第九条第二款规定：“裁决被人民法院依法裁定撤销或者不予执行的，当事人就该纠纷可以根据双方重新达成的仲裁协议申请仲裁，也可以向人民法院起诉。”由此可知，仲裁裁决

被人民法院裁定撤销或者不予执行的，原有仲裁协议已经不具有约束当事人进行仲裁的效力，当事人可以直接就该争议向法院诉讼，希望仲裁的还需重新达成仲裁协议。据此，上述问题可转化为，人民法院对境外仲裁裁决作出不予承认或者不予认可裁定与人民法院对大陆仲裁裁决作出撤销或者不予执行裁定，是否具有相同的法律后果。《认可和执行台湾地区仲裁裁决的规定》起草过程中有意见认为，其二者法律后果不同，前者仍涉及依据相关准据法对仲裁协议有效性的认定问题，若协议有效人民法院不得受理，若协议无效人民法院可予受理。我们认为，人民法院裁定不予承认或者不予认可境外仲裁裁决的理由和人民法院撤销或者不予执行大陆涉外仲裁裁决的理由大致相同，均为程序性事由，其法律后果均为对仲裁裁决效力的否定性评价，在此情形下没有必要对仲裁协议的效力再加以区别。最终，《认可和执行台湾地区仲裁裁决的规定》第十八条明确规定，人民法院裁定不予认可的，“当事人可以根据双方重新达成的仲裁协议申请仲裁，也可以就同一争议向人民法院起诉。”

（撰稿人：郃中林　陈宏宇）

最高人民法院
关于内地与香港特别行政区法院就仲裁程序相互协助保全的安排

法释〔2019〕14号

（2019年3月25日最高人民法院审判委员会第1763次会议通过
2019年9月26日最高人民法院公告公布　自2019年10月1日起生效）

根据《中华人民共和国香港特别行政区基本法》第九十五条的规定，最高人民法院与香港特别行政区政府经协商，现就内地与香港特别行政区法院关于仲裁程序相互协助保全作出如下安排：

第一条　本安排所称“保全”，在内地包括财产保全、证据保全、行为保全；在香港特别行政区包括强制令以及其他临时措施，以在争议得以裁决之前维持现状或者恢复原状、采取行动防止目前或者即将对仲裁程序发生的危害或者损害，或者不采取可能造成这种危害或者损害的行动、保全资产或者保全对解决争议可能具有相关性和重要性的证据。

第二条 本安排所称“香港仲裁程序”，应当以香港特别行政区为仲裁地，并且由以下机构或者常设办事处管理：

（一）在香港特别行政区设立或者总部设于香港特别行政区，并以香港特别行政区为主要管理地的仲裁机构；

（二）中华人民共和国加入的政府间国际组织在香港特别行政区设立的争议解决机构或者常设办事处；

（三）其他仲裁机构在香港特别行政区设立的争议解决机构或者常设办事处，且该争议解决机构或者常设办事处满足香港特别行政区政府订立的有关仲裁案件宗数以及标的金额等标准。

以上机构或者常设办事处的名单由香港特别行政区政府向最高人民法院提供，并经双方确认。

第三条 香港仲裁程序的当事人，在仲裁裁决作出前，可以参照《中华人民共和国民事诉讼法》《中华人民共和国仲裁法》以及相关司法解释的规定，向被申请人住所地、财产所在地或者证据所在地的内地中级人民法院申请保全。被申请人住所地、财产所在地或者证据所在地在不同人民法院辖区的，应当选择向其中一个人民法院提出申请，不得分别向两个或者两个以上人民法院提出申请。

当事人在有关机构或者常设办事处受理仲裁申请后提出保全申请的，应当由该机构或者常设办事处转递其申请。

在有关机构或者常设办事处受理仲裁申请前提出保全申请，内地人民法院采取保全措施后三十日内未收到有关机构或者常设办事处提交的已受理仲裁案件的证明函件的，内地人民法院应当解除保全。

第四条 向内地人民法院申请保全的，应当提交下列材料：

（一）保全申请书；

（二）仲裁协议；

（三）身份证明材料：申请人为自然人的，应当提交身份证件复印件；申请人为法人或者非法人组织的，应当提交注册登记证书的复印件以及法定代表人或者负责人的身份证件复印件；

（四）在有关机构或者常设办事处受理仲裁案件后申请保全的，应当提交包含主要仲裁请求和所根据的事实与理由的仲裁申请文件以及相关证据材料、该机构或者常设办事处出具的已受理有关仲裁案件的证明函件；

（五）内地人民法院要求的其他材料。

身份证明材料系在内地以外形成的，应当依据内地相关法律规定办理证明手续。

向内地人民法院提交的文件没有中文文本的，应当提交准确的中文译本。

第五条　保全申请书应当载明下列事项：

（一）当事人的基本情况：当事人为自然人的，包括姓名、住所、身份证件信息、通讯方式等；当事人为法人或者非法人组织的，包括法人或者非法人组织的名称、住所以及法定代表人或者主要负责人的姓名、职务、住所、身份证件信息、通讯方式等；

（二）请求事项，包括申请保全财产的数额、申请行为保全的内容和期限等；

（三）请求所依据的事实、理由和相关证据，包括关于情况紧急，如不立即保全将会使申请人合法权益受到难以弥补的损害或者将使仲裁裁决难以执行的说明等；

（四）申请保全的财产、证据的明确信息或者具体线索；

（五）用于提供担保的内地财产信息或者资信证明；

（六）是否已在其他法院、有关机构或者常设办事处提出本安排所规定的申请和申请情况；

（七）其他需要载明的事项。

第六条　内地仲裁机构管理的仲裁程序的当事人，在仲裁裁决作出前，可以依据香港特别行政区《仲裁条例》《高等法院条例》，向香港特别行政区高等法院申请保全。

第七条　向香港特别行政区法院申请保全的，应当依据香港特别行政区相关法律规定，提交申请、支持申请的誓章、附同的证物、论点纲要以及法庭命令的草拟本，并应当载明下列事项：

（一）当事人的基本情况：当事人为自然人的，包括姓名、地址；当事人为法人或者非法人组织的，包括法人或者非法人组织的名称、地址以及法定代表人或者主要负责人的姓名、职务、通讯方式等；

（二）申请的事项和理由；

（三）申请标的所在地以及情况；

（四）被申请人就申请作出或者可能作出的回应以及说法；

（五）可能会导致法庭不批准所寻求的保全，或者不在单方面申请的情况下批准该保全的事实；

（六）申请人向香港特别行政区法院作出的承诺；

（七）其他需要载明的事项。

第八条 被请求方法院应当尽快审查当事人的保全申请。内地人民法院可以要求申请人提供担保等，香港特别行政区法院可以要求申请人作出承诺、就费用提供保证等。

经审查，当事人的保全申请符合被请求方法律规定的，被请求方法院应当作出保全裁定或者命令等。

第九条 当事人对被请求方法院的裁定或者命令等不服的，按被请求方相关法律规定处理。

第十条 当事人申请保全的，应当依据被请求方有关诉讼收费的法律和规定交纳费用。

第十一条 本安排不减损内地和香港特别行政区的仲裁机构、仲裁庭、当事人依据对方法律享有的权利。

【导读及适用要点】

一、关于保全的类型

保全为大陆法系概念，临时措施为英美法系概念，实质都是为保障终局性仲裁裁决执行、维护当事人合法权益的预防性救济措施。安排统一表述为“保全”，并在第一条中根据两地法律对可申请保全的类型分别作出了规定。

1. 关于可向内地人民法院申请的保全。《仲裁法》规定了财产保全、证据保全，《民事诉讼法》2012年修订时纳入了行为保全。本安排旨在给予香港仲裁程序当事人与内地仲裁程序当事人相同权利，故将财产保全、证据保全、行为保全全部纳入。

2. 关于可向香港特区法院申请的保全。保全在香港称为"临时措施"，即由香港特区法院就在香港或者香港以外开展或者即将开展的仲裁程序作出临时措施，以便利仲裁程序进行、防止发生不可逆转的损害等。主要包括：要求当事人维持现状或恢复原状；采取行动防止目前或即将对仲裁程序发生的危害或损害，或不采取可能造成这种危害或损害的行动；提供保全资产；保全对解决争议具有相关性和重要性的证据；颁发强制令以禁止当事人移走或以其他方式处理资产、防止损坏或侵入行为；颁布命令指定财产接管人。例如，2017年，在中国国际经济贸易仲裁委员会仲裁一起股权纠纷案件的过程中，当事人向香港特区法院申请委任临时接管人并颁布禁制令以禁止被申请人转让股权，香港特区法院作出HCMP962/2017号命令予以批准。

二、关于"香港仲裁程序"的界定

第二条第一款对《最高人民法院关于内地与香港特别行政区法院就仲裁程序相互协助保全的安排》(以下简称《仲裁保全安排》) 所称的"香港仲裁程序"作出界定，即必须同时符合两个条件。

1. 仲裁地在香港。此系确定"香港仲裁程序"的首要条件，也是香港特区采纳的确认仲裁程序籍属的标准，也是《仲裁裁决执行安排》确认的标准。仲裁地在香港包括两种类型：一是当事人在仲裁条款中约定地点为香港；二是当事人没有约定时，仲裁庭根据其仲裁规则或者一定标准确定仲裁地为香港并记载于仲裁裁决中。

2. 仲裁程序由有关机构或者常设办事处管理。《仲裁保全安排》第二条第一款以列举方式对有关机构或者常设办事处的条件作出规定，具体名单由香港特区政府确定并经最高人民法院确认。主要考虑是：相对于仲裁裁决执行方面的协助，仲裁保全协助属于中间措施的协助，为防止申请人滥用，给被申请人带来损失，宜持更加审慎的态度。按照第二条第二款规定，香港特区政府律政司经过发布标准、接受申请并审查后，确定了符合本款规定的有关仲裁机构或者常设办事处名单，并已由最高人民法院和香港特区政府律政司共同确认。目前包括香港国际仲裁中心、中国国际经济贸易仲裁委员会香港仲裁中心、国际商会国际仲裁院亚洲事务办公室、香港海事仲裁协会、华南（香港）国际仲裁院、一邦国际网上仲调中心。

此外，双方还达成共识，“香港仲裁程序”仅包括平等主体间的商事仲裁，不包括投资者与东道主国之间的投资仲裁。

三、关于内地仲裁程序的界定

《仲裁保全安排》第六条将可向香港特区法院申请仲裁保全的内地仲裁程序界定为内地仲裁机构管理的仲裁程序，而不论仲裁地是否在内地。主要考虑是：根据香港特区《仲裁条例》《高等法院条例》，就香港以外已经开始或者尚未开始的仲裁程序，香港特区法院均可依申请采取保全措施，而不问仲裁地在哪个法域。由内地仲裁机构管理的、仲裁地在境外的仲裁程序，当事人也可以向香港特区法院申请保全。安排不应缩减内地仲裁机构的此项权能，故界定内地仲裁程序时，未对仲裁地作出限制。

四、关于受理保全申请的管辖法院

1. 内地受理保全申请的法院。《仲裁保全安排》第三条第一款规定，内地的管辖法院为被申请人住所地、财产所在地或者证据所在地的内地中级人民法院。另外，采取仲裁保全的目的是保障终局性仲裁裁决的执行，故受理仲裁保全申请的法院应当与受理仲裁裁决执行申请案件的法院一致，以更好地发挥保全的作用。参考《仲裁裁决执行安排》《内地与香港特别行政区法院相互认可和执行民商事案件判决的安排》（以下简称《内地与香港民商事判决互认安排》）等，《仲裁保全安排》第三条还规定，“被申请人住所地、财产所在地或者证据所在地在不同人民法院辖区的，应当选择向其中一个人民法院提出申请，不得分别向两个或者两个以上人民法院提出申请”。主要考虑是避免因向多个人民法院申请而产生超标的保全等情况。实践中，受理保全申请的法院应当依法审查当事人申请，特别是对当事人提出的关于本辖区以外财产或者证据的保全申请应当依法审查、及时采取保全措施，必要时可请财产或者证据所在地的法院提供协助。

2．香港受理保全申请的法院。依据香港特区《仲裁条例》《高等法院条例》，《仲裁保全安排》第六条规定香港的管辖法院为香港特区高等法院，此与受理仲裁裁决执行申请的管辖法院一致。

五、关于可申请保全的时间和程序

《仲裁保全安排》第三条第二款、第三款分别规定了在仲裁程序进行中和受理仲裁申请前向内地人民法院申请保全的程序。

1．仲裁中申请保全的程序。《仲裁保全安排》第三条第二款规定了仲裁机构或者常设办事处的转递程序，相关程序参照了《中华人民共和国民事诉讼法》第二百七十二条[①]的规定，即当事人申请仲裁保全的，应当通过仲裁机构或者办事处将申请材料提交人民法院。需要说明的是，考虑到香港有关仲裁机构或者常设办事处位于香港，如实践中都要求申请书以及转递函等由香港有关仲裁机构或者常设办事处向内地人民法院提交，将导致转递周期长，不符合保全的紧急性特点，无法充分发挥保全的作用。

应当允许香港仲裁程序的当事人，将保全申请书连同仲裁机构或者办事处的转递函自行提交给内地人民法院；内地人民法院可以根据香港特区政府律政司提供的联系方式向相关仲裁机构或者办事处核实情况。

2．仲裁前申请保全的程序。《仲裁保全安排》第三条第三款参照《民事诉讼法》第一百零一条[②]规定了仲裁前申请保全的程序。此外，安排还增加了关于证明函件的规定，即依据安排于有关机构或者常设办事处受理仲裁申请前申请保全的，在香港有关机构或者常设办事处受理仲裁申请后，应当由该机构或者常设办事处向内地人民法院出具相关证明函件。与上述“仲裁中申请保全的程序”一致，实践中，允许当事人自行将证明函提交给内地人民法院。本款进一步明确，三十日期限的计算以内地人民法院收到证明函件为准。这一期限包括当事人递交仲裁申请、有关机构或者常设办事处受理仲裁申请、该机构或者常设办事处出具证明函件并转递等几个环节，要求每个环节尽快进行。

---

① 现为《民事诉讼法》（2023 年修正）第二百八十九条。

② 现为《民事诉讼法》（2023 年修正）第一百零四条。

依据《仲裁保全安排》第六条规定，内地仲裁机构管理的仲裁程序的当事人，向香港特区法院申请的仲裁保全协助，既包括仲裁程序进行中的保全，也包括受理仲裁申请前的保全。

六、关于应当提交的申请材料及相关内容

1．向内地人民法院申请保全应当提交的材料及申请书内容。《仲裁保全安排》第四条第一款规定了香港仲裁程序的当事人向内地人民法院申请保全时提交的材料：（1）保全申请书；（2）仲裁协议，以方便内地人民法院判断当事人之间的基础法律关系，此为形式审查，并不判断仲裁协议的效力；（3）身份证明材料；（4）仲裁申请文件和有关证明函件；（5）内地人民法院根据具体案情认为还需要提供的其他材料。第四条第二款循《内地与香港民商事判决互认安排》放宽了对“公证、认证”的要求，只有在内地以外形成的身份证明材料才需要进行公证、认证，且具体手续依照内地法律规定办理。

第五条规定了保全申请书应当载明的内容。（1）当事人的基本情况。（2）请求事项，包括申请保全财产的数额、申请行为保全的内容和期限等。请求事项应当明确具体。（3）请求所依据的事实、理由和相关证据，包括关于情况紧急，如不立即保全将会使申请人合法权益受到难以弥补的损害或者将使仲裁裁决难以执行的说明等，以方便审查是否确有保全必要。（4）申请保全的财产、证据的明确信息或者具体线索。（5）用于提供担保的内地财产信息或者资信证明。（6）是否已在其他法院、有关机构或者常设办事处提出本安排所规定的申请和申请情况。（7）其他需要载明的事项。

2．向香港特区法院申请临时措施应当提交的材料及相关内容。《仲裁保全安排》第七条根据香港特区法律列明了当事人向香港特区法院申请保全应当提交的材料以及应当载明的内容。与内地不同，按照香港特区相关法律规定，本条应当载明的内容写于不同材料中，并非只体现在申请书中（香港特区政府律政司向最高人民法院提供了向香港特区法院申请临时措施的参考文书样式，见 2019 年 9 月 26 日最高人民法院官网和最高人民法院官方微信相关报道）。

七、关于保全申请的审查以及救济

《仲裁保全安排》第八条规定，法院审查保全申请，要求申请人提供何种担保或者作出承诺、保证，作出是否保全的裁定或者命令等，均依据被请求方法律进行。（1）要求尽快审查。因保全具有紧迫性，如审查拖延将可能使保全失去意义。内地人民法院应当按照内地法律规定的期限进行审查并作出是否保全的裁定。例如，按照《民事诉讼法》的规定，对仲裁前保全申请应当于四十八小时内作出裁定。香港特区法律对审查期限没有明确规定，《仲裁保全安排》强调应当尽快审查并作出有关命令或者指示。（2）向内地人民法院申请保全的，申请人应当根据内地法律以及司法解释规定提供担保；向香港特区法院申请保全的，申请人应当根据香港特区法律作出承诺及保证，包括对损害赔偿作出承诺，就被申请人的讼费及其他合理支出提供保证，申请仲裁前保全时承诺立刻申请仲裁等。

《仲裁保全安排》第九条规定当事人对裁定或者命令不服时，按被请求方有关法律规定处理，在内地，可以申请复议；在香港特区，可以申请解除或者更改。

八、本安排的时间效力

除《仲裁保全安排》生效后开启的仲裁程序外，《仲裁保全安排》也适用于已经启动、尚未完结的仲裁程序。如仲裁程序于2019年10月1日之前开始，但尚未完结的，当事人可依据安排向内地人民法院或者香港特区法院申请仲裁保全。

九、关于《仲裁保全安排》与现有法律及司法解释的关系

1.《仲裁保全安排》与《仲裁裁决执行安排》的关系。一是两者规范调整的对象不同，《仲裁保全安排》针对仲裁裁决尚未作出时的协助事宜；《仲裁裁决执行安排》针对两地终局性仲裁裁决的相互认可和执行事宜。二是两者协助方式不同，依据《仲裁保全安排》，当事人向被请求方法院申请保全，由被请求方法院作出保全裁定或者命令；依据《仲裁裁决执行安排》，被请求方法院直接认可和执行对方法院的仲裁裁决。

需要说明的是，《仲裁保全安排》并不针对仲裁裁决作出后、向对方法院申请执行前的保全事宜。将来有望通过完善《仲裁裁决执行安排》对此类保全予以规定，司法实践中亦可根据案情采取此类保全。

2. 与两地现有法律的关系。《仲裁保全安排》不减损两地相关权利人根据对方法律已经享有的权利。内地仲裁机构、仲裁庭、当事人在本安排生效施行前，依据香港特区《仲裁条例》《高等法院条例》已享有的权利，不因《仲裁保全安排》而受减损。

（撰稿人：姜启波　周加海　司艳丽　刘　琨）

最高人民法院
关于内地与澳门特别行政区就仲裁程序相互协助保全的安排

法释〔2022〕7号

（2022年2月15日最高人民法院审判委员会第1864次会议通过
2022年2月24日最高人民法院公告公布　自2022年3月25日起施行）

根据《中华人民共和国澳门特别行政区基本法》第九十三条的规定，经最高人民法院与澳门特别行政区协商，现就内地与澳门特别行政区关于仲裁程序相互协助保全作出如下安排。

第一条　本安排所称“保全”，在内地包括财产保全、证据保全、行为保全；在澳门特别行政区包括为确保受威胁的权利得以实现而采取的保存或者预行措施。

第二条　按照澳门特别行政区仲裁法规向澳门特别行政区仲裁机构提起民商事仲裁程序的当事人，在仲裁裁决作出前，可以参照《中华人民共和国民事诉讼法》《中华人民共和国仲裁法》以及相关司法解释的规定，向被申请人住所地、财产所在地或者证据所在地的内地中级人民法院申请保全。被申请人住所地、财产所在地或者证据所在地在不同人民法院辖区的，应当选择向其中一个人民法院提出申请，不得分别向两个或者两个以上人民法院提出申请。

在仲裁机构受理仲裁案件前申请保全，内地人民法院采取保全措施后三十日内未收到仲裁机构已受理仲裁案件的证明函件的，内地人民法院应当解除保全。

第三条　向内地人民法院申请保全的，应当提交下列材料：

（一）保全申请书；

（二）仲裁协议；

（三）身份证明材料：申请人为自然人的，应当提交身份证件复印件；申请人为法人或者非法人组织的，应当提交注册登记证书的复印件以及法定代表人或者负责人的身份证件复印件；

（四）在仲裁机构受理仲裁案件后申请保全的，应当提交包含主要仲裁请求和所根据的事实与理由的仲裁申请文件以及相关证据材料、仲裁机构出具的已受理有关仲裁案件的证明函件；

（五）内地人民法院要求的其他材料。

身份证明材料系在内地以外形成的，应当依据内地相关法律规定办理证明手续。

向内地人民法院提交的文件没有中文文本的，应当提交中文译本。

第四条　向内地人民法院提交的保全申请书应当载明下列事项：

（一）当事人的基本情况：当事人为自然人的，包括姓名、住所、身份证件信息、通讯方式等；当事人为法人或者非法人组织的，包括法人或者非法人组织的名称、住所以及法定代表人或者主要负责人的姓名、职务、住所、身份证件信息、通讯方式等；

（二）请求事项，包括申请保全财产的数额、申请行为保全的内容和期限等；

（三）请求所依据的事实、理由和相关证据，包括关于情况紧急，如不立即保全将会使申请人合法权益受到难以弥补的损害或者将使仲裁裁决难以执行的说明等；

（四）申请保全的财产、证据的明确信息或者具体线索；

（五）用于提供担保的内地财产信息或者资信证明；

（六）是否已提出其他保全申请以及保全情况；

（七）其他需要载明的事项。

第五条 依据《中华人民共和国仲裁法》向内地仲裁机构提起民商事仲裁程序的当事人，在仲裁裁决作出前，可以根据澳门特别行政区法律规定，向澳门特别行政区初级法院申请保全。

在仲裁机构受理仲裁案件前申请保全的，申请人应当在澳门特别行政区法律规定的期间内，采取开展仲裁程序的必要措施，否则该保全措施失效。申请人应当将已作出必要措施及作出日期的证明送交澳门特别行政区法院。

第六条 向澳门特别行政区法院申请保全的，须附同下列资料：

（一）仲裁协议；

（二）申请人或者被申请人为自然人的，应当载明其姓名以及住所；为法人或者非法人组织的，应当载明其名称、住所以及法定代表人或者主要负责人的姓名、职务和住所；

（三）请求的详细资料，尤其包括请求所依据的事实和法律理由、申请标的的情况、财产的详细资料、须保全的金额、申请行为保全的详细内容和期限以及附同相关证据，证明权利受威胁以及解释恐防受侵害的理由；

（四）在仲裁机构受理仲裁案件后申请保全的，应当提交该仲裁机构出具的已受理有关仲裁案件的证明；

（五）是否已提出其他保全申请以及保全情况；

（六）法院要求的其他资料。

如向法院提交的文件并非使用澳门特别行政区的其中一种正式语文，则申请人应当提交其中一种正式语文的译本。

第七条 被请求方法院应当尽快审查当事人的保全申请，可以按照被请求方法律规定要求申请人提供担保。

经审查，当事人的保全申请符合被请求方法律规定的，被请求方法院应当作出保全裁定。

第八条 当事人对被请求方法院的裁定不服的，按被请求方相关法律规定处理。

第九条 当事人申请保全的，应当根据被请求方法律的规定交纳费用。

第十条 本安排不减损内地和澳门特别行政区的仲裁机构、仲裁庭、仲裁员、当事人依据对方法律享有的权利。

第十一条　本安排在执行过程中遇有问题或者需要修改的，由最高人民法院和澳门特别行政区协商解决。

第十二条　本安排自 2022 年 3 月 25 日起施行。

【导读及适用要点】

一、关于保全的类型

1．向内地人民法院申请的保全

依据《仲裁法》，一方当事人因另一方当事人的行为或者其他原因，可能使裁决不能执行或者难以执行的，可以申请财产保全；在证据可能灭失或者以后难以取得的情况下，当事人可以申请证据保全。依据《民事诉讼法》，人民法院对于可能因当事人一方的行为或者其他原因，使判决难以执行或者造成当事人其他损害的案件，根据对方当事人的申请，可以责令其作出一定行为或者禁止其作出一定行为。《最高人民法院关于内地与澳门特别行政区法院就仲裁程序相互协助保全的安排》(以下简称《仲裁保全安排》)赋予澳门仲裁程序当事人与内地仲裁程序当事人相同的权利，将上述法律规定的财产保全、证据保全、行为保全悉数纳入，真正体现了"一国"之内更紧密的合作。

2．向澳门法院申请的保全

在仲裁程序开始前或进行期间，当事人可以向法院申请采取保全措施。澳门的保全分为普通保全和特定保全，普通保全是指，任何人有理由恐防他人对其权利造成严重且难以弥补之侵害，得声请采取具体适当之保存或预行措施，以确保受威胁之权利得以实现。同时，法院有权命令采取非为所声请人具体声请采取之措施。特定保全包括占有之临时返还、法人决议之中止执行、临时扶养、裁定给予临时弥补、假扣押、新工程之禁制、制作清单等七种。《仲裁保全安排》意在涵盖澳门法律规定的所有保全类型，最大限度地保护当事人合法权利，采用概括方式表述可向澳门法院申请的保全措施。

二、关于适用的仲裁程序

《仲裁保全安排》将适用的仲裁程序限定于内地与澳门仲裁机构管理的仲裁程序，不包括临时仲裁程序和其他国家或者地区仲裁机构管理的仲裁程序。需要说明的是，考虑到澳门仲裁机构数量较少，《仲裁保全安排》未再限定澳门仲裁机构的条件。

1. 排除临时仲裁程序

虽然依据《承认及执行外国仲裁裁决公约》，外国的临时仲裁裁决可以在我国得到承认和执行；依据内地与香港、澳门分别签署的仲裁裁决互认安排，香港、澳门的临时仲裁裁决也可以在内地获得认可和执行，但考虑以下几点，《仲裁保全安排》排除临时仲裁程序：一是提供仲裁保全协助时，仲裁裁决尚未作出，一旦保全错误，涉及对另一方当事人的救济，应当持较为谨慎的态度；二是《最高人民法院关于内地与香港特别行政区法院就仲裁程序相互协助保全的安排》（以下简称《内地与香港仲裁保全安排》）排除了临时仲裁，《仲裁保全安排》与其保持一致；三是《仲裁法》没有规定临时仲裁程序，对此有待进一步研究。

值得注意的是，2016年12月30日《最高人民法院关于为自由贸易试验区建设提供司法保障的意见》有限度地引入了临时仲裁制度，规定在自贸试验区内注册的企业相互之间约定在内地特定地点、按照特定仲裁规则、由特定人员对有关争议进行仲裁的，可以认定该仲裁协议有效。修改《中华人民仲裁法》已列入第十三届全国人大常委会立法规划和国务院2021年度立法工作计划。从《中华人民共和国仲裁法（修订）（征求意见稿）》看，其拟增加临时仲裁制度。考虑上述因素和临时仲裁快速、简便、高效并被各国法律和国际公约广泛认可的特点，下一步最高人民法院将持续关注和研究域外临时仲裁保全协助的发展，秉持循序渐进、由易到难的原则推进有关工作。

2. 排除其他国家或者地区仲裁机构管理的仲裁程序

主要有以下两点考虑：一是《内地与香港仲裁保全安排》排除了其他国家或者地区仲裁机构管理的仲裁程序，《仲裁保全安排》与之相一致。二是《最高人民法院关于内地与澳门特别行政区相互认可和执行仲裁裁决的安排》（以下简称《仲裁裁决互认安排》）排除了其他国家或者地区仲裁机构所作仲裁裁决，因此，可提供保全协助的仲裁程序范围，不宜广于相互认可和执行的仲裁程序范围。

三、关于受理保全申请的管辖法院

1. 内地受理保全申请的法院

《仲裁保全安排》第二条第一款规定，内地的管辖法院为被申请人住所地、财产所在地或者证据所在地的内地中级人民法院。采取仲裁保全措施的目的是保障终局性仲裁裁决的顺利执行，故受理仲裁保全申请的法院一般应与受理仲裁裁决申请认可和执行案件的法院相一致。参照《最高人民法院关于涉外民商事案件诉讼管辖若干问题的规定》，有关案件由具有涉港澳案件管辖权的法院受理；依据《最高人民法院关于审查知识产权纠纷行为保全案件适用法律若干问题的规定》等，有关案件由相应的专门法院管辖。被申请人住所地、财产所在地或者证据所在地在不同人民法院辖区的，应当选择向其中一个人民法院提出保全申请，不得分别向两个或者两个以上人民法院提出保全申请。

2. 澳门受理保全申请的法院

依据《澳门特别行政区仲裁法》(以下简称《澳门仲裁法》)，澳门初级法院具有行使保全措施的管辖权。《仲裁保全安排》第五条第一款规定，依据《仲裁法》向内地仲裁机构提起民商事仲裁程序的当事人，在仲裁裁决作出前，可以根据澳门特别行政区法律规定，向澳门特别行政区初级法院申请保全。需要说明的是，根据《仲裁裁决互认安排》相关规定，澳门特别行政区有权受理认可仲裁裁决申请的法院为中级法院，有权执行仲裁裁决的法院为初级法院。

四、关于可申请保全的阶段

《民事诉讼法》和《仲裁法》规定的保全包括仲裁前保全和仲裁中保全。根据《澳门仲裁法》，不论仲裁地是否为澳门特别行政区，法院均有管辖权命令在仲裁程序开始前或者仲裁程序进行中采取与仲裁程序有关的保全措施。因此，即便在《仲裁保全安排》签署之前，无论在内地仲裁程序开始前还是仲裁程序进行中，仲裁程序当事人均可向澳门特别行政区法院申请保全。《仲裁保全安排》在保全方面将澳门仲裁程序与内地仲裁程序同等视之，同时不减损内地仲裁程序当事人依据澳门法律享有的权利，既包括仲裁中的保全，也包括仲裁前的保全。

1. 仲裁中的保全

《仲裁保全安排》第二条第一款规定，按照《澳门仲裁法》规定，向澳门特别行政区仲裁机构提起民商事仲裁程序的当事人，在仲裁裁决作出前，可以参照《民事诉讼法》《仲裁法》以及相关司法解释的规定，向内地人民法院申请保全。第五条第一款规定，依据《仲裁法》向内地仲裁机构提起民商事仲裁程序的当事人，在仲裁裁决作出前，可以根据澳门特别行政区法律规定，向澳门特别行政区初级法院申请保全。此处限定"民商事"仲裁程序，是因为依据《澳门仲裁法》的规定，任何可由当事人订立和解协议的争议，包括行政性质的争议，均可作为仲裁的标的，而根据《仲裁法》的规定，只有平等主体之间发生的合同纠纷和其他财产权益纠纷，才可仲裁。

需要说明的是，根据《民事诉讼法》第二百七十九条[①]的规定，内地涉外仲裁机构受理的案件，当事人申请采取保全的，应当由该涉外仲裁机构将当事人的申请提交人民法院。《仲裁保全安排》将澳门的仲裁机构视为内地涉外仲裁机构处理，如参照上述规定，当事人在仲裁过程中申请保全的，应由受理仲裁案件的澳门仲裁机构向内地人民法院提交当事人的保全申请。为体现"一国"之内两地更紧密的司法合作，以及考虑到保全的临时性、紧急性，《仲裁保全安排》未要求仲裁程序中的保全申请由澳门仲裁机构转递，澳门仲裁程序的当事人可以直接向内地人民法院申请保全，以减少转递环节、提高保全效率。

2. 仲裁前的保全

《仲裁保全安排》第二条第二款参照《民事诉讼法》第一百零四条规定，在澳门仲裁机构受理仲裁案件前，当事人向内地人民法院申请保全的，如内地人民法院采取保全措施后三十日内未收到澳门仲裁机构已受理仲裁案件的证明函件的，内地人民法院应当解除保全。《仲裁保全安排》第五条第二款根据《澳门仲裁法》第十五条第二款、第三款，规定了内地仲裁机构受理仲裁

---

① 现为《民事诉讼法》(2023年修正)第二百八十九条。

案件前当事人向澳门法院申请保全的，申请人应当在澳门特别行政区法律规定的期间内，采取开展仲裁程序的必要措施，否则该保全措施失效，并应当及时将已作出必要措施及作出日期的证明送交澳门特别行政区法院。

此外，《仲裁保全安排》与《仲裁裁决互认安排》有机结合，可实现两地就仲裁程序相互协助保全的全流程覆盖。《仲裁裁决互认安排》涵盖仲裁裁决作出后、法院受理认可和执行仲裁裁决申请之前或者之后的保全，但不包括仲裁裁决作出前的保全。《仲裁保全安排》进一步将两地相互协助保全向前延伸至仲裁前和仲裁中，从而实现了从仲裁程序开始前到仲裁程序进行中，从申请认可和执行仲裁裁决前到法院裁定作出前的全流程保全协助。

五、关于应当提交的申请材料

1．向内地人民法院申请保全应当提交的材料及申请书内容

《仲裁保全安排》第三条规定了澳门仲裁程序的当事人向内地人民法院申请保全时应提交的材料。该条参考了内地有关法律、司法解释以及以往司法协助安排，特别是《内地与香港仲裁保全安排》的规定。第三条第一款第一项规定的保全申请书，包括当事人基本情况、保全事实、理由和证据等。第二项规定仲裁协议，主要为方便内地人民法院判断当事人之间的基础法律关系，此为形式审查，并不对仲裁协议的效力等实质问题进行审查。第三项为身份证明材料。第四项为规定仲裁申请文件及相关证明材料、仲裁机构出具的已受理有关仲裁案件的证明函件。第五项为兜底条款，如内地人民法院根据具体案情认为还需其他材料的，可要求申请人提供。为了更好体现“一国”原则，方便两地当事人，第三条第二款参照《内地与香港仲裁保全安排》放宽了对申请材料“公证、认证”的要求，仅针对在内地以外形成的身份证明材料作出需要依照内地相关法律规定办理证明手续的规定。

《仲裁保全安排》第四条参考《内地与香港仲裁保全安排》《民事诉讼法》及相关司法解释、《最高人民法院关于人民法院办理财产保全案件若干问题的规定》《最高人民法院关于审查知识产权纠纷行为保全案件适用法律若干问题的规定》规定了保全申请书应当载明的内容，包括当事人的基本情况，请求事项，请求所依据的事实、理由和相关证据，申请保全的财产、证据的明确信息或者具体线索，用于提供担保的内地财产信息或者资信证明，是否已提

出其他保全申请和保全情况，以及其他需要载明的事项。

2. 向澳门法院申请保全应当提交的材料及内容

《仲裁保全安排》第六条列明了当事人向澳门特别行政区法院申请保全应当提交的材料以及应当载明的内容，包括：仲裁协议；申请人信息；请求的详细资料；在仲裁机构受理仲裁案件后申请保全的，应当提交该仲裁机构出具的已受理有关仲裁案件的证明；是否已提出其他保全申请以及保全情况；法院要求的其他资料。

如向澳门特别行政区法院提交的文件并非使用澳门特别行政区的其中一种正式语文，即中文或葡文，则申请人应当提交其中一种正式语文的译本。

六、关于保全申请的审查以及救济

《仲裁保全安排》第七条规定："被请求方法院应当尽快审查当事人的保全申请，可以按照被请求方法律规定要求申请人提供担保。经审查，当事人的保全申请符合被请求方法律规定的，被请求方法院应当作出保全裁定。"第一，关于要求"尽快审查"。因保全具有紧迫性，如审查拖延将可能使保全失去意义。根据《民事诉讼法》第一百零四条第二款、第三款的规定，对于申请仲裁前保全的，对案件有管辖权的人民法院接受申请后，应当在四十八小时内作出裁定；裁定采取保全措施的，应当立即开始执行。申请人在人民法院采取保全措施后三十日内不依法提起诉讼或者申请仲裁的，人民法院应当解除保全。根据澳门民事诉讼法典的规定，就保全申请，第一审时应于两个月期间内作出裁判；如无保全措施所针对之人，应于十五日期间内作出裁判。第二，向内地人民法院申请保全的，申请人应当根据内地法律以及司法解释规定提供担保；向澳门特别行政区法院申请保全的，根据澳门法律规定，法院可命令申请人提供担保。第三，是否采取保全、要求申请人提供何种担保，都依据被请求方法律来判断。

《仲裁保全安排》第八条规定了对被请求方法院裁定不服的救济途径，即按照被请求方相关法律规定处理。在内地，当事人对保全裁定不服的，可以自收到裁定书之日起五日内向作出裁定的人民法院申请复议。人民法院应当在收到复议申请后十日内审查。裁定正确的，驳回当事人的申请；裁定不当的，变更或者撤销原裁定。

在澳门特别行政区，当事人若认为法院不应批准保全措施的，可按一般程序对法院采取措施的批示提起上诉；当事人若认为法院采取的措施不当，比如超标的查封等，可以提出申辩，由法官作出裁判，当事人对该裁判也可以上诉。

七、关于《仲裁保全安排》与现有法律及司法解释的关系

1.《仲裁保全安排》与《仲裁裁决互认安排》的关系

一是两者规范调整的对象不同，《仲裁保全安排》针对仲裁裁决尚未作出时的保全协助事宜；《仲裁裁决互认安排》针对两地终局性仲裁裁决的相互认可和执行事宜。二是两者规定的保全申请阶段不同。如前所述，《仲裁保全安排》并不针对仲裁裁决作出后、向对方法院申请认可和执行之前或者之后的保全事宜。《仲裁裁决互认安排》第十一条则对此类情形下的保全作出规定。

2. 与两地现有法律的关系

《仲裁保全安排》不减损两地相关权利人根据对方法律已经享有的权利。本安排签署前，内地仲裁机构、仲裁庭、当事人即可依据澳门民事诉讼法典和《澳门仲裁法》向澳门特别行政区法院申请保全，有关权利不因《仲裁保全安排》的签署生效而有所减损。如根据《澳门仲裁法》第十五条第四款规定，不论仲裁地是否为澳门特别行政区，澳门特别行政区法院均有权采取与仲裁程序有关的保全措施。据此，由内地仲裁机构管理的、仲裁地在境外的仲裁程序当事人，也可以向澳门特别行政区法院申请保全。

八、其他需要说明的问题

《仲裁法》并未授权仲裁机构命令采取临时措施的权利。但是按照《澳门仲裁法》，仲裁庭应任一方当事人的请求，并在听取他方当事人的意见后，可命令采取临时措施，包括：（1）在解决争议的过程中，维持现状或恢复原状；（2）采取措施防止目前或即将对仲裁程序造成的损害或损失，或不采取可能造成此等损害或损失的措施；（3）提供保全资产的必要手段以执行后续的仲裁裁决；（4）保全对解决争议可能具相关性和重要性的证据。仲裁庭命令采取的临时措施应被确认为具有约束力，应透过向法院提出声请加以执行。

（撰稿人：司艳丽　张鑫萌　刘　琨　吴延波）

第二部分 司法观点

一、仲裁协议

1.仲裁协议效力的申请确认

申请确认仲裁协议效力案由系第三级案由。当事人向人民法院提出“申请确认仲裁协议效力”的案件并非诉讼，而是非讼案件。

《最高人民法院关于审理仲裁司法审查案件若干问题的规定》改变了《最高人民法院关于适用〈中华人民共和国仲裁法〉若干问题的解释》(以下简称《仲裁法解释》)关于管辖的规定。《仲裁法解释》第十二条规定：“当事人向人民法院申请确认仲裁协议效力的案件，由仲裁协议约定的仲裁机构所在地的中级人民法院管辖；仲裁协议约定的仲裁机构不明确的，由仲裁协议签订地或者被申请人住所地的中级人民法院管辖。申请确认涉外仲裁协议效力的案件，由仲裁协议约定的仲裁机构所在地、仲裁协议签订地、申请人或者被申请人住所地的中级人民法院管辖。涉及海事海商纠纷仲裁协议效力的案件，由仲裁协议约定的仲裁机构所在地、仲裁协议签订地、申请人或者被申请人住所地的海事法院管辖；上述地点没有海事法院的，由就近的海事法院管辖。”该条规定对申请确认国内和涉外仲裁协议，区分了不同的联结点确定管辖法院，同时对于涉及海事海商纠纷仲裁协议作出了由海事法院管辖的规定。《最高人民法院关于审理仲裁司法审查案件若干问题的规定》第二条不再区分国内案件和涉外案件，规定了统一的确定管辖权的标准，采取了《仲裁法解释》第十二条关于确定涉外仲裁协议效力和涉及海事海商纠纷仲裁协议效力案件的标准，规定申请确认仲裁协议效力的案件，由仲裁协议约定的仲裁机构所在地、仲裁协议签订地、申请人住所地、被申请人住所地的中级人民法院或者专门法院管辖。

在审理此类案件过程中，需要注意几点：第一，当事人协议选择确认涉外仲裁协议效力适用的法律，应当作出明确的意思表示，仅约定合同适用的法律，不能作为确认合同中仲裁条款效力适用的法律。人民法院根据《涉外民事关系法律适用法》第十八条的规定，确定确认涉外仲裁协议效力适用的法律时，当事人没有选择适用的法律，适用仲裁机构所在地法律或者仲裁地法律。如果仲裁机构所在地的法律或者仲裁地的法律将对仲裁协议的效力作出不同认定的，人民法院应当适用确认仲裁协议有效的法律。第二，特定情形下的报核程序。根据《最高人民法院关于仲裁司法审查案件报核问题的有关规定》第二条规定，各中级人民法院或者专门人民法院办理涉外涉港澳台仲裁司法审查案件，经审查拟认定仲裁协议无效，应当向本辖区所属高级人民法院报核；高级人民法院经审查拟同意的，应当向最高人民法院报核。待最高人民法院审核后，方可依最高人民法院的审核意见作出裁定。各中级人民法院或者专门人民法院办理非涉外涉港澳台仲裁司法审查案件，经审查拟认定仲裁协议无效，应当向本辖区所属高级人民法院报核；待高级人民法院审核后，方可依高级人民法院的审核意见作出裁定。

——杨万明主编、郭锋副主编、最高人民法院研究室编著：《最高人民法院新民事案件案由规定理解与适用》，人民法院出版社2021年版，第1188~1191页。

2.与合同有关的侵权纠纷受合同仲裁条款的约束

某发动机（上海）有限公司与某商贸发展有限公司、某株式会社名誉权纠纷管辖权异议案［最高人民法院（2015）民四终字第15号民事裁定书］

裁判要旨：

当侵权行为为一项独立的民事行为，并非因合同项下权利的行使或义务的履行产生，与合同违约责任并不竞合时，该侵权纠纷不属于仲裁协议范畴内的仲裁事项，法院对此有管辖权。即便当事人起诉时增列了未签订仲裁协议的其他当事人，亦不影响有仲裁协议的当事人之间的纠纷适用仲裁协议。

最高人民法院认为，关于本案纠纷是否属于仲裁条款范围的问题。

仲裁条款是当事人围绕争议解决方式而订立的合同，因此判断当事人关于仲裁事项的合意时，应当遵循合同解释的基本原则。从本案仲裁条款使用的措辞看，其约定的仲裁事项为“因协议或协议项下进行交易而产生的任何或所有争议”，采取的是概括性约定仲裁事项的方式。依照通常理解，该条款约定了两方面的条件：一是提交仲裁的争议性质为任何争议，即不仅限于合同争议，也包括非合同性质的侵权争议或其他争议；二是提交仲裁的争议必须是因《出口和分销协议》或该协议项下进行交易而产生的。即争议应当基于《出口和分销协议》权利义务关系而产生，与该协议项下的权利行使或义务履行有关。

某发动机公司上诉认为，本案诉称侵权行为与《出口和分销协议》的解除行为具有实质关联，两者密不可分，实质仍属于《出口和分销协议》而产生的纠纷。但从某商贸公司起诉主张看，其诉称的侵权行为是某发动机公司在解除《出口和分销协议》后，向某商贸公司的业务网络成员即合同以外的当事人传递某商贸公司已被解除分销权等不实信息。上述诉称行为虽然与某发动机公司的解除合同行为有一定的事实关联，但上述行为本身并不属于《出口和分销协议》合同权利义务的调整范畴，也不是因该协议项下权利的行使或义务的履行而产生的，而是一项独立的民事行为。因上述行为所产生的名誉权侵权责任，与《出口和分销协议》项下的违约责任并无竞合关系，不存在重复审理的问题。因此，福建省高级人民法院认定本案纠纷不属于涉案仲裁条款约定的仲裁事项，并无不当，本院予以维持。

需要指出的是，在解释仲裁条款范围时，如侵权争议因违反合同义务而产生，违约责任和侵权责任有竞合关系，则原告即使选择以侵权为由提出诉讼，仍应受到合同仲裁条款的约束，不应允许当事人通过事后选择诉因而逃避仲裁条款的适用。且即便原告提起诉讼时增列了未签订仲裁协议的其他被告，亦不影响有仲裁协议的原被告之间的纠纷适用仲裁协议。因此，福建省高级人民法院认为对仲裁协议范围的认定不涉及请求权竞合的审查，其关于法律适用的表述欠准确，本院予以纠正。

——贺荣主编、最高人民法院民事审判第四庭编：《涉外商事海事审判指导》2015年第2辑（总第31辑），人民法院出版社2016年版，第156~157页。

某新能源公司与某特殊普通合伙委托合同纠纷管辖权异议上诉案［最高人民法院（2015）民二终字第 381 号民事裁定书］

裁判要旨：

合同约定既可以仲裁，也可以起诉的，仲裁条款无效；债权债务全部或者部分转让的，如果双方当事人另行约定了管辖且受让人受让时明确表示反对或者其不知道有单独仲裁条款，该仲裁条款对受让人无效。

最高人民法院认为，从某新能源公司起诉状中所陈述的事实和理由看，其所述某公司的侵权行为，是在履行服务合同过程中产生的。根据服务合同的约定，凡因服务合同引起的或与服务合同有关的任何争议（包括关于服务合同条款的存在、效力或终止，或无效之后果等争议），均应提交中国国际经济贸易仲裁委员会仲裁。按其内容所表达的意思，可提交仲裁的争议包括因服务合同引起的所有争议。本案中，某新能源公司以侵权事由起诉某特殊普通合伙承担侵权赔偿责任，依据的主要事实是某新能源公司与某公司签订的服务合同，其主张某特殊普通合伙承担赔偿责任的诉讼请求的基础也是基于某公司违反了双方签署的服务合同所应承担的义务和职责，所引用的法律依据亦主要是原《合同法》第一百一十三条[①]"当事人一方不履行合同义务或者履行合同义务不符合约定，给对方造成损失的，损失赔偿额应当相当于因违约所造成的损失"和第四百零六条[②]"有偿的委托合同，因受托人的过错给委托人造成损失的，委托人可以要求赔偿损失"等规定，属于双方约定的仲裁事项范围，理应受合同中仲裁条款的约束。

综上所述，本案争议应受仲裁条款的约束，人民法院对本案无管辖权。一审法院依据《最高人民法院关于适用〈中华人民共和国民事诉讼法〉的解释》第二百一十六条的规定，裁定驳回起诉并无不当。某新能源公司的上诉理由不能成立，本院不予采纳。遂作出〔2015〕民二终字第 381 号民事裁定：驳回上诉，维持原裁定。

——刘京川：《合同中仲裁条款的效力范围与适用——某新能源公司与某

① 对应《民法典》第五百八十四条。

② 对应《民法典》第九百二十九条。

特殊普通合伙委托合同纠纷管辖权异议上诉案》，载景汉朝主编、最高人民法院立案庭编：《立案工作指导》2015 年第 3 辑（总第 46 辑），人民法院出版社 2016 年版，第 129~130 页。

3.仲裁条款只在达成仲裁协议的当事人之间有效力

某有限责任公司、某机器翻译有限公司与某投资有限公司、谢某平等合作协议纠纷案［最高人民法院（2010）民提字第 10 号民事判决书］

裁判要旨：

为达成合作目的，当事人签订了多个合同，但仅在一个合同中约定了仲裁条款，涉及该合同的仲裁裁决生效后，又因其他未约定仲裁条款的合同的争议形成诉讼，一方当事人仅以仲裁裁决已生效为由主张人民法院无管辖权的，人民法院不予支持。在生效仲裁裁决依据的合同与人民法院处理争议案件依据的合同不同，人民法院审理的内容也不涉及仲裁条款约定事项的情形下，一方当事人以“一事不再理”为由主张人民法院不应重复处理的，人民法院不予支持。

最高人民法院认为，根据当事人申请再审的理由以及答辩情况，本案争议的焦点如下。

一、关于本案是否归人民法院主管的问题

广东省高级人民法院依据《民事诉讼法》第一百一十一条[①]第（二）项的规定驳回某电子公司、某翻译公司的起诉。某电子公司、某翻译公司申请再审认为，其提起诉讼所依据的两份合同均未约定仲裁条款，人民法院应予受理并进行实体审理。本院开庭审理后，某科技公司、谢某平、张某平也认为人民法院对本案具有管辖权。

最高人民法院认为，某电子公司、某翻译公司提起本案诉讼的依据是《合作协议》《框架协议》，这两份协议并没有仲裁条款。仲裁裁决书明确指出：“仲裁庭对双方基于《框架协议》和《合作协议》而可能存在的争议，不予审理。”据此，本案属人民法院主管。广东省高级人民法院依据民事诉讼法

① 现为《民事诉讼法》（2023 年修正）第一百一十四条。

第一百一十一条[①]第（二）项的规定，认为本案不属于人民法院主管，适用法律错误，本院依法予以纠正。

二、关于《合作协议》第三条第15项的约定是否无效、其约定的终止条件是否成就的问题（略）

三、关于一审法院股权恢复原状的判决是否违反了“一事不再理”的原则、是否与仲裁裁决矛盾的问题。

某科技公司和谢某平、张某平都认为，仲裁裁决书已经裁决：1.某电子公司向某科技公司支付股权转让费300万元；2.某电子公司向某科技公司支付逾期付款利息440000元及从2005年12月1日起至股权转让款清偿完毕之日止的逾期付款利息（按日万分之二点一计算）。如果人民法院再判决股权恢复原状，则违反了“一事不再理”的原则，与仲裁裁决矛盾。某电子公司、某翻译公司认为，各方根据《合作协议》和《框架协议》就某公司股权结构恢复原状的纠纷与各方根据《股权转让协议》就某公司股权转让款项支付的纠纷系不同法律关系，不符合“一事不再理”原则规定的情形，人民法院审理本案与北京仲裁委员会的裁决并不矛盾。

最高人民法院认为，一审法院股权恢复原状的判决并没有违反“一事不再理”的原则。理由是：由于“重组上市未果”，某电子公司、某翻译公司请求根据《合作协议》第三条第15项的规定就某公司股权结构恢复原状的纠纷与双方根据《股权转让协议》就某公司股权转让款项支付的纠纷系不同法律关系，是各方基于不同的法律事实提出的不同请求。从《合作协议》的约定来看，该协议的履行分为两个阶段，第一阶段是为了某电子公司的海外子公司重组上市成功，进行某公司股权转让并支付股权转让款；第二阶段是如果“重组上市未果”，则恢复某公司股权结构并返还转让款。为履行第一阶段的约定事项，各方又签订了《股权转让协议》，并约定了仲裁条款，排除了人民法院的管辖权。该纠纷已经过北京仲裁委员会仲裁。但为了履行第二阶段的约定事项，即“如因各种原因甲方重组上市未果，则终止本协议、双方签订的股权转让协议和投资协议。对已经履行的部分，双方同意尽可能地恢复原状，包括（但不限于）返还协议价格，恢复旷世科技股权架构、重新进行

---

① 现为《民事诉讼法》（2023年修正）第一百一十四条。

相应工商变更等，对由此给双方带来的损失，双方同意按照公平原则各自承担”，某电子公司依据该约定提起诉讼，本案解决的正是履行《合作协议》第二阶段发生的纠纷。由于一审法院处理本案的依据并不是《股权转让协议》，而是《合作协议》第三条第15项，而仲裁所依据的是《股权转让协议》，并不是《合作协议》第三条第15项，基于仲裁裁决所依据的协议与一审法院处理本案所依据的协议不同，即一审法院并没有处理双方履行《股权转让协议》所发生的争议，仲裁裁决也明确表示不将《合作协议》纳入仲裁范围，也就是说，仲裁裁决所处理的“一事”即《股权转让协议》所发生的纠纷，人民法院并没有处理，所以一审法院股权恢复原状的判决并没有违反“一事不再理”的原则。

在一审法院股权恢复原状的判决并没有违反“一事不再理”的原则的情况下，就谈不上判决与仲裁裁决是否矛盾的问题。即使仲裁裁决的结果是履行《股权转让协议》，而判决的结果是恢复某公司的股权结构，判决是根据《合作协议》第三条第15项的约定作出的，该约定仍然是双方当事人包括某科技公司及张某平、谢某平、仇某明、黄某浩的真实意思表示。也就是说，一审判决与仲裁裁决都是根据当事人的真实意思表示作出的，都是当事人履行双方协议的必然结果。换言之，当事人的真实意思表示就是，为了重组上市，先要进行某公司的股权变更，而且实际上也进行了股权变更。但是，如果上市未果，已经变更的股权就应恢复原状。在上市未果的情况下，一审法院判决恢复某公司的股权架构，依法应予维持。

——《最高人民法院公报》2011年第3期。

4.约定的仲裁机构是否明确应根据约定条款的关键信息并结合既有的相关仲裁机构的名称经综合分析后认定

某仓储有限公司与某监理公司海洋工程建设监理合同纠纷主管异议案

［最高人民法院（2021）最高法民申2639号民事裁定书］

裁判要旨

选定仲裁委员会是仲裁协议的必备内容之一，当事人在仲裁协议中选定的仲裁委员会的名称与现实存在的仲裁委员会不一致，但通过当事人所选定的仲裁机构的关键信息能合理推导出系指向某一确定的仲裁机构的，应认定当事人有效选定了仲裁机构。

最高人民法院认为，本案的审查重点为，某仓储公司的再审申请事由是否足以推翻原审关于案涉争议应提交仲裁解决的认定。首先，从原审查明的事实来看，除 001 号补充协议签订于 2013 年监理合同之前外，其他三份补充协议均签订于 2014 年监理合同之后，且这些补充协议均明确援引了 2012 年监理合同，而 2012 年监理合同中双方存在通过仲裁解决争议的意思表示。原审法院据此以 2012 年监理合同仲裁条款作为解决争议的条款，并无不当。其次，关于约定的仲裁机构是否明确。一、二审法院经查，在天津市司法局登记的仲裁委员会共有三家，即天津仲裁委员会、中国国际经济贸易仲裁委员会天津国际经济金融仲裁中心以及中国海事仲裁委员会天津海事仲裁中心。2012 年监理合同约定的仲裁机构是中国国际经济贸易仲裁委员会天津国际经济金融仲裁中心，所约定的机构具体、明确，该仲裁条款有效。虽然双方当事人在 2013 年、2014 年监理合同仲裁条款约定的仲裁机构为“天津国际仲裁中心仲裁委员会”，但从文字表述来看，包含了“天津”“国际”“中心”等关键信息，而天津仲裁委员会和中国海事仲裁委员会天津海事仲裁中心的名称均与之差距较大。因此，一、二审法院认为，即使按照 2013 年、2014 年监理合同仲裁条款，仍可确定双方当事人选定的仲裁机构为中国国际经济贸易仲裁委员会天津国际经济金融仲裁中心，该认定亦无不当。

——中国裁判文书网。

5.仅约定仲裁规则未约定仲裁机构的仲裁协议的效力

不同的仲裁机构有不同的仲裁规则，不同的仲裁规则规定的受案范围等内容各不相同，不同的仲裁规则可能导致不同的仲裁结果。因仲裁协议本质为契约，意思自治为其典型特征，亦即，当事人可约定其适用的仲裁规则，并约定对所适用的仲裁规则进行变更，只要该变更不违反仲裁法的强制性规定或具有可实施性。因此，当事人在选定某一仲裁机构进行仲裁时，其既可以选择适用其选定的仲裁机构制定的仲裁规则进行仲裁，反之，选定了某一仲裁机构的仲裁规则进行仲裁，并不意味着一定由选定制定该仲裁规则的仲裁机构进行仲裁。因此，在当事人仅选择了仲裁规则的情形下，除非当事人另行达成补充协议，否则，不能认定其选定了明确的仲裁机构，仲裁协议因之而无效。

——张雪楳：《仲裁协议的效力认定及完善我国仲裁法的思考》，载最高人民法院民事审判第二庭编：《中国民商审判》2005年第2辑（总第8辑），法律出版社2005年版，第76~81页。

6.约定由某地的仲裁机构仲裁的仲裁协议的效力

当事人如果在协议中约定由某地的仲裁机构仲裁，该地仅有一个仲裁机构的，可以认定仲裁协议有效。如，当事人约定“将纠纷提交项目所在地仲裁机构仲裁”，如果项目所在地仅有一个仲裁机构，可以认定仲裁协议有效；如果项目所在地没有或有两个以上仲裁机构，应当认定仲裁协议无效。这里“某地”在实践中又有不同情况：第一种可能某地只有一个仲裁委员会。如当事人约定项目所在地的仲裁机构仲裁，项目所在地在芜湖，芜湖只有一个芜湖仲裁委员会，可以认定该协议有效。第二种可能某地没有仲裁委员会，但其所属上一级行政区划单位内有仲裁委员会。如项目在某个县，县里没有仲裁委员会，但县所属的市有仲裁委员会，能否推定仲裁机构是具体的。笔者认为，如果当事人约定项目所在地的仲裁机构仲裁，项目所在地的县没有仲裁机构，但其所属的市仅有一个仲裁机构，可以认为双方约定由项目所在地仲裁机构仲裁是有效的。但如果上推一级的地方有两个或两个以上仲裁机构，那么应认定当事人关于仲裁的约定是无效的。第三种可能是某地没有仲裁委员会，向上推后也不能明确仲裁机构，对此应当认定仲裁协议无效。如在一个案件中，当事人在协议中约定由买方所在地的仲裁机构进行仲裁，买方所在地为玉门镇裕盛山庄，在案件办理之时，买方所在地玉门市及玉门市所属的酒泉市并没有设立仲裁委员会，故认定仲裁协议无效。这里，要明确的是，推定只能按照县、县所属的市、市所属的省逐级往上推，不能往下推定，更不能平行推定。综上，对仲裁协议效力的判断，应当尽可能尊重当事人真实意思，如果当事人自愿达成了仲裁协议，为了保护当事人的正当预期，即便在约定时存在不准确、不明确的情况，但能够确定具体仲裁机构的，仲裁协议按有效处理。

综上，当事人在仲裁协议中请求仲裁的意思表示必须是明确的，能够完全排除法院管辖。如果存在向法院提起诉讼的意思表示，应当按照“或裁或审”原则，认定仲裁协议无效。

——徐德芳：《关于国内仲裁协议效力认定的几个实务问题研究》，载景汉朝主编、最高人民法院立案庭编：《立案工作指导》2015年第3辑（总第46辑），人民法院出版社2016年版，第51~52页。

7.仲裁协议是否成立属于确认仲裁协议效力案件的审查范围，仲裁协议是一种合同，判断双方是否就仲裁达成合意，应适用《民法典》关于要约、承诺的规定

某企业公司与某控股有限公司申请确认仲裁协议效力案［中华人民共和国最高人民法院（2019）最高法民特2号民事裁定书］

裁判要旨

1. 当事人以仲裁条款未成立为由要求确认仲裁协议不存在的，属于申请确认仲裁协议效力案件，人民法院应予立案审查。在确认仲裁协议效力时，首先要确定准据法。

2. 在确定仲裁条款效力包括仲裁条款是否成立时，可以先行确定仲裁条款本身的效力；在确有必要时，才考虑对整个合同的效力包括合同是否成立进行认定。

3. 仲裁条款是否成立，主要是指当事人双方是否有将争议提交仲裁的合意，即是否达成了仲裁协议。仲裁协议是一种合同，判断双方是否就仲裁达成合意，应适用原《合同法》[①]关于要约、承诺的规定。

最高人民法院经审查认为，本案争议焦点是案涉仲裁条款是否成立。

某企业公司在某控股公司申请仲裁后，以仲裁条款未成立为由，向人民法院申请确认双方之间不存在有效的仲裁条款。虽然这不同于要求确认仲裁协议无效，但是仲裁协议是否存在与是否有效同样直接影响到纠纷解决方式，同样属于需要解决的先决问题，因而要求确认当事人之间不存在仲裁协议也

① 已失效。

属于广义的对仲裁协议效力的异议。《仲裁法》第二十条第一款规定，当事人对仲裁协议的效力有异议的，可以请求仲裁委员会作出决定或者请求人民法院作出裁定。据此，当事人以仲裁条款未成立为由要求确认仲裁协议不存在的，属于申请确认仲裁协议效力案件，人民法院应予立案审查。

在确认仲裁协议效力时，首先要确定准据法。《中华人民共和国涉外民事关系法律适用法》第十八条规定："当事人可以协议选择仲裁协议适用的法律。当事人没有选择的，适用仲裁机构所在地法律或者仲裁地法律。"在本院询问时，各方当事人均明确表示同意适用中华人民共和国法律确定案涉仲裁协议效力。因此，本案仲裁协议适用中华人民共和国法律。

《仲裁法》第十六条第一款规定："仲裁协议包括合同中订立的仲裁条款和以其他书面方式在纠纷发生前或者纠纷发生后达成的请求仲裁的协议。"可见，合同中的仲裁条款和独立的仲裁协议这两种类型，都属于仲裁协议，仲裁条款的成立和效力的认定也适用关于仲裁协议的法律规定。

仲裁协议独立性是广泛认可的一项基本法律原则，是指仲裁协议与主合同是可分的，互相独立，它们的存在与效力，以及适用于它们的准据法都是可分的。由于仲裁条款是仲裁协议的主要类型，仲裁条款与合同其他条款出现在同一文件中，赋予仲裁条款独立性，比强调独立的仲裁协议具有独立性更有实践意义，甚至可以说仲裁协议独立性主要是指仲裁条款和主合同是可分的。对于仲裁协议的独立性，中华人民共和国法律和本院司法解释均有规定。《仲裁法》第十九条第一款规定："仲裁协议独立存在，合同的变更、解除、终止或者无效，不影响仲裁协议的效力。"从上下文关系看，该条是在第十六条明确了仲裁条款属于仲裁协议之后，规定了仲裁协议的独立性。因此，仲裁条款独立于合同。对于仲裁条款能否完全独立于合同而成立，《仲裁法》的规定似乎不是特别清晰，不如已成立合同的变更、解除、终止或者无效不影响仲裁协议效力的规定那么明确。在司法实践中，合同是否成立与其中的仲裁条款是否成立这两个问题常常纠缠不清。但是，《仲裁法》第十九条第一款开头部分"仲裁协议独立存在"，是概括性、总领性的表述，应当涵盖仲裁协议是否存在即是否成立的问题，之后的表述则是进一步强调列举的几类情形也不能影响仲裁协议的效力。《仲裁法解释》第十条第二款进一步明确："当事人在订立合同时就争议达成仲裁协议的，合同未成立不影响仲裁协议的效力。”因此，在确定仲裁条款效力包括仲裁条款是否成立时，可以先行确定仲裁条款本身的效力；在确有必要时，才考虑对整个合同的效力包括合同是否成立进行认定。本案亦依此规则，先根据本案具体情况来确定仲裁条款是否成立。

仲裁条款是否成立，主要是指当事人双方是否有将争议提交仲裁的合意，即是否达成了仲裁协议。仲裁协议是一种合同，判断双方是否就仲裁达成合意，应适用原《合同法》[①] 关于要约、承诺的规定。从本案磋商情况看，当事人双方一直共同认可将争议提交仲裁解决。本案最早的《产权交易合同》，系北交所提供的标准文本，连同《债权清偿协议》由某公司等一方发给某控股公司，两份合同均包含将争议提交北京仲裁委员会仲裁的条款。之后，当事人就仲裁机构进行了磋商。某公司等一方发出的合同草签版的仲裁条款，已将仲裁机构确定为深圳国际仲裁院。就仲裁条款而言，这是某公司等发出的要约。某控股公司在合同草签版上盖章，表示同意，并于 2017 年 5 月 11 日将盖章合同文本送达某公司，这是某控股公司的承诺。根据原《合同法》第二十五条[②]、第二十六条[③] 相关规定，承诺通知到达要约人时生效，承诺生效时合同成立。因此，《产权交易合同》《债权清偿协议》中的仲裁条款于 2017 年 5 月 11 日分别在两个合同的各方当事人之间成立。之后，当事人就合同某些其他事项进行交涉，但从未对仲裁条款有过争议。鉴于某公司等并未主张仲裁条款存在法定无效情形，故应当认定双方当事人之间存在有效的仲裁条款，双方争议应由深圳国际仲裁院进行仲裁。虽然某公司等没有在最后的合同文本上盖章，其法定代表人也未在文本上签字，不符合合同经双方法定代表人或授权代表签字并盖章后生效的要求，但根据《仲裁法解释》第十条第二款的规定，即使合同未成立，仲裁条款的效力也不受影响。在当事人已达成仲裁协议的情况下，对于本案合同是否成立的问题无须再行认定，该问题应在仲裁中解决。

——最高人民法院国际商事法庭官网。

① 已失效。
② 对应《民法典》第四百八十三条。
③ 对应《民法典》第四百八十四条。

8.仲裁协议成立属于确认仲裁协议效力案件的审查范围

申请人某有限公司与被申请人某控股有限公司申请确认仲裁协议效力案

［最高人民法院（2019）最高法民特 1 号民事裁定书］

裁判要旨

申请确认当事人间不存在仲裁协议虽然“不同于要求确认仲裁协议无效，但是仲裁协议是否存在与是否有效同样直接影响到纠纷解决方式，同样属于需要解决的先决问题”，故确认仲裁协议不存在属于广义的效力异议，“当事人以仲裁条款未成立为由要求确认仲裁协议不存在的，属于申请确认仲裁协议效力案件，人民法院应予立案审查”。

最高人民法院认为：本案争议焦点是案涉仲裁条款是否成立。

某有限公司在某控股有限公司申请仲裁后，以仲裁条款未成立为由，向人民法院申请确认双方之间不存在有效的仲裁条款。虽然这不同于要求确认仲裁协议无效，但是仲裁协议是否存在与是否有效同样直接影响到纠纷解决方式，同样属于需要解决的先决问题，因而要求确认当事人之间不存在仲裁协议也属于广义的对仲裁协议效力的异议。《仲裁法》第二十条第一款规定：当事人对仲裁协议的效力有异议的，可以请求仲裁委员会作出决定或者请求人民法院作出裁定。据此，当事人以仲裁条款未成立为由要求确认仲裁协议不存在的，属于申请确认仲裁协议效力案件，人民法院应予立案审查。

在确认仲裁协议效力时，首先要确定准据法。《中华人民共和国涉外民事关系法律适用法》第十八条规定：“当事人可以协议选择仲裁协议适用的法律。当事人没有选择的，适用仲裁机构所在地法律或者仲裁地法律。”在本院询问时，各方当事人均明确表示同意适用中华人民共和国法律确定案涉仲裁协议效力。因此，本案仲裁协议适用中华人民共和国法律。

《仲裁法》第十六条第一款规定：“仲裁协议包括合同中订立的仲裁条款和以其他书面方式在纠纷发生前或者纠纷发生后达成的请求仲裁的协议。”可见，合同中的仲裁条款和独立的仲裁协议这两种类型，都属于仲裁协议，仲裁条款的成立和效力的认定也适用关于仲裁协议的法律规定。

仲裁协议独立性是广泛认可的一项基本法律原则，是指仲裁协议与主合同是可分的，互相独立，它们的存在与效力，以及适用于它们的准据法都是可分的。由于仲裁条款是仲裁协议的主要类型，仲裁条款与合同其他条款出现在同一文件中，赋予仲裁条款独立性，比强调独立的仲裁协议具有独立性更有实践意义，甚至可以说仲裁协议独立性主要是指仲裁条款和主合同是可分的。对于仲裁协议的独立性，中华人民共和国法律和本院司法解释均有规定。《仲裁法》第十九条第一款规定："仲裁协议独立存在，合同的变更、解除、终止或者无效，不影响仲裁协议的效力。"从上下文关系看，该条是在第十六条明确了仲裁条款属于仲裁协议之后，规定了仲裁协议的独立性。因此，仲裁条款独立于合同。对于仲裁条款能否完全独立于合同而成立，《仲裁法》的规定似乎不是特别清晰，不如已成立合同的变更、解除、终止或者无效不影响仲裁协议效力的规定那么明确。在司法实践中，合同是否成立与其中的仲裁条款是否成立这两个问题常常纠缠不清。但是，《仲裁法》第十九条第一款开头部分"仲裁协议独立存在"，是概括性、总领性的表述，应当涵盖仲裁协议是否存在即是否成立的问题，之后的表述则是进一步强调列举的几类情形也不能影响仲裁协议的效力。《仲裁法解释》第十条第二款进一步明确："当事人在订立合同时就争议达成仲裁协议的，合同未成立不影响仲裁协议的效力。"因此，在确定仲裁条款效力包括仲裁条款是否成立时，可以先行确定仲裁条款本身的效力；在确有必要时，才考虑对整个合同的效力包括合同是否成立进行认定。本案亦依此规则，先根据本案具体情况来确定仲裁条款是否成立。

仲裁条款是否成立，主要是指当事人双方是否有将争议提交仲裁的合意，即是否达成了仲裁协议。仲裁协议是一种合同，判断双方是否就仲裁达成合意，应适用原《合同法》[①] 关于要约、承诺的规定。从本案磋商情况看，当事人双方一直共同认可将争议提交仲裁解决。本案最早的《产权交易合同》，系北交所提供的标准文本，连同《债权清偿协议》由某有限公司等一方发给某控股有限公司，两份合同均包含将争议提交北京仲裁委员会仲裁的条款。之后，当事人就仲裁机构进行了磋商。某有限公司等一方发出的合同草签版的仲裁条款，已将仲裁机构确定为深圳国际仲裁院。就仲裁条款而言，这是某

① 已失效。

有限公司等发出的要约。某控股有限公司在合同草签版上盖章，表示同意，并于2017年5月11日将盖章合同文本送达某有限公司，这是某控股有限公司的承诺。根据原《合同法》第二十五条[①]、第二十六条[②]相关规定，承诺通知到达要约人时生效，承诺生效时合同成立。因此，《产权交易合同》《债权清偿协议》中的仲裁条款于2017年5月11日分别在两个合同的各方当事人之间成立。之后，当事人就合同某些其他事项进行交涉，但从未对仲裁条款有过争议。鉴于某有限公司等并未主张仲裁条款存在法定无效情形，故应当认定双方当事人之间存在有效的仲裁条款，双方争议应由深圳国际仲裁院进行仲裁。虽然某有限公司等没有在最后的合同文本上盖章，其法定代表人也未在文本上签字，不符合合同经双方法定代表人或授权代表签字并盖章后生效的要求，但根据《仲裁法解释》第十条第二款的规定，即使合同未成立，仲裁条款的效力也不受影响。在当事人已达成仲裁协议的情况下，对于本案合同是否成立的问题无需再行认定，该问题应在仲裁中解决。

某有限公司还提出其并非《债权清偿协议》当事人，其中的仲裁条款不能拘束某有限公司。鉴于《产权交易合同》中的仲裁条款已能约束某有限公司，其与某控股有限公司之间的纠纷应通过仲裁解决，且某有限公司等为同一仲裁案件的共同被申请人，无须本院在本案中对《债权清偿协议》中的仲裁条款能否约束某有限公司进行判断。

——中国裁判文书网。

9.“或裁或审”仲裁协议的效力

所谓“或裁或审”，主要是指当事人在有关合同或者单独仲裁协议中约定的争议解决条款是既可以向人民法院提起诉讼，也可以向仲裁机构申请仲裁。

《仲裁法解释》第七条规定：“当事人约定争议可以向仲裁机构申请仲裁也可以向人民法院起诉的，仲裁协议无效。但一方向仲裁机构申请仲裁，另一方未在仲裁法第二十条第二款规定期间内提出异议的除外。”可见，对“或裁或审”协议的效力，应认定为无效。主要原因是：第一，从仲裁和诉讼的

① 对应《民法典》第四百八十三条。
② 对应《民法典》第四百八十四条。

发展历史上看，仲裁与诉讼作为解决民商事争议的两种主要方法在性质上是彼此排斥的，即选择了仲裁就意味着排斥了诉讼，选择了诉讼就意味着排斥了仲裁。因此，在具体选择争议解决办法时，诉讼与仲裁这两种方式不能并存。第二，从当事人真实意思看，对仲裁和诉讼两种方法均作了选择，如果说一方当事人在将有关争议提交约定的仲裁机构仲裁时不违反当事人各方最初的真实意思表示，同样地，对方当事人拒绝仲裁，甚至提前诉讼也没有违反当事人各方最初的真实意思表示。因此，当事人的真实意思表示是不确定的。从法律后果看，原则上认定此类协议无效比认定有效要好。如果认定此类协议有效，则极易在实践中造成混乱，浪费当事人的人力、物力和财力。

但对何谓“或裁或审”，各地法院认识不一。从实践情况看，当事人在表述时存在以下几种情况：一是约定既可以向仲裁委员会申请仲裁，也可以向人民法院提起诉讼；二是约定协商不成，可以向仲裁委员会申请仲裁，仲裁不成，可以向人民法院提起诉讼；三是约定协商不成，可以向仲裁委员会申请仲裁，如果仲裁仍不能解决争议，可以向人民法院提起诉讼。四是约定协商不成，可以向某仲裁机构申请仲裁，仲裁无效或对仲裁结果不服时再向人民法院起诉。

对第一种表述，《仲裁法解释》第七条明确规定，仲裁协议无效。对此，也有人认为这种“或裁或审”条款是部分有效部分无效。即仲裁条款部分无效，而法院管辖部分如果符合协议管辖规定，应认定协议管辖部分有效。如，当事人在合同中约定，双方产生争议的，可以向 ×× 仲裁委员会申请仲裁，也可以向 ×× 法院提起诉讼。有的法院认为约定仲裁部分无效，但约定管辖部分是有效的，故 ×× 法院对案件享有管辖权。对此，笔者认为，合同条款部分有效部分无效是指存在多个条款的情形。比如原《合同法》[①] 规定：合同无效、被撤销或者终止的，不影响合同中独立存在的有关解决争议方法的条款的效力。但对一个条款而言，很难再划分部分有效部分无效。约定“或裁或审”，本身就是一种争议纠纷方式，而非两种，依据我国法律规定，其请求仲裁意思表示不明确，应认定无效。

对后面三种情形，有观点认为属于“递进式约定”，或者附条件的仲裁

① 已失效。

协议，对这种条款的理解，应不同于“既……又……”的并列式表述，它表明当事人先向仲裁机构申请仲裁，后再向人民法院诉讼，并没有排除仲裁的终局性，不属于“或裁或审”情形，应认定为有效。也有观点认为尽管这种表述看起来是递进式关系，但仍然是对一个案件作出了两种解决途径，存在“两可”情形，应认定为无效。对此，笔者认为，仲裁协议有效的要件中有一项是请求仲裁的意思表示应当是明确的。这意味着，当事人在仲裁协议中不得有以诉讼方式解决的意思表示，如果存在有两种以上的意思表示，应当认定其请求仲裁的意思表示是不明确的。此外，《仲裁法》第九条明确规定，仲裁实行一裁终局的制度。裁决作出后，当事人就同一纠纷再申请仲裁或者向人民法院起诉的，仲裁委员会或者人民法院不予受理。如若当事人在仲裁协议中约定“……仲裁仍不能解决争议”或者“……对仲裁结果不服的”，可以向人民法院起诉。这类约定无疑是背离仲裁一裁终局制度的，违反了仲裁排除法院管辖的基本原则，故应当认定仲裁协议是无效的。

综上，当事人在仲裁协议中请求仲裁的意思表示必须是明确的，能够完全排除法院管辖。如果存在向法院提起诉讼的意思表示，应当按照“或裁或审”原则，认定仲裁协议无效。

——徐德芳：《关于国内仲裁协议效力认定的几个实务问题研究》，载景汉朝主编、最高人民法院立案庭编：《立案工作指导》2015 年第 3 辑（总第 46 辑），人民法院出版社 2016 年版，第 46~47 页。

10.“先裁后诉”条款的效力审查

某公司服务合同纠纷管辖权异议案（上海市第一中级人民法院民事裁定书）

裁判摘要

当事人虽就同一争议约定仲裁和诉讼两种争议解决方式，但协议明确约定，或者协议内容表明应首先适用仲裁方式、然后适用诉讼方式的，属于“先裁后审”协议。在涉外民事案件中，应准确认定“先裁后审”协议效力适用的法律。先仲裁条款依据其应当适用的法律认定为合法有效的，鉴于后诉讼条款因违反法院地即我国的仲裁——裁终局法律制度而无效，后诉讼条款无效不影响先仲裁条款效力，故应认定涉外“先裁后审”协议中仲裁条款有效、诉讼条款无效。

上海市第一中级人民法院审理并上报上海市高级人民法院审核后，二审法院认为：本案系涉外民事案件。本案所涉《并购财务顾问服务协议》第六十二条约定中“首先通过新加坡国际仲裁中心进行仲裁解决”，对于仲裁方式和诉讼方式之间明确了仲裁优先，对仲裁机构的选择具体、明确、唯一，并不具有“或裁或审”的选择的特点，故法院对该仲裁条款的约定予以认定。对于双方当事人进一步约定“若双方对新加坡国际仲裁中心的仲裁结果无法达成致，任何一方均有权将争议提交于甲方住所所在地有管辖权的商业法庭以诉讼方式解决”，不符合《中华人民共和国仲裁法》第九条第一款关于“仲裁实行一裁终局”的规定，违反了仲裁排除法院管辖的基本原则，应认定该约定为无效。本案应提交新加坡国际仲裁中心进行仲裁解决。原审裁定驳回上诉人某公司起诉，于法有据，予以维持。

——《最高人民法院公报》2021 年第 11 期。

11.在主合同约定仲裁条款的情况下，主合同的协议管辖条款可拓展到从合同，应当根据主合同确定案件管辖

某工程有限公司与某集团有限公司、第三人某设备有限公司担保合同纠纷案［最高人民法院（2015）民二终字第 125 号民事判决书］

裁判要旨

主合同的协议管辖条款可拓展到从合同，应当根据主合同确定案件管辖。在债权人单独对担保人提起诉讼时，因主合同和担保合同关系是两个不同的法律关系，在此情况下担保法律关系不受主合同管辖条款的约束，但是案件审理中如果涉及主合同的权利义务内容，且在双方对于主合同履行情况存在争议的情况下，如果法院径行审理势必影响当事人的程序选择权，进而可能影响当事人的权利义务。因此，在主债权债务数额无法确定的情况下应当驳回债权人要求保证人承担保证责任的诉讼请求。

最高人民法院认为：本案各方当事人争议的焦点问题是：主合同约定了仲裁管辖，保证合同未约定仲裁管辖，债权人对其与债务人的争议未申请仲

裁，而直接向保证人主张承担保证责任，能否得到人民法院的支持。

首先，依照《担保法》第十八条[①]、《最高人民法院关于适用〈中华人民共和国担保法〉若干问题的解释》第一百二十六条[②]规定，连带责任保证的债务人在主合同规定的债务履行期限届满没有履行债务的，债权人可以直接要求保证人在其保证范围内承担保证责任。在本案某集团有限公司向某工程有限公司出具的《担保函》中明确表示为某设备有限公司提供连带保证责任，因此，在某设备有限公司未按合同约定支付货款的情况下，某工程有限公司依据《担保函》，起诉某集团有限公司承担保证责任，于法有据。

其次，某工程有限公司的诉讼请求是主张保证人某集团有限公司承担保证责任，代某设备有限公司履行未支付货款的义务，但是，《担保法》第二十条[③]规定："一般保证和连带责任保证的保证人享有债务人的抗辩权。债务人放弃对债务的抗辩权的，保证人仍有权抗辩。抗辩权是指债权人行使债权时，债务人根据法定事由，对抗债权人行使请求权的权利。"某集团有限公司出具的《担保函》虽然承诺在某设备有限公司未支付货款余额时承担保证责任，但是，依照法律规定，该公司依法应享有债务人某设备有限公司的抗辩权。某工程有限公司的实体权利来源于其与某设备有限公司签订的《供货合同》和《补充协议》，作为保证人的某集团有限公司在行使债务人的抗辩权时，同样可以依照《供货合同》《补充协议》的约定以及合同履行情况，包括某工程有限公司是否按照合同约定数量、品质履行了供货义务，某设备有限公司是否履行了付款义务，应否继续支付货款以及欠款数额等，进行实体抗辩。而根据某工程有限公司和某设备有限公司《供货合同》和《补充协议》的约定，上述问题均系履行《供货合同》和《补充协议》中产生的争议，属于仲裁管辖的范围。人民法院如果对上述争议进行实体审理，势必侵害某工程有限公司和某设备有限公司基于仲裁条款约定而享有的选择仲裁解决纠纷的权利，违背当事人意思自治原则。因此，当主合同约定了仲裁管辖，而保证合同没有约定仲裁管辖的情况下，原则上应当先行通过当事人协商一致或者经仲裁对主债务的范围作出确认，如果债权人只对保证人提起诉讼，保证人以主合

① 已失效。

② 已失效。

③ 对应《民法典》第七百零一条。

同的约定和履行情况进行抗辩，必然会涉及法院对于已经约定仲裁裁决的争议事项能否进行审理和裁判的问题，这既涉及约定仲裁管辖当事人的仲裁程序选择权，也涉及人民法院审判权的行使范围。在本案中，原审第三人某设备有限公司并未放弃其与某工程有限公司的仲裁管辖约定，认为主债务应当通过仲裁来确定。因此，对于某集团有限公司关于因主债务的范围不能确定，保证责任的范围也不能确定，在主债务未经过仲裁裁决确定的情况下，某工程有限公司直接要求其承担保证责任，属于证据不足的主张，依法应予支持。

再次，上诉人某工程有限公司主张某集团有限公司承担担保债务范围和期间是确定的，符合某集团有限公司在《担保函》中的承诺，本院予以认可。但是由于某工程有限公司与某设备有限公司因履行合同发生的争议不属于人民法院审理范围，故本案某集团有限公司应当承担保证责任的主债务数额无法确定。因此，原判决认为某工程有限公司的诉讼请求缺乏事实及法律依据，并驳回某工程有限公司的诉讼请求，于法有据。某工程有限公司可在与某设备有限公司的主合同争议协商一致或者通过仲裁程序解决之后，再另行向某集团有限公司主张权利。

——中国裁判文书网。

12.被申请人以采用临时仲裁不符合仲裁协议约定为由，主张不予承认和执行该临时仲裁裁决的，人民法院不予支持

在自贸试验区内注册的企业相互之间约定在内地特定地点、按照特定仲裁规则、由特定人员对有关争议进行仲裁的，可以认定该仲裁协议有效。人民法院认为该仲裁协议无效的，应报请上一级法院进行审查。上级法院同意下级法院意见的，应将其审查意见层报最高人民法院，待最高人民法院答复后作出裁定。

——《最高人民法院关于为自由贸易试验区建设提供司法保障的意见》（2016年12月30日，法发〔2016〕34号）（节选）。

13.涉外仲裁协议效力的认定

某有限公司与某控股有限公司申请确认仲裁协议效力案［最高人民法院（2019）最高法民特1号民事裁定书］

裁判要旨

仲裁协议独立性指仲裁协议与主合同是可分的、相互独立，仲裁协议的存在与效力以及适用于它们的准据法都是可分的。在确定仲裁条款效力包括仲裁条款是否成立时，可以先行确定仲裁条款本身的效力；在确有必要时，才考虑对整个合同的效力包括合同是否成立进行认定。

最高人民法院认为：本案争议焦点是案涉仲裁条款是否成立。

某有限公司在某控股有限公司申请仲裁后，以仲裁条款未成立为由，向人民法院申请确认双方之间不存在有效的仲裁条款。虽然这不同于要求确认仲裁协议无效，但是仲裁协议是否存在与是否有效同样直接影响到纠纷解决方式，同样属于需要解决的先决问题，因而要求确认当事人之间不存在仲裁协议也属于广义的对仲裁协议效力的异议。《仲裁法》第二十条第一款规定，当事人对仲裁协议的效力有异议的，可以请求仲裁委员会作出决定或者请求人民法院作出裁定。据此，当事人以仲裁条款未成立为由要求确认仲裁协议不存在的，属于申请确认仲裁协议效力案件，人民法院应予立案审查。

在确认仲裁协议效力时，首先要确定准据法。《涉外民事关系法律适用法》第十八条规定："当事人可以协议选择仲裁协议适用的法律。当事人没有选择的，适用仲裁机构所在地法律或者仲裁地法律。"在本院询问时，各方当事人均明确表示同意适用中华人民共和国法律确定案涉仲裁协议效力。因此，本案仲裁协议适用中华人民共和国法律。

《仲裁法》第十六条第一款规定："仲裁协议包括合同中订立的仲裁条款和以其他书面方式在纠纷发生前或者纠纷发生后达成的请求仲裁的协议。"可见，合同中的仲裁条款和独立的仲裁协议这两种类型，都属于仲裁协议，仲裁条款的成立和效力的认定也适用关于仲裁协议的法律规定。

仲裁协议独立性是广泛认可的一项基本法律原则，是指仲裁协议与主合同是可分的，互相独立，它们的存在与效力，以及适用于它们的准据法都是可分的。由于仲裁条款是仲裁协议的主要类型，仲裁条款与合同其他条款出现在同一文件中，赋予仲裁条款独立性，比强调独立的仲裁协议具有独立性更有实践意义，甚至可以说仲裁协议独立性主要是指仲裁条款和主合同是可分的。对于仲裁协议的独立性，中华人民共和国法律和本院司法解释均有规定。《仲裁法》第十九条第一款规定："仲裁协议独立存在，合同的变更、解除、终止或者无效，不影响仲裁协议的效力。"从上下文关系看，该条是在第十六条明确了仲裁条款属于仲裁协议之后，规定了仲裁协议的独立性。因此，仲裁条款独立于合同。对于仲裁条款能否完全独立于合同而成立，《仲裁法》的规定似乎不是特别清晰，不如已成立合同的变更、解除、终止或者无效不影响仲裁协议效力的规定那么明确。在司法实践中，合同是否成立与其中的仲裁条款是否成立这两个问题常常纠缠不清。但是，《仲裁法》第十九条第一款开头部分"仲裁协议独立存在"，是概括性、总领性的表述，应当涵盖仲裁协议是否存在即是否成立的问题，之后的表述则是进一步强调列举的几类情形也不能影响仲裁协议的效力。《最高人民法院关于适用〈中华人民共和国仲裁法〉若干问题的解释》第十条第二款进一步明确："当事人在订立合同时就争议达成仲裁协议的，合同未成立不影响仲裁协议的效力。"因此，在确定仲裁条款效力包括仲裁条款是否成立时，可以先行确定仲裁条款本身的效力；在确有必要时，才考虑对整个合同的效力包括合同是否成立进行认定。本案亦依此规则，先根据本案具体情况来确定仲裁条款是否成立。

仲裁条款是否成立，主要是指当事人双方是否有将争议提交仲裁的合意，即是否达成了仲裁协议。仲裁协议是一种合同，判断双方是否就仲裁达成合意，应适用原《合同法》[①] 关于要约、承诺的规定。从本案磋商情况看，当事人双方一直共同认可将争议提交仲裁解决。本案最早的《产权交易合同》，系北交所提供的标准文本，连同《债权清偿协议》由某有限公司等一方发给某控股有限公司，两份合同均包含将争议提交北京仲裁委员会仲裁的条款。之后，当事人就仲裁机构进行了磋商。某有限公司等一方发出的合同草签版的仲裁条款，已将仲裁机构确定为深圳国际仲裁院。就仲裁条款而言，这是某有限公司等发出的要约。某控股有限公司在合同草签版上盖章，表示同意，

① 已失效。

并于2017年5月11日将盖章合同文本送达某有限公司，这是某控股有限公司的承诺。根据原《合同法》第二十五条①、第二十六条②相关规定，承诺通知到达要约人时生效，承诺生效时合同成立。因此，《产权交易合同》《债权清偿协议》中的仲裁条款于2017年5月11日分别在两个合同的各方当事人之间成立。之后，当事人就合同某些其他事项进行交涉，但从未对仲裁条款有过争议。鉴于某有限公司等并未主张仲裁条款存在法定无效情形，故应当认定双方当事人之间存在有效的仲裁条款，双方争议应由深圳国际仲裁院进行仲裁。虽然某有限公司等没有在最后的合同文本上盖章，其法定代表人也未在文本上签字，不符合合同经双方法定代表人或授权代表签字并盖章后生效的要求，但根据《最高人民法院关于适用〈中华人民共和国仲裁法〉若干问题的解释》第十条第二款的规定，即使合同未成立，仲裁条款的效力也不受影响。在当事人已达成仲裁协议的情况下，对于本案合同是否成立的问题无须再行认定，该问题应在仲裁中解决。

——最高人民法院民事审判第四庭编：《最高人民法院商事仲裁司法审查年度报告（2019）》，人民法院出版社2021年版，第228~237页。

14.当事人约定国内仲裁机构适用《联合国国际贸易法委员会仲裁规则》的仲裁协议有效

某石化有限公司与某技术有限公司申请确认仲裁条款效力案（2014年）

一、基本案情

某石化有限公司与某技术有限公司于2003年4月28日及6月15日分别签署了两份技术许可协议，约定："有关争议、纠纷或诉求应当提交仲裁解决；仲裁应在中国北京中国国际经济贸易仲裁中心（"CIETAC"）进行，并适用现行有效的《联合国国际贸易法委员会仲裁规则》"。（以上约定的原文为英文，即"The arbitration shall take place at China International Economic Trade Arbitration Centre（CIETAC），Beijing，P.R.China and shall be settled according to the UNCITRAL Arbitration Rules as at present in force"）2012年7月11日，某技

① 对应《民法典》第四百八十三条。

② 对应《民法典》第四百八十四条。

术有限公司向中国国际经济贸易仲裁委员会提出仲裁申请。

2012年10月29日，某石化有限公司以双方约定的仲裁本质上属于我国仲裁法不允许的临时仲裁为由，向宁波市中级人民法院申请确认仲裁条款无效。

二、裁判结果

宁波市中级人民法院经逐级报请最高人民法院审查后，于2014年3月17日作出终审裁定，认为：当事人在仲裁条款中虽然使用了“take place at”的表述，此后的词组一般被理解为地点，然而按照有利于实现当事人仲裁意愿目的解释的方法，可以理解为也包括了对仲裁机构的约定。虽然当事人约定的仲裁机构中文名称不准确，但从英文简称CIETAC可以推定当事人选定的仲裁机构是在北京的中国国际经济贸易仲裁委员会。本案所涉仲裁条款不违反我国仲裁法的规定，裁定驳回某石化有限公司请求确认仲裁条款无效的诉请。

三、典型意义

该案首次认可当事人约定由中国的常设仲裁机构依据《联合国国际贸易法委员会仲裁规则》管理仲裁程序的条款效力，并明确该条款约定的是机构仲裁，而非临时仲裁。该案对当事人理解存在分歧的合同用词，采取了有利于实现当事人仲裁意愿的目的解释方法，在仲裁条款未明确限定仲裁机构特定职能的情形下，认定当事人关于常设机构适用另一仲裁规则的约定应理解为该机构依仲裁规则管理整个仲裁程序。本案对于推动多元化纠纷解决机制建设、支持仲裁国际化、提升仲裁公信力，具有典型示范意义。

——《人民法院为“一带一路”建设提供司法服务和保障的典型案例》（2015年7月7日）。

15.仲裁协议对保险人的效力

98.【仲裁协议对保险人的效力】被保险人和第三者在保险事故发生前达成的仲裁协议，对行使保险代位求偿权的保险人是否具有约束力，实务中存在争议。保险代位求偿权是一种法定债权转让，保险人在向被保险人赔偿保险金后，有权行使被保险人对第三者请求赔偿的权利。被保险人和第三者在保险事故发生前达成的仲裁协议，对保险人具有约束力。考虑到涉外民商事案件的处理常常涉及国际条约、国际惯例的适用，相关问题具有特殊性，故具有涉外因素的民商事纠纷案件中该问题的处理，不纳入本条规范的范围。

——《最高人民法院关于印发〈全国法院民商事审判工作会议纪要〉的通知》(2019年11月8日，法〔2019〕254号)(节录)。

某电气集团股份有限公司与某保险股份有限公司分公司等追偿权纠纷管辖权异议案［最高人民法院（2015）民提字第165号民事裁定书］

裁判要旨

保险人代位求偿权的基础是被保险人对第三者享有债权。根据《保险法》第六十条规定，因第三者对保险标的的损害而造成保险事故的，保险人自向被保险人赔偿保险金之日起，在赔偿金额范围内代位行使被保险人对第三者请求赔偿的权利。可见，保险人代位求偿权源于法律的直接规定，属于保险人的法定权利，并非基于保险合同而产生的约定权利。在提起保险代位求偿权诉讼中，应根据保险人所代位的被保险人与第三者之间的法律关系确定管辖法院。本案中，被保险人与第三者之间所签协议管辖条款对保险人具有约束力，无须以保险人同意为前提。

最高人民法院认为，本案焦点是某电气公司与某发电公司所签《总承包合同》和《轮机设备采购合同》约定的管辖条款发生矛盾后，以哪个合同规定为准，以及《总承包合同》的协议管辖条款是否对案涉三保险公司具有约束力。

案涉《总承包合同》约定“除非争议已经双方友好协商解决，否则解决争议的唯一最终方式为任何一方向除上海市和广东省以外的合同签订地的人民法院提起诉讼”。同时，该《总承包合同》载明签订地点为：北京市。佛山发电公司官网2009年12月24日所载新闻明确显示《总承包合同》系于2009年12月7日在北京某饭店正式签署。本案诉讼标的额超过一亿元。根据《最高人民法院关于调整高级人民法院和中级人民法院管辖第一审民商事案件标准的通知》(法发〔2015〕7号）规定，本案应当由北京市第三中级人民法院管辖。

——中国裁判文书网。

16.股东提起代表诉讼不受公司与第三人之间仲裁协议的约束

太仓某公司与江阴某公司、上海某公司等损害公司利益责任纠纷案［最高人民法院（2021）最高法民再293号民事裁定书］

裁判要旨

股东提起代表诉讼，请求确认公司与第三人签订的协议无效、非协议当事人承担赔偿责任时，不应受公司与第三人签订的协议所约定的仲裁条款约束，应根据《民事诉讼法》的一般管辖原则确定管辖法院。

最高人民法院再审认为，本案各方当事人再审争议的焦点问题为：人民法院对本案是否具有管辖权；如人民法院有管辖权，具体管辖法院如何确定。

一、关于人民法院对本案是否具有管辖权问题。江阴某公司和上海某公司签订的落款时间为2015年8月5日的《股权转让协议》虽然约定了仲裁条款，但本案一审原告太仓某公司与一审被告上海智某公司、桐乡某公司、某木业公司、陈卫、杨伟等均非该协议当事人，且太仓某公司在本案中的诉讼请求为确认股权转让协议无效，上海某公司、上海智某公司将所持有的桐乡某公司100%股权全部返还给江阴某公司，如不能返还，则由上海某公司、上海智某公司、某木业公司、上海盛某公司、陈某、杨某、桐乡某公司赔偿损失，故太仓某公司提起本案诉讼不应受股权转让协议约定的仲裁条款约束。江阴某公司、上海某公司、上海智某公司和桐乡某公司以案涉股权转让协议约定了仲裁条款为由，提出本案应由上海仲裁委员会仲裁的主张，于法无据，不应支持。本案应由人民法院管辖，二审裁定认定人民法院对本案不具有管辖权错误，最高人民法院予以纠正。

二、关于本案具体管辖法院如何确定问题。《中华人民共和国民事诉讼法》第二十一条[①]规定："对公民提起的民事诉讼，由被告住所地人民法院管辖；被告住所地与经常居住地不一致的，由经常居住地人民法院管辖。对法人或者其他组织提起的民事诉讼，由被告住所地人民法院管辖。"本案某木业公司、陈某、杨某的住所地均位于江苏省太仓市，属于一审法院地域管辖范

① 现为《民事诉讼法》(2023年修正)第二十二条。

围。《最高人民法院关于调整高级人民法院和中级人民法院管辖第一审民事案件标准的通知》(法发〔2019〕14号)第一条规定，中级人民法院管辖第一审民事案件的诉讼标的额上限原则上为50亿元(人民币)，诉讼标的额下限继续按照《最高人民法院关于调整高级人民法院和中级人民法院管辖第一审民商事案件标准的通知》(法发〔2015〕7号)等文件执行。《最高人民法院关于调整高级人民法院和中级人民法院管辖第一审民商事案件标准的通知》(法发〔2015〕7号)第二条规定，当事人一方住所地不在受理法院所处省级行政辖区的第一审民商事案件，江苏省高级人民法院管辖诉讼标的额3亿元以上第一审民商事案件，所辖中级人民法院管辖诉讼标的额5000万元以上第一审民商事案件。本案上海某公司、上海智某公司、上海盛某公司住所地位于上海市，属当事人一方住所地不在受理法院所处省级行政辖区的第一审民商事案件，且诉讼标的额超过5000万元，太仓某公司向江苏省苏州市中级人民法院提起本案诉讼符合级别管辖的相关规定。据此，一审法院认定其对本案具有管辖权，有事实和法律依据，并无不当。本案太仓某公司于2020年4月向一审法院提起诉讼，《最高人民法院关于调整中级人民法院管辖第一审民事案件标准的通知》(法发〔2021〕27号)自2021年10月1日起施行，上海某公司、上海智某公司和桐乡某公司关于本案应当适用该通知规定、由基层人民法院管辖的主张，显然不能成立。综上，江阴某公司、上海某公司、上海智某公司和桐乡某公司提出的管辖权异议均不能成立，最高人民法院不予支持。

——中国裁判文书网。

17.涉外仲裁协议准据法的确定

在各国《仲裁法》对仲裁协议有效性存在不同规定的前提下，仲裁协议准据法直接影响到仲裁协议的效力认定。大多数国家秉持尽可能使仲裁协议有效的原则确定涉外仲裁协议准据法，常见的冲突规范包括适用仲裁地法、适用合同准据法、适用法院地法、适用最有利于仲裁协议有效的法律作为仲裁协议准据法。[①]《涉外民事关系法律适用法》第十八条规定："当事人可以协

① 例如瑞士《国际私法条例》第178条第2款规定，仲裁协议的实质要件，只要符合当事人约定适用的法律、瑞士法律或者争议标的应适用的准据法尤其是主合同准据法中其中任何一法律规定的要件，即为有效。参见ICCA Guide to the NYC，www.icca.org，于2012年12月31日访问。

议选择仲裁协议适用的法律。当事人没有选择的，适用仲裁机构所在地法律或者仲裁地法律。"《最高人民法院关于适用〈中华人民共和国涉外民事关系法律适用法〉若干问题的解释（一）》第十四条[①]规定："当事人没有选择涉外仲裁协议适用的法律，也没有约定仲裁机构或者仲裁地，或者约定不明的，人民法院可以适用中华人民共和国法律认定该仲裁协议的效力。"因此在司法实践中，涉外仲裁协议准据法的适用原则有三个位序的层次：一是当事人约定了仲裁协议准据法的，应当适用当事人约定的仲裁协议准据法；二是当事人没有约定仲裁协议准据法，但是约定了仲裁地或者仲裁机构的，适用仲裁地或仲裁机构所在地法律；三是仅在当事人既没有约定仲裁协议准据法，也没有明确约定仲裁地或仲裁机构的，人民法院才能适用法院地法即我国法律。

在关于某航空公司与某飞机工程公司服务合同纠纷一案中仲裁条款效力问题的请示案中，[②]福建高院请示意见认为，某航空公司与某飞机工程公司签订的主协议《标准地面操作协议》约定争议"最终通过仲裁裁决解决"，但没有对判断仲裁条款效力的准据法作出约定。《标准地面操作协议——简易程序》第八条约定"该协议应完全适用中华人民共和国法律加以解释"，因此仲裁条款效力应当适用我国法律。根据《仲裁法》第十八条的规定，案涉仲裁条款因为约定仲裁地点、仲裁委员会及仲裁规则，仲裁机构无法确定，故仲裁条款应认定无效。

最高人民法院同意福建高院关于仲裁条款无效的结论，但复函指出，根据仲裁条款独立性及司法实践中掌握的普遍原则，当事人约定合同适用的法律不能当然视为仲裁协议效力的准据法。福建高院关于当事人约定合同适用的法律即为仲裁协议效力准据法的意见欠妥。在当事人未对确定仲裁协议效力的准据法和仲裁地作出明确约定的情况下，应当适用法院地法即中华人民共和国法律对涉案仲裁协议效力进行审查。

该案反映出司法实践中对于当事人约定的合同准据法是否为仲裁协议准据法存在混淆认识。尽管传统观点认为，仲裁协议是主合同的组成部分，故仲裁条款自然应当适用主合同准据法，但是随着仲裁协议独立性原则的确立，

① 现为《最高人民法院关于适用〈中华人民共和国涉外民事关系法律适用法〉若干问题的解释（一）》(2020年修正）第十二条。

② 最高人民法院（2012）民四他字第4号复函。

仲裁协议准据法的“主从关系说”被当代仲裁立法所摒弃。仲裁协议独立于主合同，主合同的变更、解除、终止或无效，不影响仲裁协议的效力，故主合同准据法不能等同于仲裁协议准据法。为此，最高人民法院在《第二次全国涉外商事海事审判工作会议纪要》第五十八条中规定，“当事人在合同中约定的适用于解决合同争议的准据法，不能用来确定涉外仲裁条款的效力”。该案中，最高人民法院再次重申了该项解释原则。

——沈红雨：《最高人民法院民四庭2012年涉外商事仲裁司法审查案件综述》，载江必新、贺荣主编，最高人民法院民事审判第四庭编：《最高人民法院涉外商事海事审判指导》2013年第2辑（总第27辑），人民法院出版社2014年版，第189~190页。

18.违反仲裁协议作出的外国判决的承认

47.［违反仲裁协议作出的外国判决的承认］外国法院作出缺席判决后，当事人向人民法院申请承认和执行该判决，人民法院经审查发现纠纷当事人存在有效仲裁协议，且缺席当事人未明示放弃仲裁协议的，应当裁定不予承认和执行该外国法院判决。

——《最高人民法院民事审判第四庭关于印发〈全国法院涉外商事海事审判工作座谈会会议纪要〉的通知》(2021年12月31日，法〔民四〕明传〔2021〕60号)(节选)。

19.涉外案件中仲裁协议对取得代位求偿权的保险人的效力

98.［仲裁协议对保险人的效力］被保险人和第三者在保险事故发生前达成的仲裁协议，对行使保险代位求偿权的保险人是否具有约束力，实务中存在争议。保险代位求偿权是一种法定债权转让，保险人在向被保险人赔偿保险金后，有权行使被保险人对第三者请求赔偿的权利。被保险人和第三者在保险事故发生前达成的仲裁协议，对保险人具有约束力。考虑到涉外民商事案件的处理常常涉及国际条约、国际惯例的适用，相关问题具有特殊性，故具有涉外因素的民商事纠纷案件中该问题的处理，不纳入本条规范的范围。

——《最高人民法院关于印发〈全国法院民商事审判工作会议纪要〉的

通知》(2019 年 11 月 8 日，法〔2019〕254 号)(节选)。

某海洋工程有限公司与某保险股份有限公司上海分公司等海上财产损害责任纠纷管辖权异议案［最高人民法院（2017）最高法民辖监 2 号民事裁定书］

裁判要旨

保险人赔偿后行使代位求偿权，不适用《最高人民法院关于适用〈中华人民共和国仲裁法〉若干问题的解释》第九条关于仲裁协议对债权受让人效力的规定，除非保险人接受被保险人与第三者之间的仲裁协议，保险人不受该仲裁协议约束。

最高人民法院经审查认为，本案系海上财产损害责任纠纷管辖权异议案。根据某海洋工程有限公司的再审申请，本案审查重点为原审法院认定案涉仲裁条款对某保险股份有限公司不具有约束力，是否正确。

某保险股份有限公司诉称，涉案船舶触碰事故发生后，其依据与被保险人上海港复兴船务公司（以下简称某船务公司）签订的保险合同，就码头损失和船舶损失承担了赔偿责任，依法取得向侵权责任人的代位求偿权。某海洋工程有限公司提出管辖权异议，认为本案纠纷应当提交香港国际仲裁中心进行仲裁。但某海洋工程有限公司主张的仲裁条款系上港集团物流有限公司与某海洋工程有限公司签订的《船舶承租合同》中的条款，某船务公司并不是该《船舶承租合同》的当事人。即使某船务公司系该合同的当事人，保险人某保险股份有限公司亦非协商订立该合同的当事人，该合同中的仲裁条款并非某保险股份有限公司的意思表示，某保险股份有限公司也未明确表示接受，该仲裁条款对某保险股份有限公司不具有约束力。本案系保险人基于代位求偿权提起的诉讼，《最高人民法院关于适用〈中华人民共和国仲裁法〉若干问题的解释》第九条关于仲裁协议对债权债务受让人效力的规定并不适用于本案。原审法院认定案涉仲裁条款对某保险股份有限公司不具有约束力，并无不当。

——中国裁判文书网。

20.涉外仲裁协议效力准据法的确定

在承认和执行外国仲裁裁决的司法审查案件中，要严格按照1958年《承认及执行外国仲裁裁决公约》(以下简称《纽约公约》)第五条第一款（甲）项之规定，仅限于该仲裁协议依当事人约定的准据法系属无效，或未约定准据法时，依裁决地所在国法系属无效，方能以仲裁协议无效为由拒绝承认及执行有关仲裁裁决。

但如果当事人已经向人民法院提起确认仲裁协议效力之诉，人民法院作出了仲裁协议无效之裁决的，人民法院可以拒绝承认与执行。不过，此时拒绝承认与执行所依据的并非仲裁协议无效，而是《纽约公约》第五条第二款规定的公共政策保留。

——张勇健:《在全国涉外商事海事审判庭长座谈会上的讲话》(2016年4月7日)，载贺荣主编、最高人民法院民事审判第四庭编:《涉外商事海事审判指导》2016年第1辑（总第32辑），人民法院出版社2017年版，第24~25页。

一、关于涉外仲裁协议效力准据法的确定

实践中，人民法院审理涉外仲裁司法审查案件，主要涉及以下几种情形：（1）确认涉外仲裁协议的效力；（2）对境内仲裁裁决，审查是否撤销、是否执行；（3）对境外仲裁裁决，审查是否认可（或承认）和执行。前述几种情形均可能涉及对仲裁协议效力的认定，而认定仲裁协议的效力首先需要确定的就是协议效力的准据法，但是上述几种情形中确定准据法所适用的冲突规范并不完全相同，适用结果也不相同。人民法院需要根据具体的情形选择所适用的法律。

司法实践中，对于当事人申请确认涉外仲裁协议效力的案件，人民法院适用的是我国法律规定的冲突规范。对于当事人申请承认和执行外国仲裁裁决的案件，如果该外国是《纽约公约》的成员国，人民法院适用的是《纽约公约》中规定的冲突规范，而非我国法律规定的冲突规范。我国法律规定的冲突规范见《中华人民共和国涉外民事关系法律适用法》(以下简称《法律适用法》)及《最高人民法院关于适用〈中华人民共和国涉外民事关系法律适用法〉若干问题的解释（一）》（以下简称《法律适用法的解释》）。[《法律适用法》自2011年4月1日起施行，仲裁协议签订于该日期之前的，适用《最高人民法院关于适用〈中华人民共和国仲裁法〉若干问题的解释》第十六条的规定，而不适用《法律适用法》的相关规定。]《法律适用法》第十八条规定："当事人可以协议选择仲裁协议适用的法律。当事人没有选择的，适用仲裁机构所在地法律或者仲裁地法律。"《法律适用法的解释》第十二条规定："当事人没有选择涉外仲裁协议适用的法律，也没有约定仲裁机构或者仲裁地，或者约定不明的，人民法院可以适用中华人民共和国法律认定该仲裁协议的效力。"上述规定所明确的准据法确定顺序依次为：当事人约定的准据法、仲裁机构所在地法或仲裁地法、法院地法。《纽约公约》第五条第一款（甲）项则规定："仲裁协议的当事人依对其适用之法律有某种无行为能力情形者，或该项协定依当事人作为协定准据之法律系属无效，或未指明以何法律为准时，依裁决地所在国法律系属无效者，则应拒绝承认及执行仲裁裁决。"该规定明确，以仲裁协议无效为由拒绝承认及执行仲裁裁决时，仲裁协议效力的准据法确定顺序依次为：当事人约定的准据法、裁决作出地所在国法。

两者最大的区别是在申请确认涉外仲裁协议效力案件中，如果当事人没有选择仲裁协议效力的准据法，也没有约定明确的仲裁机构或仲裁地，人民法院应当适用法院地法即我国的法律对仲裁协议效力作出认定。而根据《纽约公约》的规定，在当事人没有选择仲裁协议效力准据法的情况下，应当根据裁决作出地（国际上普遍认为裁决作出地即为仲裁地）的法律对仲裁协议效力作出认定。由于此类案件的仲裁裁决已经作出，仲裁地是很容易确定的，故在当事人无约定时，适用仲裁地法即可。由此可见，对于同一项仲裁协议，适用不同的冲突规范，所得的结论很可能不同。适用我国法律的冲突规范后就有可能适用法院地法即我国仲裁法来确定仲裁协议的效力，但若适用《纽约公约》第五条第一款（甲）项中的冲突规范，就没有法院地法适用的余地。

本案为仲裁裁决作出后当事人申请承认和执行该仲裁裁决的案件，被申请人主张案涉仲裁裁决不予承认和执行的理由之一即为"仲裁机构约定不明导致仲裁协议无效"。根据请示报告所述的事实，案涉仲裁裁决系在英国由ICA（国际棉花协会有限公司）作出，我国与英国均系《纽约公约》的缔约国，故应根据《纽约公约》的相关规定进行审查。请示报告中的少数意见没有依据《纽约公约》，而是依据我国法律规定的冲突规范来确定审查本案仲裁协议效力的准据法有所不当。

——朱科：《承认及执行外国仲裁裁决案件中仲裁协议效力的认定——丰岛株式会社与山东省高密市华裕纺织有限公司申请承认与执行外国仲裁裁决案》，载贺荣主编、最高人民法院民事审判第四庭编：《涉外商事海事审判指导》2016 年第 1 辑（总第 32 辑），人民法院出版社 2017 年版，第 183~185 页。

21.对涉自由贸易试验区案件在涉外因素认定、仲裁协议效力认定等方面可作一定放宽

第三，要正确对待涉外及国际仲裁。这是我国全面对外开放的政策所决定的。当前自贸区的一些仲裁机构正在比照国际仲裁机构进行创新和探索，一些做法虽没有法律依据，但在不违反我国法律和公共利益的情况下，人民法院在司法审查时应予以积极支持。

——张勇健：《在全国涉外商事海事审判庭长座谈会上的讲话》（2016 年 4 月 7 日），载贺荣主编、最高人民法院民事审判第四庭编：《涉外商事海事审判指导》2016 年第 1 辑（总第 32 辑），人民法院出版社 2017 年版，第 25 页。

二、司法与仲裁

22.加强人民法院与仲裁机构的对接

10.加强与仲裁机构的对接。积极支持仲裁制度改革，加强与商事仲裁机构、劳动人事争议仲裁机构、农村土地承包仲裁机构等的沟通联系。尊重商事仲裁规律和仲裁规则，及时办理仲裁机构的保全申请，依照法律规定处理撤销和不予执行仲裁裁决案件，规范涉外和外国商事仲裁裁决司法审查程序。支持完善劳动人事争议仲裁办案制度，加强劳动人事争议仲裁与诉讼的有效

衔接，探索建立裁审标准统一的新规则、新制度。加强对农村土地承包经营纠纷调解仲裁的支持和保障，实现涉农纠纷仲裁与诉讼的合理衔接，及时审查和执行农村土地承包仲裁机构作出的裁决书或者调解书。

——《最高人民法院关于人民法院进一步深化多元化纠纷解决机制改革的意见》(2016年6月28日，法发〔2016〕14号)(节选)。

2. 法院应当及时办理仲裁机构的保全申请

传统的保全制度，将其制度功能定位于为仲裁裁决的执行提供担保。现代意义上的保全制度的功效，则已逐渐突破保证裁决得以实现的目的，保全的制度功能已经在朝着预先防止损害的加重、尽早减轻受损害人的困境以及尽早结束纠纷解决过程的方向发展，而且保全的方式也已变得多样化。仲裁保全措施在中外学者论著中有“临时措施”等多种称谓，指在一项争议作出最后仲裁裁决书之前的任何时候要求一方当事人实施某种行为或不行为的临时性措施。仲裁保全措施对申请方当事人而言，具有防止对方当事人恶意转移财产、毁灭证据或避免对方当事人基于其他行为或不行为使最终的仲裁裁决无意义的积极功能。

我国《仲裁法》第二十八条、四十六条和第四十八条分别对财产保全、证据保全以及涉外证据保全作出了规定。《仲裁法》关于仲裁保全措施的规范存在着以下两大缺陷：没有赋予仲裁庭采取保全措施的权力；没有明确规定当事人在提请仲裁前有权向人民法院寻求临时保全措施的救济。其中后一缺陷导致了实践中是由各地人民法院自行决定是否受理仲裁前保全申请的现状。2012年《民事诉讼法》第八十一条[①]第二款，第一百零一至一百零五条[②]以及第二百七十二条[③]对仲裁前证据保全和仲裁前财产保全等问题作出了比较明确的规定，可以说部分消除了前述《仲裁法》保全措施规范两大缺陷中的后一缺陷，并规定了保全措施的类别等。法院支持仲裁的发展，其中之一就是要及时办理仲裁机构的保全申请，既包括仲裁前保全，也包括仲裁中保全；既包括仲裁证据保全，也包括仲裁财产保全。

---

① 现为《民事诉讼法》(2023年修正)第八十四条。

② 现为《民事诉讼法》(2023年修正)第一百零四至一百零八条。

③ 现为《民事诉讼法》(2023年修正)第二百八十九条。

3. 法院应当依照法律规定处理撤销和不予执行仲裁裁决案件

司法对仲裁进行监督，是由司法权和仲裁制度的本质性决定的，是对仲裁决定机制形成制衡的必然要求。仲裁裁决司法监督是对仲裁活动顺利进行及仲裁程序合法公正展开的重要保障。在追求制度简约、程序公正的理念下，对裁决进行适度的监督更是尊重与支持仲裁的体现。[①] 按照我国《仲裁法》，司法对仲裁的监督主要体现为三个方面，即仲裁协议效力的认定、撤销仲裁裁决、不予执行仲裁裁决。其中，撤销与不予执行仲裁裁决制度是法院对仲裁进行监督最为重要的方式。各级法院应当在支持仲裁发展，依照法律及司法解释的规定对仲裁进行监督的前提之下，依法处理撤销和不予执行仲裁裁决案件。以仲裁撤销为例进行说明。仲裁裁决部分撤销制度有利于维护仲裁裁决未超裁部分的效力，因而减少了法院对仲裁裁决的监督，也体现了对仲裁的支持。我国仲裁法未规定仲裁裁决的部分撤销制度，但是《仲裁法司法解释》则弥补了这一制度缺陷。该司法解释第十九条规定，当事人以仲裁裁决事项超出仲裁协议范围为由申请撤销仲裁裁决，经审查属实，人民法院应当撤销仲裁裁决中的超裁部分；但超裁部分与其他裁决事项不可分时，人民法院应当撤销仲裁裁决。

4. 关于统一国内仲裁及涉外仲裁的司法审查标准问题

仲裁司法审查在性质上属于对仲裁活动的一种监督方式，属于事后监督范畴。又因其审查结果具有强制性，对仲裁裁决影响深远，与当事人的利益密切相关，因此司法审查需由法律明文规定，并应遵循当事人意思自治原则、适当审查原则以及公共秩序保留原则，促进仲裁公信力的提升。为了实现法院与仲裁机构的对接，应当明确司法对仲裁的监督范围，避免司法对仲裁的过分干预。以此为基础，2015 年最高人民法院发布的《关于适用〈中华人民共和国民事诉讼法〉的解释》将原《民事诉讼法》中对于认定事实的主要证据不足和法律适用错误这两种情形作为不予执行仲裁裁决的两种情况删除，这一规定符合国际上对仲裁裁决从实体审查到程序审查过渡的潮流，尊重当事人“或裁或审”选择，保证“一裁终局”的仲裁裁决权威。

---

① 哈书菊、张淇：《论仲裁裁决司法监督》，载《齐齐哈尔大学学报（哲学社会科学版）》2016 年第 9 期。

关于涉外商事仲裁，根据《仲裁法》第七十条规定，当事人提出证据证明涉外仲裁裁决有《民事诉讼法》规定不予执行的情形的，经法院核实裁定撤销。根据《民事诉讼法》第二百七十四条[①]规定，当出现当事人在合同中没有订有仲裁条款或者事后没有达成书面仲裁协议的；被申请人没有得到指定仲裁员或者进行仲裁程序的通知；仲裁庭的组成或者仲裁的程序与仲裁规则不符的；裁决的事项不属于仲裁协议的范围或者仲裁机构无权仲裁的等四种法定事由或者人民法院认定执行该裁决违背社会公共利益的，裁定不予执行。

目前我国仍实行国内仲裁和涉外仲裁双轨制的司法审查模式。在《民事诉讼法》中规定法院对国内仲裁裁决仍实行程序审查和小范围的实体审查，而对于涉外仲裁裁决的审查则仅限于程序瑕疵和程序违法行为。这种中外双轨制的审查模式有悖于司法统一，不利于保护当事人的利益，这些都已经列为今后仲裁制度改革的重点内容。随着仲裁制度的改革不断深入完善，法院对仲裁的支持力度的增强，法院与仲裁机构的对接工作将会更加科学完善以及系统全面。商事仲裁制度作为多元化纠纷解决机制的重要组成部分，将在社会纠纷解决特别是“一带一路”建设中发挥更加重要的作用。

——李少平主编：《最高人民法院多元化纠纷解决机制改革意见和特邀调解规定的理解与适用》，人民法院出版社 2017 年版，第 93~95 页。

23.申请确认仲裁协议效力案件的管辖规定

对于该类案件，此前的《仲裁法解释》第十二条规定：“当事人向人民法院申请确认仲裁协议效力的案件，由仲裁协议约定的仲裁机构所在地的中级人民法院管辖；仲裁协议约定的仲裁机构不明确的，由仲裁协议签订地或者被申请人住所地的中级人民法院管辖。申请确认涉外仲裁协议效力的案件，由仲裁协议约定的仲裁机构所在地、仲裁协议签订地、申请人或者被申请人住所地的中级人民法院管辖。涉及海事海商纠纷仲裁协议效力的案件，由仲裁协议约定的仲裁机构所在地、仲裁协议签订地、申请人或者被申请人住所地的海事法院管辖；上述地点没有海事法院的，由就近的海事法院管辖。”该条规定对申请确认国内和涉外仲裁协议，区分了不同的联结点确定管辖法院，

① 现为《民事诉讼法》（2023 年修正）第二百九十一条。

同时对于涉及海事海商纠纷仲裁协议作出了由海事法院管辖的规定。

《仲裁司法审查规定》第二条对《仲裁法解释》第十二条的规定作出了部分修改，不再区分国内案件和涉外案件，规定了统一的确定管辖权的标准，采取了《仲裁法解释》第十二条关于确定涉外仲裁协议效力和涉及海事海商纠纷仲裁协议效力案件的标准，规定申请确认仲裁协议效力的案件，由仲裁协议约定的仲裁机构所在地、仲裁协议签订地、申请人住所地、被申请人住所地的中级人民法院或者专门人民法院管辖。

该条规定主要是基于以下原因考虑：

第一，近年来一直强调应当建立国内国际仲裁司法审查案件统一归口管理机制，不宜再将申请确认国内和涉外仲裁协议效力的案件区分不同的联结点确定管辖法院。《仲裁法解释》第十二条在规定涉及海事海商纠纷仲裁协议效力案件的管辖问题时也未区分国内案件和涉外案件。

第二，最高人民法院就该问题进行调研时一些意见认为，《仲裁法解释》第十二条的规定有欠完善，该条规定："当事人向人民法院申请确认仲裁协议效力的案件，由仲裁协议约定的仲裁机构所在地的中级人民法院管辖；仲裁协议约定的仲裁机构不明确的，由仲裁协议签订地或者被申请人住所地的中级人民法院管辖"。而就当事人提起的确认仲裁协议效力之诉而言，约定的仲裁机构是否明确，恰恰可能是当事人争议的事项以及主张仲裁协议无效的理由，需要人民法院受理案件后经审查作出认定。按照《仲裁法解释》第十二条的规定，则可能需要在确定案件管辖权时，先行对"约定的仲裁机构是否明确"这一本应该在受理案件后需要审查认定的问题作出认定，有所不妥。故对《仲裁法解释》第十二条规定作出修改。同时为了解决可能产生的管辖冲突问题，《仲裁司法审查司法解释》第四条进一步规定，申请人向两个以上有管辖权的人民法院提出申请的，由最先立案的人民法院管辖。

——任雪峰：《〈最高人民法院关于审理仲裁司法审查案件若干问题的规定〉解读》，载《人民法治》2018年第5期。

24.当事人没有约定适用的法律且仲裁地约定不明的，应适用法院地法即我国法律来审查涉外仲裁协议的效力

第一，在仲裁协议效力的认定上，我们应该秉持更加宽松的态度，充分尊重当事人意思自治，尽可能维持仲裁协议效力。

在确认仲裁协议效力之诉的案件中，当事人没有选择仲裁协议适用的法律的，根据《涉外民事关系法律适用法》的规定，应适用仲裁机构所在地法或仲裁地法。两者结果不一致的，只要根据仲裁机构所在地法或者仲裁地法之一，涉外仲裁协议有效的，应确认仲裁协议有效，从而尽可能尊重当事人的选择，支持涉外仲裁和国际仲裁。为提高仲裁司法审查的效率，还要进一步明确，确认仲裁协议效力的裁定送达即生效，不能上诉。

——张勇健:《在全国涉外商事海事审判庭长座谈会上的讲话》(2016年4月7日)，载贺荣主编、最高人民法院民事审判第四庭编:《涉外商事海事审判指导》2016年第1辑(总第32辑)，人民法院出版社2017年版，第24~25页。

司法实践中，对于当事人申请确认涉外仲裁协议效力的案件，人民法院适用的是我国法律规定的冲突规范。……我国法律规定的冲突规范见《中华人民共和国涉外民事关系法律适用法》(以下简称《法律适用法》)及《最高人民法院关于适用〈中华人民共和国涉外民事关系法律适用法〉若干问题的解释(一)》(以下简称《法律适用法的解释》)。[《法律适用法》自2011年4月1日起施行，仲裁协议签订于该日期之前的，适用《最高人民法院关于适用〈中华人民共和国仲裁法〉若干问题的解释》第十六条的规定，而不适用《法律适用法》的相关规定。]《法律适用法》第十八条规定："当事人可以协议选择仲裁协议适用的法律。当事人没有选择的，适用仲裁机构所在地法律或者仲裁地法律。"《法律适用法的解释》第十二条规定："当事人没有选择涉外仲裁协议适用的法律，也没有约定仲裁机构或者仲裁地，或者约定不明的，人民法院可以适用中华人民共和国法律认定该仲裁协议的效力。"上述规定所明确的准据法确定顺序依次为：当事人约定的准据法、仲裁机构所在地法或仲

裁地法、法院地法。

——朱科:《承认及执行外国仲裁裁决案件中仲裁协议效力的认定——丰岛株式会社与山东省高密市华裕纺织有限公司申请承认与执行外国仲裁裁决案》,载贺荣主编、最高人民法院民事审判第四庭编:《涉外商事海事审判指导》2016 年第 1 辑(总第 32 辑),人民法院出版社 2017 年版,第 184 页。

(十一)关于涉外仲裁协议的准据法

《涉外民事关系法律适用法》第十八条是关于涉外仲裁协议法律适用的规定,"当事人可以协议选择仲裁协议适用的法律。当事人没有选择的,适用仲裁机构所在地法律或者仲裁地法律。"根据该条规定,在当事人没有选择仲裁协议适用的法律的情况下,如果其约定了仲裁机构或者仲裁地的,则应当适用仲裁机构所在地法律或者仲裁地法律认定仲裁协议的效力。该条没有进一步规定在当事人既没有约定仲裁协议应当适用的法律,也没有约定仲裁机构或者仲裁地,或者虽有约定但约定不明的情况下,如何确定仲裁协议的准据法。对此,我们认为,应当采纳法释〔2006〕7 号《最高人民法院关于适用〈中华人民共和国仲裁法〉若干问题的解释》(以下简称《仲裁法司法解释》)第十六条规定的观点,适用法院地法律。《仲裁法司法解释》第十六条规定:"对涉外仲裁协议的效力审查,适用当事人约定的法律;当事人没有约定适用的法律但约定了仲裁地的,适用仲裁地法律;没有约定适用的法律也没有约定仲裁地或者仲裁地约定不明的,适用法院地法律。"

综上,《最高人民法院关于适用〈中华人民共和国涉外民事关系法律适用法〉若干问题的解释(一)》第十四条[①]规定:"当事人没有选择涉外仲裁协议适用的法律,也没有约定仲裁机构或者仲裁地,或者约定不明的,人民法院可以适用中华人民共和国法律认定该仲裁协议的效力。"

值得一提的是,《涉外民事关系法律适用法》第十八条规定了"仲裁机构所在地法律"。由此可能产生的问题是,如果当事人在仲裁协议中同时约定了仲裁机构和仲裁地,而仲裁机构所在地和仲裁地不一致,如何确定应当适用

① 现为《最高人民法院关于适用〈中华人民共和国涉外民事关系法律适用法〉若干问题的解释(一)》(2020 年修正)第十二条。

的法律？虽然目前尚无此案例发生，可能仅是一个理论问题。在司法解释稿讨论过程中，我们曾试图对该问题的解决作出相应的规定，认为这种情况下应当适用有利于认定仲裁协议有效的法律，以体现我们支持仲裁的司法态度，但这样规定势必会产生逻辑错误。且根据我们对各国关于仲裁协议效力方面的规定的考查，在适用仲裁机构所在地法律和仲裁地法律认定涉外仲裁协议效力的情况下，其结果不一致的可能性不大。综合考量，本司法解释即对如何协调适用仲裁机构所在地和仲裁地法律认定涉外仲裁协议效力的问题未作出规定。

——高晓力：《〈最高人民法院关于适用《中华人民共和国涉外民事关系法律适用法》若干问题的解释（一）〉的理解与适用》，载江必新主编：《最高人民法院司法解释与指导性案例理解与适用》第一卷，人民法院出版社 2013 年版，第 439~440 页。

25.外国仲裁裁决与人民法院审理的案件存在关联，由受理关联案件的人民法院管辖

《最高人民法院关于适用〈中华人民共和国民事诉讼法〉的解释》（以下简称《民事诉讼法解释》）第五百四十六条[①]规定："对外国法院作出的发生法律效力的判决、裁定或者外国仲裁裁决，需要中华人民共和国人民法院执行的，当事人应当先向人民法院申请承认。人民法院经审查，裁定承认后，再根据民事诉讼法第三编的规定予以执行。当事人仅申请承认而未同时申请执行的，人民法院仅对应否承认进行审查并作出裁定。"因此，外国仲裁裁决只有经过法定的承认程序，才能在我国法域具有法律效力。对于该类案件的管辖问题，《民事诉讼法》第二百八十三条[②]规定："国外仲裁机构的裁决，需要中华人民共和国人民法院承认和执行的，应当由当事人直接向被执行人住所地或者其财产所在地的中级人民法院申请，人民法院应当依照中华人民共和国缔结或者参加的国际条约，或者按照互惠原则办理。"

在近些年的司法实践中出现的一种情形是被申请人住所地、财产所在地

① 现为《民事诉讼法司法解释》（2021 年修正）第五百四十四条。

② 已失效。

均不在我国境内，基于审理关联案件的一些需要，申请人又需要我国法院承认外国仲裁裁决的效力。而在此种情形下，根据《民事诉讼法》第二百八十三条①的规定又无法确定可以受理当事人申请承认外国仲裁裁决案件的管辖法院。为充分保护当事人的合法权益，《仲裁司法审查司法解释》第三条规定，外国仲裁裁决与人民法院或者我国内地仲裁机构审理的案件存在关联，被申请人住所地、财产所在地均不在我国内地，申请人申请承认外国仲裁裁决的，由受理关联案件的人民法院或者仲裁机构所在地的中级人民法院管辖。同时考虑到就人民法院受理的关联案件而言，受理法院可能是从基层人民法院至最高人民法院的任何一级法院，鉴于受理申请承认外国仲裁裁决案件的法院应为中级人民法院，该条进一步规定受理关联案件的人民法院为基层人民法院的，申请承认外国仲裁裁决的案件应当由该基层人民法院的上一级人民法院管辖。受理关联案件的人民法院是高级人民法院或者最高人民法院的，由上述法院决定自行审查或者指定中级人民法院审查。

——任雪峰:《〈最高人民法院关于审理仲裁司法审查案件若干问题的规定〉解读》，载《人民法治》2018年第5期。

26.仲裁司法审查案件中的管辖权异议

对于仲裁司法审查案件当事人可否提出管辖权异议，一直也缺乏明确的规定，各地法院的做法也不尽相同，因此亟须明确。对于仲裁司法审查案件的管辖法院，法律、司法解释均作出了明确规定，因此也应当允许当事人对此类案件提出管辖权异议。由于目前在仲裁司法审查案件方面没有关于被申请人提交答辩意见的规定，因此在确定被申请人提出管辖权异议的期限方面，《仲裁司法审查司法解释》结合第九条向当事人发出通知的规定，规定被申请人对管辖权有异议的，应当自收到通知之日起十五日内提出，对在我国领域内没有住所的当事人规定了三十日的期限。同时根据《民事诉讼法》第一百五十四条②规定，亦明确对管辖权异议的裁定当事人可以提起上诉，也与仲裁司法审查司法解释关于不予受理和驳回申请的裁定可以上诉相一致。

---

① 现为《民事诉讼法》(2023年修正)第三百零四条。

② 现为《民事诉讼法》(2023年修正)第一百五十七条。

——任雪峰:《〈最高人民法院关于审理仲裁司法审查案件若干问题的规定〉解读》，载《人民法治》2018年第5期。

27.劳动争议仲裁前置原则

劳动争议仲裁前置程序问题，根据劳动法立法部门的意见，一是考虑法院和法官不是处理劳动争议的专业部门和专业人员，设置仲裁前置程序有利于纠纷的解决和法院对案件的审理；二是考虑法院受理案件的数量太大，仲裁前置程序可以消化一部分劳动争议案件，减轻法院的审判负担，及时保护劳动者合法权益。实践中，仲裁前置程序对于及时解决纷争、保护劳动者合法权益，合理利用有限司法资源，建立纠纷多元化解决机制方面发挥了积极作用。法院也严格掌握仲裁前置原则。基于仲裁前置原则的要求，在当事人增加的诉讼请求与讼争的劳动争议是两个独立的争议，而非基于同一事实、同一法律关系提出，不符合合并审理条件时，应当告知当事人就增加的诉讼请求向仲裁机关申请仲裁，而不能简单合并审理，进而规避仲裁前置规定。

——最高人民法院民事审判第一庭编著:《最高人民法院新劳动争议司法解释（一）理解与适用》，人民法院出版社2021年版，第187页。

28.未履行协商前置程序不违反约定程序

107.［未履行协商前置程序不违反约定的程序］人民法院适用《纽约公约》审理申请承认和执行外国仲裁裁决案件时，当事人在仲裁协议中约定“先协商解决，协商不成再提请仲裁”的，一方当事人未经协商即申请仲裁，另一方当事人以对方违反协商前置程序的行为构成《纽约公约》第五条第一款丁项规定的仲裁程序与各方之间的协议不符为由主张不予承认和执行仲裁裁决的，人民法院不予支持。

——《最高人民法院关于印发〈全国法院涉外商事海事审判工作座谈会会议纪要〉的通知》（2021年12月31日，法〔民四〕明传〔2021〕60号）（节选）。

29.当事人申请撤销仲裁调解书的，人民法院不予受理

有关部门就人民法院应否受理当事人提起的申请撤销仲裁调解书之诉问题征求最高人民法院研究室意见。我室经研究认为：

人民法院不应受理仲裁当事人提起的申请撤销仲裁调解书之诉。理由：申请撤销仲裁调解书并无法律依据，《仲裁法》第五十八条的规定仅适用于当事人申请撤销仲裁裁决的情形，并不包括申请撤销仲裁调解书，因此，当事人提起申请撤销仲裁调解书之诉并无法律依据。

——《最高人民法院研究室关于人民法院应否受理当事人提起的申请撤销仲裁调解书之诉问题的研究意见》，载张军主编、最高人民法院研究室编：《司法研究与指导》2012 年第 2 辑（总第 2 辑），人民法院出版社 2012 年版，第 90~94 页。

30.仲裁调解书被人民法院依职权裁定不予执行的，当事人可以向人民法院起诉

最高人民法院民一庭意见：司法对仲裁的监督应当包括对仲裁调解书的监督。人民法院认定执行仲裁调解书违背社会公共利益的，可以依职权裁定不予执行；仲裁调解书被人民法院裁定不予执行后，当事人向人民法院起诉的，人民法院应予受理。

——最高人民法院民一庭：《仲裁程序中达成的调解书被人民法院依职权裁定不予执行的，当事人可以向人民法院起诉》，载最高人民法院民事审判第一庭编：《民事审判指导与参考》2015 年第 2 辑（总第 62 辑），人民法院出版社 2016 年版，第 149 页。

最高人民法院裁判文书

甘肃省某旅行社与林某锋、陈某良房屋买卖合同纠纷案［最高人民法院（2014）民提字第 216 号民事判决书］

最高人民法院认为，关于甘肃某旅行社是否享有提起本案诉讼的权利。一审法院于 2012 年 6 月 7 日作出的〔2012〕兰法执字第 143 号民事裁定，系

发生法律效力的裁定，在该裁定未依法被撤销前，对双方当事人具有法律拘束力。根据《中华人民共和国仲裁法》第九条第二款规定，裁决被人民法院依法裁定撤销或者不予执行的，当事人就该纠纷可以根据双方重新达成的仲裁协议申请仲裁，也可以向人民法院起诉。在强制执行力上，仲裁调解书与仲裁裁决书具有同等的法律效力。故仲裁调解书被人民法院裁定不予执行的，亦应适用上述规定，赋予当事人根据协议重新申请仲裁或向人民法院起诉的权利。原审判决认定甘肃某旅行社享有提起本案诉讼的权利，并无不当。

——中国裁判文书网。

31.仲裁程序存在轻微瑕疵尚未严重到必须撤销仲裁裁决的，人民法院可通知仲裁庭重新仲裁

79.对存在《民事诉讼法》第二百六十条[①]规定情形的涉外仲裁裁决，人民法院可以视情况通知仲裁庭在一定期限内重新仲裁。通知仲裁庭重新仲裁的，应裁定中止撤销程序；仲裁庭在指定的期限内开始重新仲裁的，应裁定终止撤销程序；仲裁庭拒绝重新仲裁或者未在指定的期限内重新仲裁的，应通知或裁定恢复撤销程序。对仲裁庭重新仲裁作出的裁决有异议的，有关当事人可以依法申请撤销。

——《最高人民法院第二次全国涉外商事海事审判工作会议纪要》(2005年12月26日，法发〔2005〕26号)，载万鄂湘主编、最高人民法院民事审判第四庭编:《涉外商事海事审判指导》2005年第2辑(总第11辑)，人民法院出版社2006年版，第37页。

32.仲裁案件的证据采信、事实认定及责任判定，并非仲裁的程序事项，不属于人民法院仲裁协议司法审查的范畴

在2012年我国《民事诉讼法》的修订过程中，有关仲裁司法审查的条款修订取得了可喜的进展，实现了不予执行国内仲裁裁决和撤销国内仲裁裁决司法审查标准的统一，特别是将否定仲裁裁决的“实质性理由”严格限缩于

① 现为《民事诉讼法》(2023年修正)第二百九十一条。

“裁决所依据的证据是伪造的”“对方当事人向仲裁机构隐瞒了足以影响公正裁决的证据的”两种情形，改变了以往法院要对仲裁裁决认定事实的主要证据是否不足、适用法律是否有错误进行如此深度的司法审查的情况。

——罗东川：《在第四次全国涉外商事海事审判工作会议上的总结讲话》（2014年11月19日），载贺荣主编、最高人民法院民事审判第四庭编：《涉外商事海事审判指导》2014年第2辑（总第29辑），人民法院出版社2015年版，第41页。

4. 关于统一国内仲裁及涉外仲裁的司法审查标准问题

仲裁司法审查在性质上属于对仲裁活动的一种监督方式，属于事后监督范畴。又因其审查结果具有强制性，对仲裁裁决影响深远，与当事人的利益密切相关，因此司法审查需由法律明文规定，并应遵循当事人意思自治原则、适当审查原则以及公共秩序保留原则，促进仲裁公信力的提升。为了实现法院与仲裁机构的对接，应当明确司法对仲裁的监督范围，避免司法对仲裁的过分干预。以此为基础，2015年最高人民法院发布的《关于适用〈中华人民共和国民事诉讼法〉的解释》将原《民事诉讼法》中对于认定事实的主要证据不足和法律适用错误这两种情形作为不予执行仲裁裁决的两种情况删除，这一规定符合国际上对仲裁裁决从实体审查到程序审查过渡的潮流，尊重当事人“或裁或审”选择，保证“一裁终局”的仲裁裁决权威。

——李少平主编：《最高人民法院多元化纠纷解决机制改革意见和特邀调解规定的理解与适用》，人民法院出版社2017年版，第94~95页。

33.仲裁裁决同时包含终局裁决事项和非终局裁决事项，而用人单位仅仅就终局裁决事项提起诉讼，均应受理

如果仲裁裁决书中既有终局裁决内容，又有非终局裁决内容，根据《最高人民法院关于审理劳动争议案件适用法律问题的解释（一）》第二十条规定“应当按照非终局裁决处理”的处理原则，那么该裁决就应当认定为非终局裁决，不论当事人针对其中的非终局裁决事项还是对终局裁决事项提起诉讼，人民法院均应该受理，并应该进行实体审理，不能以所谓的“仲裁裁决事项”

系终局裁决事项而径行驳回用人单位的起诉。因为，在这种情况下，整个裁决的内容基于其一体性原则而整体上升为非终局裁决，那么这种情况下这个裁决的性质已经发生变化，不论仲裁裁决的具体裁项是否为终局裁决事项，均应受到非终局裁决处理规则的规制，人民法院对于仅仅针对终局裁决内容的部分提起诉讼而并未对非终局裁决部分提起诉讼的，也应该受理并进行实体审理。

在具体的审判实践中，需要广大法官转变审理案件的思路，只要这个仲裁裁决是非终局裁决，那么对于整个裁决要进行整体的处理，即只要当事人提出请求，就要进行审理，而不能以具体的裁决事项为终局裁决事项为由就不予以处理。

——最高人民法院民事审判第一庭编著:《最高人民法院新劳动争议司法解释（一）理解与适用》，人民法院出版社 2021 年版，第 249~250 页。

34.仲裁司法审查案件中所作裁定的效力

对于仲裁司法审查案件中人民法院所作裁定何时生效、是否允许上诉、复议、申请再审等问题，此前的一些司法解释虽然有所涉及，但尚缺乏系统性全面性。《仲裁司法审查司法解释》第二十条对该问题予以了明确，即除不予受理、驳回申请、管辖权异议三类裁定外，人民法院在审查仲裁司法审查案件中可能作出的裁定，包括确认仲裁协议效力的裁定、是否撤销我国内地仲裁机构仲裁裁决的裁定、是否执行我国内地仲裁机构仲裁裁决的裁定、是否认可和执行港澳台仲裁裁决的裁定、是否承认和执行外国仲裁裁决的裁定、是否准许撤回申请的裁定等，一经送达即发生法律效力，均不允许当事人申请复议、上诉或者申请再审。

如此规定主要基于以下理由考虑：

第一，《民事诉讼法》第一百五十四条[①]仅规定不予受理、驳回起诉和管辖权异议三类裁定当事人可以上诉，并未规定其他裁定可以上诉；

第二，此前的一些司法解释、批复等也体现了这一基本原则，规定对不予执行仲裁裁决的裁定、是否撤销仲裁裁决的裁定，当事人申请再审的不予

① 现为《民事诉讼法》（2023 年修正）第一百五十七条。

受理，人民检察院抗诉的也不予受理等；

第三，仲裁的一个突出特点是解决纠纷的高效性，这也是当事人选择通过仲裁方式解决纠纷的一个重要原因。如果在仲裁司法审查案件中设置过多的复议、上诉、再审等程序，仲裁结果长期处于不确定的状态，将使得仲裁解决纠纷的高效性这一优势荡然无存，也与仲裁法第九条规定的仲裁一裁终局的原则相违背。

同时为了避免与将来可能出台的其他法律或司法解释的规定相冲突，该条进一步规定“但法律和司法解释另有规定的除外”。

仲裁司法审查司法解释的出台，是希望通过司法解释的方式，对目前司法实践中一些缺乏法律规定的问题如何处理加以明确，但是对于一些问题，例如外国仲裁机构以我国内地为仲裁地所作仲裁裁决，其执行涉及的法律适用问题等，由于尚存在一定争议，目前的司法解释中尚未作出规定。这些问题将在今后进一步加以研究解决。

——任雪峰：《〈最高人民法院关于审理仲裁司法审查案件若干问题的规定〉解读》，载《人民法治》2018年第3期。

35.仲裁机构及案外人能否申请撤销仲裁裁决

有关部门就“仲裁委员会及案外人能否作为申请撤销仲裁裁决主体”的问题征求最高人民法院研究室意见。我室经研究认为：

一、关于仲裁委会能否作为申请撤销仲裁裁决主体的问题。仲裁委员会申请撤销仲裁裁决无法律依据，况且其作为仲裁裁决的主体，不能再作为撤销其裁决的申请人。

二、关于案外人能否作为申请撤销仲裁裁决主体的问题。由于《仲裁法》第五十八条仅将申请撤销仲裁裁决的权利赋予给当事人而未授予案外人，故依照现行法律其也不能成为申请撤销仲裁裁决的主体。但是考虑到案外人尚能适用再审程序对人民法院的生效裁判提出撤销仲裁裁决的诉讼请求，赋予案外人对仲裁庭申请撤销的权利并无不可，但应当通过立法予以明确。

三、关于案外人救济的问题。对于因仲裁当事人恶意串通、骗取仲裁裁决损害案外人利益时对案外人的救济，可以通过就执行标的提出异议的方式来解决。根据2007年《民事诉讼法》第二百零四条[①]的规定，在执行过程中，案外人可以对执行标的提出书面异议，人民法院应当自收到书面异议之日起十五日内审查，理由成立的，裁定中止对该标的的执行；理由不成立的，裁定驳回。案外人、当事人对裁定不服，认为原判决、裁定错误的，依照审判监督程序办理；与原判决、裁定无关的，可以自裁定送达之日起十五日内向人民法院提起诉讼。《最高人民法院关于适用〈中华人民共和国民事诉讼法〉执行程序若干问题的解释》（法释〔2008〕13号）第十五条[②]又明确规定："案外人对执行标的主张所有权或者有其他足以阻止执行标的转让、交付的实体权利的，可以依照《民事诉讼法》第二百零四条[③]的规定，向执行法院提出异议。"据此，案外人可以在仲裁裁决确定的权利人申请执行过程中，通过提出执行异议的方式予以救济。

——最高人民法院研究室《关于仲裁委员会及案外人能否作为申请撤销仲裁裁决主体问题的研究意见》，载江必新主编、最高人民法院研究室编：《司法研究与指导》2012年第3辑（总第3辑），人民法院出版社2013年版，第162页。

36.申请执行仲裁裁决案件的审查依据

98.［申请执行仲裁裁决案件的审查依据］人民法院对申请执行我国内地仲裁机构作出的非涉外仲裁裁决案件的审查，适用民事诉讼法第二百四十四条[④]的规定。人民法院对申请执行我国内地仲裁机构作出的涉外仲裁裁决案件的审查，适用民事诉讼法第二百八十一条[⑤]的规定。

人民法院根据前款规定，对被申请人主张的不予执行仲裁裁决事由进行审查。对被申请人未主张的事由或其主张事由超出《民事诉讼法》第二百四

---

① 现为《民事诉讼法》（2023年修正）第二百三十八条。

② 现为《最高人民法院关于适用〈中华人民共和国民事诉讼法〉执行程序若干问题的解释》（2020年修正）第十四条。

③ 现为《民事诉讼法》（2023年修正）第二百三十八条。

④ 现为《民事诉讼法》（2023年修正）第二百四十八条。

⑤ 现为《民事诉讼法》（2023年修正）第二百九十一条。

十四条[①]第二款、第二百八十一条[②]第一款规定的法定事由范围的，人民法院不予审查。

人民法院应当根据《民事诉讼法》第二百四十四条[③]第三款、第二百八十一条[④]第二款的规定，依职权审查执行裁决是否违反社会公共利益。

——《最高人民法院民事审判第四庭关于印发〈全国法院涉外商事海事审判工作座谈会会议纪要〉的通知》(2021年12月31日，法〔民四〕明传〔2021〕60号)(节选)。

37.境外仲裁机构在我国内地作出的裁决的执行

100.［境外仲裁机构在我国内地作出的裁决的执行］境外仲裁机构以我国内地为仲裁地作出的仲裁裁决，应当视为我国内地的涉外仲裁裁决。当事人向仲裁地中级人民法院申请撤销仲裁裁决的，人民法院应当根据仲裁法第七十条的规定进行审查；当事人申请执行的，根据民事诉讼法第二百八十一条[⑤]的规定进行审查。

——《最高人民法院民事审判第四庭关于印发〈全国法院涉外商事海事审判工作座谈会会议纪要〉的通知》(2021年12月31日，法〔民四〕明传〔2021〕60号)(节选)。

38.仲裁程序中的送达不适用司法协助条约

在某合资有限责任公司申请承认并执行白俄罗斯工商会国际仲裁院仲裁裁决请示案中，[⑥]白俄罗斯工商会国际仲裁院将仲裁通知书、仲裁申请书以及附件材料、开庭时间及地址的通知书分两次通过国际邮政快递寄给被申请人河南某化工有限公司的注册地址，两次通知均被签收，但河南某化工有限公司未提交书面答辩也未参加仲裁开庭。河南某化工有限公司向郑州中院提交

---

① 现为《民事诉讼法》(2023年修正)第二百四十八条。
② 现为《民事诉讼法》(2023年修正)第二百九十一条。
③ 现为《民事诉讼法》(2023年修正)第二百四十八条。
④ 现为《民事诉讼法》(2023年修正)第二百九十一条。
⑤ 现为《民事诉讼法》(2023年修正)第二百九十一条。
⑥ 最高人民法院(2012)民四他字第42号复函。

了邮递底单复印件，仲裁院在底单上加盖了印章。某公司以未收到仲裁通知为由主张不予承认和执行涉案仲裁裁决。

河南高院请示意见认为，本案所涉仲裁裁决过程中的送达行为应当适用我国加入的《海牙送达公约》，而我国在加入该公约时明确表明不承认外国司法机关通过邮寄途径直接向我国境内当事人送达司法文书，且《中华人民共和国和白俄罗斯共和国关于民事和刑事司法协助的条约》并没有表明白俄罗斯的司法机关可以通过邮寄方式直接向我国境内当事人送达司法文书，而是规定应该经双方的中央机关联系，通过相互提供司法协助的方式进行。因此，仲裁院通过邮寄方式向河南某化工有限公司送达的行为，不具有法律效力，对于该仲裁裁决应当不予承认和执行。

最高人民法院复函认为，仲裁程序中的送达，应当依照当事人约定或约定适用的仲裁规则确定是否构成适当通知，不应适用《海牙送达公约》或《中华人民共和国和白俄罗斯共和国关于民事和刑事司法协助的条约》的规定。根据《白俄罗斯工商会国际仲裁院规程》第20章的规定，申请书、答辩书、通知书、裁决书等仲裁院关于案件所作的决定，应以回执挂号信邮寄或者凭收据向收件人送交。邮寄到收件人常住地、企业住所或邮寄地址，则被视为已接收，除非双方另有约定。白俄罗斯工商会国际仲裁院通过邮寄方式向仲裁被申请人住所地送达，不违反当事人约定及仲裁规则的规定。某品公司提供的两份邮件底单复印件的证据是在我国境外形成的，可以由受理法院确定合理的期限，由申请人办理公证认证或通过司法协助途径办理相应的证明手续。《纽约公约》第五条第一款规定的拒绝事由的举证责任在被申请人，现有证据尚不足以证明被申请人河南某化工有限公司未被给予适当通知，其主张的该项拒绝事由不能成立。

该案反映部分法院将仲裁程序中的送达与诉讼程序中的司法文书送达相混淆。司法文书送达是法定的，由各国民事诉讼法以及相关国际条约予以明确规定；仲裁程序中的送达，则根据当事人约定及所适用的仲裁规则确定。当事人选择适用某仲裁规则，就视为同意仲裁规则规定的仲裁程序中的送达方式。国际条约和各国民事诉讼法不对仲裁程序中的送达作出强制性规定，目的在于保护当事人与仲裁机构在仲裁程序中的送达方式上的意思自治。① 我国所加入或签订的关于司法文书送达方面的条约，包括《海牙送达公约》和双边司法协助条约，不应适用于仲裁程序中的送达。

——沈红雨：《最高人民法院民四庭2012年涉外商事仲裁司法审查案件综述》，载江必新、贺荣主编，最高人民法院民事审判第四庭编：《最高人民法院涉外商事海事审判指导》2013年第2辑（总第27辑），人民法院出版社2014年版，第197~198页。

39.主合同协议仲裁管辖的，其效力能否及于从合同中的保证人

某房产有限公司与某市人民政府履约担保纠纷案［最高人民法院（2001）民二终字第177号民事裁定书］

裁判要指

主合同约定有仲裁条款，而从合同即保证合同没有约定仲裁条款，债权人单独对担保人提起诉讼时，是否应受主合同约定的仲裁条款约束。

最高人民法院认为：本案债权人某房产公司与保证人某市政府在双方签订的《履约确认书》中并未约定仲裁条款。本案系某房产公司起诉某市政府的履约担保纠纷，与某房产公司和某公司之间的承包工程合同纠纷系两个不同的民事关系。某房产公司与某市政府之间形成的履约担保民事关系不受某房产公司与某公司承包合同中约定的仲裁条款的约束，双方当事人在所签订的《履约确认书》中并未选择仲裁方式解决纠纷。某房产公司的起诉符合《民事诉讼法》第一百零八条② 的规定，广东省高级人民法院应当予以受理。广东省高级人民法院以承包工程合同中的仲裁条款明确，从而排除人民法院对履约担保纠纷的管辖权，裁定驳回某房产公司的起诉，依法应予纠正。

——肖扬总主编、最高人民法院民事审判第二庭编：《中华人民共和国最高人民法院判案大系》（民商事卷—2001年卷），人民法院出版社2003年版，第417~419页。

① 齐湘泉：《论国际商事仲裁中的适当通知》，载《仲裁研究》（第二十一辑），第66页。

② 现为《民事诉讼法》（2023年修正）第一百二十二条。

40.在主合同中约定其争议纠纷由仲裁机构解决，对于未约定争议纠纷解决方式的补充协议可否适用该约定

司法实践中还存在当事人在主合同中约定其争议纠纷由仲裁机构解决，对于没有约定争议纠纷解决方式的补充协议可否适用该约定的问题。主合同的仲裁条款不能约束担保合同，主要是因为虽然担保债务是从债务，但是担保法律关系与主债权债务关系是两个相互独立的法律关系。而补充协议是否受主合同中仲裁条款的约束，则需要看其是否构成一个独立的法律关系。如果主合同与补充协议之间相互独立且可分，在没有特别约定的情况下，其争议解决方式应按各自协议约定处理。如果补充协议是对主合同内容的补充，必须依附于主合同而不能独立存在，则主合同所约定的争议解决条款也适用于补充协议。

在辽宁省沈阳市某建设开发总公司等建设工程合同纠纷一案中，涉及的问题是，总包合同约定有仲裁条款而分包合同未约定争议解决条款却约定了其认可总包合同的所有条款，产生了分包合同当事人间发生纠纷是否受总包合同仲裁条款约束的问题。最高人民法院裁判认为：涉案纠纷是分包合同下的纠纷，并非总包合同下的纠纷，不在总包合同下仲裁条款约定的仲裁事项范围内。分包合同主体未就案涉纠纷订有仲裁条款，事后也没有达成书面仲裁协议，故一审法院认定将本案移送仲裁的理由不能成立并无不当。

——最高人民法院民事审判第二庭著：《最高人民法院民法典担保制度司法解释理解与适用》，人民法院出版社 2021 年版，第 236 页。

41.用人单位对非一裁终局劳动仲裁裁决不服的，应向有管辖权的基层人民法院提起诉讼

某公司劳动争议纠纷案［最高人民法院（2021）最高法民申 3548 号民事裁定书］

裁判要旨

对于劳动仲裁机构作出的非一裁终局裁决，用人单位不服的，可以自收

到仲裁裁决书之日起十五日内向用人单位所在地或者劳动合同履行地的基层人民法院提起诉讼。用人单位向中级人民法院起诉要求撤销仲裁裁决的，人民法院应当向其告知向有管辖权的基层人民法院提起诉讼，用人单位仍坚持起诉的，法院应裁定不予受理。

最高人民法院经审查认为，《中华人民共和国劳动争议调解仲裁法》第五条规定，发生劳动争议，当事人不愿协商、协商不成或者达成和解协议后不履行的，可以向调解组织申请调解；不愿调解、调解不成或者达成调解协议后不履行的，可以向劳动争议仲裁委员会申请仲裁；对仲裁裁决不服的，除本法另有规定的外，可以向人民法院提起诉讼。这里的“本法除另有规定的外”是指该法第四十七条规定的“一裁终局”的情形，同时根据该法第四十九条之规定，用人单位申请撤销的应为“一裁终局”的仲裁裁决。案涉仲裁裁决的数额已超出当地月最低工资标准十二个月金额，某公司对此亦予以自认，故其不属于“一裁终局”的仲裁裁决。根据《中华人民共和国劳动争议调解仲裁法》第五十条及《最高人民法院关于审理劳动争议案件适用法律若干问题的解释》第八条[①]之规定，某公司如不服仲裁裁决，应在收到仲裁裁决书之日起十五日内向用人单位所在地或者劳动合同履行地的基层人民法院提起劳动争议诉讼，但其向一审法院提起诉讼，原审对其起诉不予受理，适用法律并无不当。此外，根据《中华人民共和国民事诉讼法》第三十六条规定，人民法院依职权移送管辖的对象为已立案受理案件，而本案尚未受理，远征公司关于一审法院对本案不具有管辖权亦应依职权移送的理由并不能成立。

——中国裁判文书网。

42.人民法院审查认为仲裁裁决遗漏必须共同参加仲裁的当事人时如何处理

劳动争议案件的仲裁程序与诉讼程序存在着主体不同、程序不同、救济途径不同、法律依据不同等差异，但其及时公正解决劳动争议、保护当事人合法权益、促进劳动关系和谐稳定的目的是相同的。劳动争议案件仲裁前置

① 该条款对应《最高人民法院关于审理劳动争议案件适用法律问题的解释（一）》第三条第一款。

程序是法院受理劳动争议案件的前提，但不能机械理解。人民法院在审查当事人不服劳动争议仲裁机构作出的仲裁裁决提起的诉讼过程中，如果认为仲裁裁决遗漏了必须共同参加仲裁的当事人的，可依职权或依当事人申请追加，对应当承担责任的被追加的当事人也应一并处理。

——最高人民法院民事审判第一庭编著：《最高人民法院新劳动争议司法解释（一）理解与适用》，人民法院出版社 2021 年版，第 348~349 页。

43.保全申请不能由当事人直接交由法院，而应由仲裁机构提交

第一，保全申请应由仲裁机构提交人民法院，不能由当事人直接交由人民法院。《仲裁法》第六十八条规定：“涉外仲裁的当事人申请证据保全的，涉外仲裁委员会应当将当事人的申请提交证据所在地的中级人民法院。”与此不同的是，根据《最高人民法院关于内地与澳门特别行政区就仲裁程序相互协助保全的安排》《最高人民法院关于内地与香港特别行政区法院就仲裁程序相互协助保全的安排》规定，香港、澳门特别行政区仲裁程序的当事人，在仲裁裁决作出前，可以参照民事诉讼法、仲裁法以及相关司法解释的规定，直接向被申请人住所地、财产所在地或者证据所在地的内地中级人民法院申请保全。

第二，与普通诉讼的保全程序不同，涉外仲裁程序中，人民法院采取保全措施，只能基于当事人的申请，不能主动依职权进行；人民法院裁定进行财产或行为保全的，申请人应当提供担保，此亦不同于普通诉讼的保全。

第三，因当事人申请原因发生保全错误，应当由申请人赔偿被申请人的损失。《民事诉讼法》第一百零八条规定：“申请有错误的，申请人应当赔偿被申请人因保全所遭受的损失。”保全是紧急情况下采取的措施，当事人应当对保全申请负责，人民法院对申请错误造成的损失不负有赔偿责任。

第四，涉外仲裁程序中财产保全措施的解除等相关问题，亦当适用《财产保全规定》。

——最高人民法院民法典贯彻实施工作领导小组办公室编著：《最高人民法院新民事诉讼法司法解释理解与适用》，人民法院出版社 2022 年版，第 1183~1184 页。

44.劳动人事争议仲裁裁决作出后当事人在法定期限内未起诉而再次申请仲裁，仲裁机构不予受理，当事人不服起诉的，人民法院应否受理

（一）关于案件受理问题

26. 劳动人事仲裁机构作出仲裁裁决，当事人在法定期限内未提起诉讼但再次申请仲裁，劳动人事仲裁机构作出不予受理裁决、决定或通知，当事人不服提起诉讼，经审查认为前后两次申请仲裁事项属于不同事项的，人民法院予以受理；经审查认为属于同一事项的，人民法院不予受理，已经受理的裁定驳回起诉。

——《最高人民法院关于印发〈第八次全国法院民事商事审判工作会议（民事部分）纪要〉的通知》(2016年11月21日，法〔2016〕398号）（节选）。

《劳动法》第八十三条规定："劳动争议当事人对仲裁裁决不服的，可以自收到仲裁裁决书之日起十五日内向人民法院提起诉讼。一方当事人在法定期限内不起诉又不履行仲裁裁决的，另一方当事人可以申请人民法院强制执行。"该条规定实际上明确了以下三个方面的内容：第一，劳动争议仲裁作为劳动争议诉讼的前置程序，与商事仲裁不同，不实行"一裁终局"，当事人不服劳动争议仲裁裁决，可以向人民法院起诉。第二，不服劳动争议仲裁裁决提起诉讼的起诉期间为15日，自当事人收到仲裁裁决书之日起计算。第三，当事人在法定期限内不起诉的，原仲裁裁决即发生法律效力，履行义务方不履行仲裁裁决的，对方当事人即可向人民法院申请强制执行。也就是说，劳动争议仲裁裁决并非作出后即生效，只有在15日期间届满、当事人未向人民法院起诉的情形下，才自15日期间届满之次日生效。劳动争议调解仲裁法对劳动法作了突破，于第四十七条规定对于某些特定类型的劳动争议，仲裁裁决为终局裁决，裁决书自作出之日起发生法律效力。对于其他类型的劳动争议案件，依然延续了劳动法的规定，赋予当事人15日的起诉期间。这意味着劳动关系的当事人对是否向人民法院提起诉讼享有充分的选择权，这种选择权属于当事人处分权的范畴。只要当事人的处分行为系其真实意思表示，且

不损害他人利益和社会公共利益，就应当尊重其选择，并认定该处分行为合法有效。如果当事人基于自己的选择，使得劳动争议在调解阶段或仲裁阶段即调处完毕，则不必进入诉讼阶段。虽然完整的劳动争议解决机制在制度设计上为“一调一裁两审”，但基于当事人的处分，有可能经过“一调”或“一调一裁”后，纠纷得到处理，解决机制完成。人民法院并不鼓励当事人有纠纷必须起诉，而是要充分尊重当事人的选择权。

劳动人事仲裁机构作出仲裁裁决后，当事人在法定期间内未提起诉讼，则属于当事人对自己权利的处分，自法定期间届满之次日仲裁裁决生效，所涉的劳动争议至此完成处理。若当事人就同样的事项再次申请仲裁，仲裁机构以裁定、决定或通知的形式不予受理后，当事人在 15 日期间内又诉至人民法院的，人民法院要审查此次讼争事项与已生效仲裁裁决所处理的劳动争议事项是否相同。若属于同一事项，虽然人民法院对该事项并未进行过审理，但该事项已经被生效的仲裁裁决处理完毕，已经经过了一次劳动争议处理机制。基于对生效仲裁裁决效力的尊重，不可再次启动劳动争议处理机制，故人民法院应不予受理，已经受理的，应驳回起诉。若经审查后发现，前后两次申请仲裁事项属于不同事项，又满足民事诉讼法规定的受理条件的，则人民法院应依法受理，对案件进行全面审查。

——杜万华主编:《〈第八次全国法院民事商事审判工作会议（民事部分）纪要〉理解与适用》，人民法院出版社 2017 年版，第 438~439 页。

45.农村土地承包仲裁委员会以超过申请仲裁时效期间为由驳回当事人申请，当事人起诉的，人民法院应当受理

（一）理顺农村土地承包经营纠纷中调解、仲裁、诉讼的关系

2010 年《农村土地承包经营纠纷调解仲裁法》（以下简称农地调解仲裁法）对仲裁机构的设置、仲裁程序、仲裁裁决的效力等作出了明确的规定，确立了中国农地纠纷仲裁制度。农地调解仲裁法所构建的是“或裁或审，一裁两审”的纠纷解决制度，农村土地承包经营纠纷仲裁并非诉讼的前置程序，这一点与劳动争议仲裁制度的仲裁前置显著不同。根据农地调解仲裁法第四条的规定，当农村土地承包经营纠纷发生后，当事人有多种纠纷解决方式的

选择，既可以选择和解、调解，也可以选择向农村土地承包仲裁委员会申请仲裁，还可以直接向人民法院起诉。也就是说，对于是启动仲裁程序，还是诉讼程序，抑或是其他纠纷解决方式，当事人有着充分的程序选择权。

——李少平主编：《最高人民法院多元化纠纷解决机制改革意见和特邀调解规定的理解与适用》，人民法院出版社 2017 年版，第 99 页。

我们认为，此种情况下，人民法院应予受理。理由是：（1）农村土地承包纠纷中，仲裁非诉讼的前置程序，因此，仲裁时效与诉讼时效的计算应各自独立。认定当事人的请求权是否超过诉讼时效期间为人民法院职责范围，不能以仲裁的认定来代替法院的认定，且在农村土地承包经营纠纷中，对相应的请求权性质界定，理论和实务界均存在一定争议，导致两者在实践中掌握的认定标准不一定完全一致。（2）诉讼请求是否超过诉讼时效期间，应由人民法院在受理后的实体审理中作出认定，而不是在决定是否受理的阶段。（3）根据原《民法通则》第一百三十八条[①]规定，超过诉讼时效期间，当事人自愿履行的，不受诉讼时效限制。因此，在实践中，该类案件起诉到人民法院后，与审理其他民事案件一样，只有在对方当事人提出诉讼时效抗辩的情况下，人民法院才依法审查当事人的请求权是否超过诉讼时效期间。（4）对于农村土地承包经营纠纷，仲裁与诉讼是两种互相独立的纠纷解决方式，诉讼不以仲裁为前提或基础，也不对仲裁作出评断。与其他普通民事案件一样，人民法院审查的内容是当事人的请求权是否超过诉讼时效期间，而不是审查仲裁委员会关于超过仲裁时效的认定是否合法。当然申请仲裁可以作为诉讼时效中断的事由。（5）当事人不服仲裁裁决的情况应既包括仲裁对实体的处理，也包括仲裁对程序的处理。

——张勇健、程新文、辛正郁、王丹：《〈最高人民法院关于审理涉及农村土地承包经营纠纷调解仲裁案件适用法律若干问题的解释〉理解与适用》，最高人民法院民事审判第一庭编：《民事审判指导与参考》2014 年第 1 辑（总第 57 辑），人民法院出版社 2014 年版，第 61~62 页。

---

① 已失效。

46.农村土地承包仲裁委员会作出的裁决书、调解书生效后，当事人就原纠纷起诉的，人民法院不予受理

我们认为，根据调解《仲裁法》对农村土地承包经营纠纷调解仲裁的制度设计目的，在调解书或仲裁书生效后，不应再赋予当事人另诉的权利。首先，根据《农地调解仲裁法》第四十九条的规定，发生法律效力的裁决书和调解书，具有强制执行力。按照《民事诉讼法》的基本理论，执行力是为了实现终局裁判所确立的权利义务安排而存在，终局裁判文书必须具备“执行力”这一自然属性。因此，具有强制执行力的裁决书和调解书，必然是对纠纷的一种终局性的裁判，按照一事不再理的基本原则，对同一纠纷，人民法院不应再予处理。其次，从农村土地承包仲裁委员会的自身性质看，虽然其主要职能是对纠纷进行裁决，具有中立性，但从其设立部门和人员组成看，亦具有一定的行政色彩。《农地调解仲裁法》第十二条第二款规定：“农村土地承包仲裁委员会在当地人民政府指导下设立。设立农村土地承包仲裁委员会的，其日常工作由当地农村土地承包管理部门承担。”可见农村土地承包仲裁委员会脱胎于行政管理机构，这是考虑到相关的行政管理部门不仅对国家各项农业政策熟悉，而且借助其管理职能，能够快速有效地解决相关纠纷，更好地达到化解矛盾，维护农村社会稳定的作用，此种制度设计有其存在的现实意义和合理性。因此，从维护农村土地承包仲裁委员会的公信力和推动建立多元纠纷解决机制的角度考虑，亦不应再赋予当事人在仲裁裁决书或调解书生效后另诉的权利。再次，从法律的具体规定看，《农地调解仲裁法》仅赋予当事人三十天的起诉期，并未规定当事人在收到裁决书三十日后起诉的权利。相比较而言，商事仲裁和劳动争议仲裁均有不同于农村土地承包经营纠纷调解仲裁的程序特点。对于商事仲裁，采用的是一裁终局模式，法律仅针对仲裁裁决规定了申请撤销和申请执行程序，当事人对仲裁裁决不服的，也不能再行起诉；对于劳动争议调解仲裁，法律区分终局性裁决和非终局性裁决，对于终局性裁决，仅赋予劳动者提起诉讼的权利，对于非终局性裁决，劳动者和用人单位对裁决不服的，均有提起诉讼的权利。由上可以看出，法律对于三种仲裁设置了不同的裁诉模式，农村土地承包经营纠纷的裁诉模式

有其自有的特点，在调解书或仲裁书生效后，如果再允许当事人可提起诉讼，则有违《调解仲裁法》第四十八条的制度目的。

——张勇健、程新文、辛正郁、王丹:《〈最高人民法院关于审理涉及农村土地承包经营纠纷调解仲裁案件适用法律若干问题的解释〉理解与适用》，最高人民法院民事审判第一庭编:《民事审判指导与参考》2014 年第 1 辑（总第 57 辑），人民法院出版社 2014 年版，第 62~63 页。

47.劳动人事争议仲裁委员会对调解协议仲裁审查申请不予受理或者经仲裁审查决定不予制作调解书的，人民法院可受理的情形

一、劳动人事争议仲裁委员会对调解协议仲裁审查申请不予受理或者经仲裁审查决定不予制作调解书的，当事人可依法就协议内容中属于劳动人事争议仲裁受理范围的事项申请仲裁。当事人直接向人民法院提起诉讼的，人民法院不予受理，但下列情形除外：

（一）依据《中华人民共和国劳动争议调解仲裁法》第十六条规定申请支付令被人民法院裁定终结督促程序后，劳动者依据调解协议直接提起诉讼的；

（二）当事人在《中华人民共和国劳动争议调解仲裁法》第十条规定的调解组织主持下仅就劳动报酬争议达成调解协议，用人单位不履行调解协议约定的给付义务，劳动者直接提起诉讼的；

（三）当事人在经依法设立的调解组织主持下就支付拖欠劳动报酬、工伤医疗费、经济补偿或者赔偿金事项达成调解协议，双方当事人依据《中华人民共和国民事诉讼法》第二百零一条规定共同向人民法院申请司法确认，人民法院不予确认，劳动者依据调解协议直接提起诉讼的。

——《人力资源社会保障部、最高人民法院关于劳动人事争议仲裁与诉讼衔接有关问题的意见（一）》（2022 年 2 月 21 日，人社部发〔2022〕9 号）（节选）。

48.仲裁当事人申请撤销仲裁调解书的案件属于法院受案范围

李某欣申请撤销仲裁调解书案［最高人民法院（2020）最高法民再118号民事裁定书］

裁判要旨

为保障仲裁当事人获得平等司法救济的权利，法律赋予司法对仲裁进行监督，不应狭义地理解为仅是对仲裁裁决的监督，还应包含对仲裁调解的监督。民事诉讼法对诉讼调解规定了当事人可以向人民法院申请再审，而无论是诉讼调解或仲裁调解，都存在违反自愿原则或者调解协议的内容违反法律，以及损害当事人、案外人利益甚至社会公共利益的可能。故有必要赋予仲裁调解当事人申请撤销仲裁调解书，获得司法救济的权利。

最高人民法院认为：关于仲裁当事人申请撤销仲裁调解书是否属于法院受案范围问题。《中华人民共和国仲裁法》第五十八条规定："当事人提出证据证明裁决有下列情形之一的，可以向仲裁委员会所在地的中级人民法院申请撤销裁决：（一）没有仲裁协议的；（二）裁决的事项不属于仲裁协议的范围或者仲裁委员会无权仲裁的；（三）仲裁庭的组成或者仲裁的程序违反法定程序的；（四）裁决所根据的证据是伪造的；（五）对方当事人隐瞒了足以影响公正裁决的证据的；（六）仲裁员在仲裁该案时有索贿受贿，徇私舞弊，枉法裁决行为的。人民法院经组成合议庭审查核实裁决有前款规定情形之一的，应当裁定撤销。人民法院认定该裁决违背社会公共利益的，应当裁定撤销。"第五十一条第二款规定："调解书与裁决书具有同等的法律效力。"基于仲裁调解与仲裁裁决均是通过仲裁方式解决民事纠纷，具有同等法律效力，都具有强制执行力。为保障仲裁当事人获得平等司法救济的权利，制度设计上，法律赋予司法对仲裁进行监督，不应狭义的理解为仅是对仲裁裁决的监督，还应包含对仲裁调解的监督。《中华人民共和国民事诉讼法》第二百零一条[①]规定："当事人对已经发生法律效力的调解书，提出证据证明调解违反自愿原则或者调解协议的内容违反法律的，可以申请再审。经人民法院审查属实的，

① 现为《民事诉讼法》（2023年修正）第二百一十二条。

应当再审。”民事诉讼法对诉讼调解规定了当事人可以向人民法院申请再审，而无论是诉讼调解或仲裁调解，都存在违反自愿原则或者调解协议的内容违反法律，以及损害当事人、案外人利益甚至社会公共利益的可能。故有必要赋予仲裁调解当事人申请撤销仲裁调解书，获得司法救济的权利。

——中国裁判文书网。

49.当事人将不具有涉外因素的争议交由境外仲裁机构或者在我国境外临时仲裁，人民法院不予承认仲裁裁决

在《涉外民事关系法律适用法》制定过程中，社会各界曾建议全国人大常委会法工委对如何界定“涉外民事关系”作出规定，法工委认为可以通过司法解释在司法实践中解决该问题，无须通过立法予以规范，且其他国家和地区的立法例均无此规定。因而，涉外民事关系法律适用法没有对如何界定“涉外民事关系”作出规定。

既往的司法实践中，我们一直根据法（办）发〔1988〕6号《最高人民法院关于贯彻执行〈中华人民共和国民法通则〉若干问题的意见（试行）》[①]（以下简称《民法通则司法解释》）第一百七十八条的规定，认定“涉外民事关系”。该条规定：“凡民事关系的一方或者双方当事人是外国人、无国籍人、外国法人的；民事关系的标的物在外国领域内的；产生、变更或者消灭民事权利义务关系的法律事实发生在外国的，均为涉外民事关系。”此外，法发〔1992〕22号《最高人民法院关于适用〈中华人民共和国民事诉讼法〉若干问题的意见》[②]（以下简称《民事诉讼法意见》）第三百零四条从程序法的角度对如何认定“涉外民事案件”作出了明确规定：“当事人一方或双方是外国人、无国籍人、外国企业或组织、或者当事人之间民事法律关系的设立、变更、终止的法律事实发生在外国，或者诉讼标的物在外国的民事案件，为涉外民事案件。”可见，《民法通则司法解释》与《民事诉讼法意见》对“涉外因素”的构成标准保持了一致，即从民事法律关系的主体、客体、法律事实三要素进行考量，只要其中一个要素涉外，即可以认定为“涉外民事关系”或“涉

① 已失效。

② 已失效。

外民事案件”。我们认为，从民事法律关系构成的三要素角度确定“涉外民事关系”是合理的。司法实践中存在的仅仅从民事法律关系的主体考察案件是否具有涉外因素，是对上述司法解释的误解。

然而，结合当前的司法实践，我们认为应当从以下几个方面对上述司法解释的内容进一步完善：（1）涉外民事关系法律适用法的一个亮点就是将“经常居所地”规定为涉外民事关系的重要连结点，不再仅仅强调“国籍”这一连结点。因此，有必要在主体方面增加“当事人一方或双方的经常居所地在中华人民共和国领域外”的规定。（2）对于外国人，应当包括外国的自然人、法人及其他组织，表述上以“外国公民、外国法人或者其他组织”更为贴切。（3）将“外国”这一表述变更为“中华人民共和国领域外”更为合理。（4）需要规定一个兜底式条款，以囊括司法实践中可能存在的其他应当被认定为涉外民事关系的情形。

综上，本司法解释第一条重新界定了涉外民事关系：“民事关系具有下列情形之一的，人民法院可以认定为涉外民事关系：（一）当事人一方或双方是外国公民、外国法人或者其他组织、无国籍人；（二）当事人一方或双方的经常居所地在中华人民共和国领域外；（三）标的物在中华人民共和国领域外；（四）产生、变更或者消灭民事关系的法律事实发生在中华人民共和国领域外；（五）可以认定为涉外民事关系的其他情形。”

是否应当将外国国家和国际组织列入，在司法解释稿讨论过程中曾引起争论。有观点认为，应当将外国国家和国际组织列为涉外民事关系主体。我们认为，目前的司法实践中的确有国际组织作为涉外民事案件主体的情形，也有将外国国家列为被告的情形，但这不可避免地会涉及管辖豁免问题的讨论，只有在国际组织或者外国国家明确表示放弃民事案件管辖豁免权的情况下我国法院才能对其行使管辖权。尽管正在研究制定的国家豁免法倾向于转向“相对豁免”，但我国在实践中一直主张“绝对豁免”，而非“相对豁免”，如果在本司法解释中明确将外国国家、国际组织列入，很有可能被误认为我国法院已经采取了“相对豁免”的立场。因此，虽有将外国国家或者国际组织列入的建议，但我们未予采纳。

——高晓力：《〈最高人民法院关于适用《中华人民共和国涉外民事关系法律适用法》若干问题的解释（一）〉的理解与适用》，载江必新主编：《最高人民法院司法解释与指导性案例理解与适用》第一卷，人民法院出版社 2013 年版，第 429~430 页。

三、其　他

50.退休法官担任仲裁员审理仲裁案件违反法定程序

有关部门就退休法官担任仲裁员审理仲裁案件是否违反法定程序有关问题征求最高人民法院研究室意见。我室经研究认为：

依据《法官法》第二条、第十一条的规定，已经办理退休手续但尚未经同级人大常委会免去审判员职务的人员，仍然属于法官的范畴。上述人员担任仲裁员仲裁案件不符合《法官法》第十五条的规定，应该认定为属于《仲裁法》第五十八条第一款第三项规定的“仲裁庭的组成或者仲裁的程序违反法定程序”的情形。

——最高人民法院研究室《关于对退休法官担任仲裁员审理仲裁案件是否违反法定程序有关问题的研究意见》，载张军主编、最高人民法院研究室编:《司法研究与指导》2012 年第 2 辑（总第 2 辑），人民法院出版社 2012 年版，第 197~200 页。

51.已为仲裁机构的生效裁决所确认事实的反证标准

一、关于“已为仲裁机构的生效裁决所确认的事实”的反证标准问题

2019 年 12 月 25 日公布的法释〔2019〕19 号《最高人民法院关于民事诉讼证据的若干规定》(以下简称《民事证据规定》)，对 2001 年公布的法释〔2001〕33 号《关于民事诉讼证据的若干规定》进行了修改、补充和完善。其中第 10 条，对于“已为仲裁机构的生效裁决所确认的事实”的反证标准进行了修改，在保留生效仲裁裁决作为免证事实的同时，降低其反证的标准，由 2015 年《最高人民法院关于适用〈中华人民共和国民事诉讼法〉的解释》(以下简称《民诉法司法解释》)第 93 条、2001 年《民事证据规定》第 9 条规定

的“足以推翻”变更为“足以反驳”，意味着排除仲裁裁决确认的事实作为免证事实的要求有所降低，当事人提出的反证不必达到推翻该事实的程度，只需要动摇免证事实对法官的心证基础，使其处于真伪不明状态即可。因《民事证据规定》是对民事诉讼法有关证据制度的规定在审判实践中如何适用的进一步解释，属于特别规则，相对于2020年《民诉法司法解释》继续沿用的第93条，2019年《民事证据规定》第10条应当优先适用。

——《关于“对〈民事诉讼法〉司法解释疑问”的回复》(2021年4月6日)(节选)。

52.劳动人事争议仲裁或者诉讼程序中自认规则的适用

八、在仲裁或者诉讼程序中，一方当事人陈述的于己不利的事实，或者对于己不利的事实明确表示承认的，另一方当事人无需举证证明，但下列情形不适用有关自认的规定：

（一）涉及可能损害国家利益、社会公共利益的；

（二）涉及身份关系的；

（三）当事人有恶意串通损害他人合法权益可能的；

（四）涉及依职权追加当事人、中止仲裁或者诉讼、终结仲裁或者诉讼、回避等程序性事项的。

当事人自认的事实与已经查明的事实不符的，劳动人事争议仲裁委员会、人民法院不予确认。

——《人力资源社会保障部、最高人民法院关于劳动人事争议仲裁与诉讼衔接有关问题的意见（一）》(2022年2月21日，人社部发〔2022〕9号)(节选)。

53.垄断协议纠纷可仲裁性认定

上诉人某有限公司与被上诉人某物资有限责任公司纵向垄断协议纠纷管辖权异议上诉案［最高人民法院（2019）最高法知民辖终46号民事裁定书］

裁判要旨

鉴于垄断协议的认定与处理完全超出了合同相对人之间的权利义务关系，

当事人在协议中约定的仲裁条款不能成为排除人民法院管辖垄断协议纠纷的当然依据。

最高人民法院认为：对是否构成垄断的认定和处理，反垄断法明确规定了行政执法和民事诉讼两种方式，并未明确规定仲裁的方式。根据《中华人民共和国仲裁法》第二条的规定，如果当事人之间发生纠纷不属于合同纠纷和其他财产权益纠纷，或者说包含有不属于合同纠纷和其他财产权益纠纷的因素，且一方当事人已经寻求司法解决其纠纷的，人民法院通常具有管辖权。本案中，某物资有限责任公司提起的是垄断民事纠纷而非合同纠纷。虽然某有限公司和某物资有限责任公司在经销商协议中约定了争议解决的仲裁条款，但反垄断法具有明显的公法性质，是否构成垄断的认定超出了合同相对人之间的权利义务关系，并使本案争议不再限于“平等主体的公民、法人和其他组织之间发生的合同纠纷和其他财产权益纠纷”。在纵向垄断协议的认定与处理完全超出了合同相对人之间的权利义务关系，且我国法律并未明确规定垄断纠纷可以通过仲裁途径解决的情况下，本案当事人在经销商协议中约定的仲裁条款不能成为排除人民法院管辖纵向垄断协议纠纷的当然依据。因此，一审法院认定当事人之间的仲裁条款不能否定一审法院对本案具有管辖权并无不当。

——《最高人民法院知识产权法庭裁判要旨（2019）》(2020年4月16日)、《最高人民法院知识产权案件年度报告（2109）》(2020年4月23日)。

54.垄断协议不能提交仲裁

某有限公司与某物资公司横向垄断协议纠纷管辖权异议上诉案［最高人民法院（2019）最高法知民辖终47号民事裁定书］

裁判要旨

《反垄断法》明确规定了行政执法和民事诉讼两种方式，并未明确规定仲裁的方式。垄断民事纠纷的处理超出合同相对人之间的权利义务关系，在法律没有规定垄断纠纷可通过仲裁途径解决时，当事人约定的合同仲裁条款不具有排除法院管辖权的效力。

最高人民法院认为：本案主要有三个焦点问题：一、人民法院对本案是否具有管辖权；二、如果人民法院对本案具有管辖权，则原审法院对本案是否具有管辖权；三、如果原审法院对本案不具有管辖权，则本案应如何确定有管辖权的人民法院。

首先，关于人民法院对本案是否具有管辖权。《反垄断法》的主要价值在于维护健康有序的市场竞争秩序，促进社会经济的健康发展。《反垄断法》第一条规定："为了预防和制止垄断行为，保护市场公平竞争，提高经济运行效率，维护消费者利益和社会公共利益，促进社会主义市场经济健康发展，制定本法。"《反垄断法》与《反不正当竞争法》同属于竞争法范畴，对是否构成垄断行为的认定和处理，《反垄断法》(2008）第十条[①]规定："国务院规定的承担反垄断执法职责的机构（以下统称国务院反垄断执法机构）依照本法规定，负责反垄断执法工作。国务院反垄断执法机构根据工作需要，可以授权省、自治区、直辖市人民政府相应的机构，依照本法规定负责有关反垄断执法工作。"第三十八条[②]第一款规定："反垄断执法机构依法对涉嫌垄断行为进行调查。"同时，《反垄断法》第五十条[③]规定："经营者实施垄断行为，给他人造成损失的，依法承担民事责任。"可见，对是否构成垄断的认定和处理，《反垄断法》明确规定了行政执法和民事诉讼两种方式，并未明确规定仲裁的方式。《仲裁法》第二条规定："平等主体的公民、法人和其他组织之间发生的合同纠纷和其他财产权益纠纷，可以仲裁。"这就是说，如果当事人之间发生纠纷不属于合同纠纷和其他财产权益纠纷，或者说包含有不属于合同纠纷和其他财产权益纠纷的因素，且一方当事人已经寻求司法解决其纠纷的，人民法院通常具有管辖权。本案中，某物资公司提起的是垄断民事纠纷而非合同纠纷。虽然某有限公司和某物资公司在经销商协议中约定了争议解决的仲裁条款，但《反垄断法》具有明显的公法性质，是否构成垄断的认定超出了合同相对人之间的权利义务关系，并使本案争议不再限于"平等主体的公民、法人和其他组织之间发生的合同纠纷和其他财产权益纠纷"，不再属于《仲裁法》规定的可仲裁范围。《最高人民法院关于审理因垄断行为引发的民事纠纷

① 现为《反垄断法》(2022年修正）第十三条。

② 现为《反垄断法》(2022年修正）第四十六条。

③ 现为《反垄断法》(2022年修正）第六十条。

案件应用法律若干问题的规定》[①]第二条规定："原告直接向人民法院提起民事诉讼，或者在反垄断执法机构认定构成垄断行为的处理决定发生法律效力后向人民法院提起民事诉讼，并符合法律规定的其他受理条件的，人民法院应当受理。"在横向垄断协议的认定与处理完全超出了合同相对人之间的权利义务关系，且我国法律并未明确规定垄断纠纷可以通过仲裁途径解决的情况下，本案当事人在经销商协议中约定的仲裁条款不能成为排除人民法院管辖横向垄断协议纠纷的当然依据。因此，原审法院认定当事人之间的仲裁条款不能否定原审法院对本案具有管辖权并无不当。

其次，关于原审法院对本案是否具有管辖权。《最高人民法院关于审理因垄断行为引发的民事纠纷案件应用法律若干问题的规定》第三条规定："第一审垄断民事纠纷案件，由省、自治区、直辖市人民政府所在地的市、计划单列市中级人民法院以及最高人民法院指定的中级人民法院管辖。"第四条规定："垄断民事纠纷案件的地域管辖，根据案件具体情况，依照民事诉讼法及相关司法解释有关侵权纠纷、合同纠纷等的管辖规定确定。"本案涉及是否构成横向垄断行为的认定，根据上述司法解释的规定，应依照《民事诉讼法》及相关司法解释有关侵权纠纷、合同纠纷等的管辖规定确定管辖法院。《民事诉讼法》第二十八条[②]规定："因侵权行为提起的诉讼，由侵权行为地或者被告住所地人民法院管辖。"本案被诉垄断行为系某有限公司协调组织经销商投标的横向垄断协议行为，所涉及的客户多为内蒙古地区的下游客户，协调的经销商包括内蒙古地区的经销商，故本案被诉垄断行为地位于内蒙古地区，原审法院作为内蒙古自治区人民政府所在地的中级人民法院，对本案具有管辖权。

最后，关于本案是否应移送管辖。《最高人民法院关于审理因垄断行为引发的民事纠纷案件应用法律若干问题的规定》第六条规定："两个或者两个以上原告因同一垄断行为向有管辖权的同一法院分别提起诉讼的，人民法院可以合并审理。两个或者两个以上原告因同一垄断行为向有管辖权的不同法院分别提起诉讼的，后立案的法院在得知有关法院先立案的情况后，应当在七

① 已失效。

② 现为《民事诉讼法》(2023 年修正)第二十九条。

日内裁定将案件移送先立案的法院；受移送的法院可以合并审理。被告应当在答辩阶段主动向受诉人民法院提供其因同一行为在其他法院涉诉的相关信息。”《民事诉讼法》第十八条[①]规定：“中级人民法院管辖下列第一审民事案件：（一）重大涉外案件；（二）在本辖区有重大影响的案件；（三）最高人民法院确定由中级人民法院管辖的案件。”第十九条[②]规定：“高级人民法院管辖在本辖区有重大影响的第一审民事案件。”本案中，北京知识产权法院已经受理的山西某实业有限公司诉某有限公司滥用市场支配地位一案，其与本案诉争的垄断行为并非同一垄断行为，不符合《最高人民法院关于审理因垄断行为引发的民事纠纷案件应用法律若干问题的规定》第六条规定的应予移送合并审理的条件。同时，某有限公司也未提供本案具有重大影响应移送高级人民法院审理的有效证据。因此，在本院已经认定原审法院对本案具有管辖权的基础上，本案不宜移送至其他人民法院审理。

——最高人民法院民事审判第四庭编：《最高人民法院商事仲裁司法审查年度报告（2019）》，人民法院出版社 2021 年版，第 161~165 页。

55.破产债权确认纠纷的仲裁

由于仲裁的排他性特征，根据《仲裁法》第五条、第二十六条规定，当事人在选择解决争议的方式时，在仲裁和诉讼之间需遵循“裁审自择”的原则，即二者只能选择其一。

破产程序是一种特殊程序，鉴于破产程序是一种概括式的债权债务处理方式，即有关债务人的所有债权债务均集中于受理破产申请的法院进行统筹清理，具有严格的时间要求。在破产程序进行中发生的有关债务人的民事诉讼，如由不同法院来审理，难以协调其与破产案件的审理进度，影响破产程序的顺利进行，故有必要将这些诉讼集中于审理破产案件的法院一并审理。因此，人民法院受理破产申请后，有关债务人的民事诉讼，只能向受理破产申请的人民法院提起。

那么，法院受理破产申请后，破产程序的启动是否足以影响仲裁协议或

① 现为《民事诉讼法》（2023 年修正）第十九条。

② 现为《民事诉讼法》（2023 年修正）第二十条。

条款的效力？对此，不同学者的见解各异，各地法院的司法观点也未尽统一。我们认为，由于《企业破产法》并没有排除债权人和债务人之间解决争议的其他途径，即便是《企业破产法》第二十一条有关专属管辖的规定，亦不能排除仲裁条款的效力。况且在司法实践中，仲裁协议排除法院管辖的规则优于法院集中管辖已经被很多法院所接受。再有现实的考虑就是，囿于法院工作量的激增和法官力量的不足，我们应尽可能减少案件数量压力过大对案件质量造成负面影响，因此，破产债权确认诉讼不应适用于当事人之间订立有仲裁条款或仲裁协议的场合。

——最高人民法院民法典贯彻实施工作领导小组编著：《中国民法典适用大全（商事卷·企业破产法）》，人民法院出版社 2022 年版，第 414~415 页。

56.自贸试验区的仲裁司法审查

9. 正确认定仲裁协议效力，规范仲裁案件的司法审查。在自贸试验区内注册的外商独资企业相互之间约定商事争议提交域外仲裁的，不应仅以其争议不具有涉外因素为由认定相关仲裁协议无效。

一方或者双方均为在自贸试验区内注册的外商投资企业，约定将商事争议提交域外仲裁，发生纠纷后，当事人将争议提交域外仲裁，相关裁决作出后，其又以仲裁协议无效为由主张拒绝承认、认可或执行的，人民法院不予支持；另一方当事人在仲裁程序中未对仲裁协议效力提出异议，相关裁决作出后，又以有关争议不具有涉外因素为由主张仲裁协议无效，并以此主张拒绝承认、认可或执行的，人民法院不予支持。

在自贸试验区内注册的企业相互之间约定在内地特定地点、按照特定仲裁规则、由特定人员对有关争议进行仲裁的，可以认定该仲裁协议有效。人民法院认为该仲裁协议无效的，应报请上一级法院进行审查。上级法院同意下级法院意见的，应将其审查意见层报最高人民法院，待最高人民法院答复后作出裁定。

——《最高人民法院关于为自由贸易试验区建设提供司法保障的意见》（2016 年 12 月 30 日，法发〔2016〕34 号）（节选）。

57.仅约定依据国际商会仲裁规则仲裁的条款的效力判定

最高人民法院审判业务意见（涉外商事仲裁司法审查案件综述）

我国《仲裁法》第十六条第二款规定："仲裁协议应当具有下列内容：（一）请求仲裁的意思表示；（二）仲裁事项；（三）选定的仲裁委员会。"当仲裁条款准据法为中国法时，仲裁协议的效力要件之一为当事人明确选定了仲裁机构。然而，国际商事仲裁的普遍做法是既承认临时仲裁，又承认机构仲裁，因此在国际商事仲裁实践中，当事人经常仅在仲裁条款中载明根据某常设仲裁机构仲裁规则进行仲裁，没有进一步载明由特定仲裁机构管理仲裁。《仲裁法司法解释》第四条规定"仲裁协议仅约定纠纷适用的仲裁规则的，视为未约定仲裁机构，但当事人达成补充协议或者按照约定的仲裁规则能够确定仲裁机构的除外"，即允许通过仲裁规则的内容或当事人补充协议确定当事人是否就仲裁机构作出明确选择。

——沈红雨：《最高人民法院民四庭2012年涉外商事仲裁司法审查案件综述》，载江必新、贺荣主编，最高人民法院民事审判第四庭编：《最高人民法院涉外商事海事审判指导》2013年第2辑（总第27辑），人民法院出版社2014年版，第190~191页。

58.合同约定解决争议适用其他合同、文件中的有效仲裁条款的，当事人应当按照该仲裁条款提请仲裁

审判实践中，正确适用《最高人民法院关于适用〈中华人民共和国民法典〉有关担保制度的解释》第二十一条需要注意区分仲裁条款援引问题。根据《最高人民法院关于适用〈中华人民共和国仲裁法〉若干问题的解释》相关规定，合同约定解决争议适用其他合同、文件中的有效仲裁条款的，发生合同争议时，当事人应当按照该仲裁条款提请仲裁。实践中有时会出现担保合同概括性约定当事人的权利义务适用主合同有关约定，但又未明确指明适用主合同中的"仲裁条款"的情形，如在担保合同中约定"未尽事宜，适用主合同的有关约定"或"其他条款，以主合同约定为准"等。此种情形是否

为解决争议适用主合同有效仲裁条款的约定呢？我们认为如果担保合同中没有明确约定解决争议适用主合同中的仲裁条款，仅仅是概括性的并入条款，难以认为双方已约定扩展主合同仲裁条款的效力范围至担保合同所涉事项，此种情况下主合同仲裁条款难以约束担保合同。

——最高人民法院民事审判第二庭著：《最高人民法院民法典担保制度司法解释理解与适用》，人民法院出版社 2021 年版，第 235~236 页。

59.债权人已就涉案债务提起仲裁，在仲裁裁决确认其债权人身份之前，法院暂不受理其对次债务人提起的代位权诉讼

关键词

代位权诉讼　次债务人　到期债权　仲裁

最高人民法院裁判文书

张某忠、李某与江西某有限责任公司建设工程施工合同纠纷案［最高人民法院（2022）最高法民申 4500 号民事裁定书］

裁判要旨

代位权行使的前提是债权人对债务人享有合法债权，债务人对次债务人享有到期债权。申请人对某公司是否享有合法债权，其已依据仲裁条款约定提起仲裁，尚在仲裁审理，即是否具有债权人资格需以仲裁裁决结果为依据。在申请人的债权人身份处于未决情形下，二审认为目前不能认定申请人是否具有代位权，裁定驳回本案起诉，并无不当。申请人待仲裁结果确定后，可视情决定是否向江西某有限责任公司另行主张权利。

最高人民法院认为：代位权行使的前提是债权人对债务人享有合法债权，债务人对次债务人享有到期债权。申请人对某公司是否享有合法债权，其已依据仲裁条款约定提起仲裁，尚在仲裁审理，即是否具有债权人资格需以仲裁裁决结果为依据。在申请人的债权人身份处于未决情形下，二审认为目前不能认定申请人是否具有代位权，裁定驳回本案起诉，并无不当。申请人待仲裁结果确定后，可视情决定是否向江西某有限责任公司另行主张权利。

——中国裁判文书网。

60.关于商业三者险保险合同的仲裁条款不约束第三人（受害人）的问题

我们认为，商业三者险合同条款不能约束第三人。主要理由在于：

1.《保险法》第六十五条规定第三人的直接请求权是将商业三者险保险公司作为共同被告的实体法基础。如果承认商业三者险合同的仲裁条款能够约束第三人，则《保险法》第六十五条规定第三人的直接请求权的法律目的即落空。

2. 根据合同相对性原理，商业三者险合同的仲裁条款应当只约束当事人即被保险人与保险公司，而对合同当事人以外的人无约束力。由于第三人并非合同当事人，仲裁条款如对其具有约束力，则在实践中导致第三人对保险公司提起诉讼时应先就合同中存在仲裁条款进行调查，显然在实践中行不通。

3. 承认商业三者险合同的仲裁条款约束第三人，将增加当事人的诉累，并有可能损害第三人的利益。对于商业三者险合同而言，分散被保险人的风险是其主要目的。保险公司、被保险人与受害人的法律关系，规范模型是，受害人基于侵权法律关系向被保险人索赔，被保险人赔偿后，被保险人基于合同法律关系要求保险公司理赔。但根据《保险法》第六十五条的规定，保险公司也可根据被保险人的请求直接向第三人支付，并且在被保险人向第三人赔偿前，保险人不得向被保险人支付保险金。这种制度安排实际上更加重视第三人损失的赔偿。基于此，本条将商业三者险保险公司纳入同一诉讼一并解决。如果仲裁条款能够约束第三人，实践中保险公司可能在所有的商业三者险合同中均订立仲裁条款，则本条规定的规范目的也就难以实现。

综上所述，我们认为，商业三者险合同约定的仲裁条款对第三人不发生效力。

——最高人民法院民事审判第一庭编著:《最高人民法院关于道路交通损害赔偿司法解释理解与适用》，人民法院出版社 2012 年版，第 341~342 页。

61.对于终局裁决，劳动者与用人单位一方申请执行、另一方以申请撤销仲裁裁决的方式抗辩的，受理执行的法院应当中止执行

有管辖权的基层法院受理劳动者申请执行终局裁决后，如果用人单位以申请撤销仲裁裁决的方式抗辩的，则要查明该抗辩的证据是否存在，这一证据就是劳动人事争议仲裁委员会所在地的中级人民法院向用人单位出具的立案通知书。立案通知书一般都会写明用人单位向该院申请撤销某仲裁委员会作出的某某号仲裁裁决书。在查明用人单位确已向劳动人事争议仲裁委员会所在地的中级人民法院申请撤销仲裁裁决，该仲裁裁决与劳动者申请执行的是同一仲裁文书的情况下，受理申请执行的基层法院应当裁定中止该仲裁裁决书的执行。

同理，如果用人单位先申请撤销仲裁裁决，劳动者后申请执行的，受理申请执行的基层法院在查明上述情况后，也应依法裁定中止该仲裁裁决书的执行。

——最高人民法院民事审判第一庭编著:《最高人民法院劳动争议司法解释（三）的理解与适用》，人民法院出版社 2010 年版，第 229~230 页。

62.仲裁裁决书未载明该裁决为终局裁决或非终局裁决，用人单位认为仲裁裁决为终局裁决，直接向中级人民法院申请撤销的，中院应当就用人单位申请撤销的仲裁裁决的类型进行审查，并分别处理

《劳动争议解释（四）》第二条[①]主要解决的是在仲裁裁决书未载明该裁决为终局裁决或非终局裁决的情况下，用人单位不服该仲裁裁决而直接向基层人民法院起诉应如何处理的问题。该问题假设的前提用人单位认为未载明仲裁裁决类型的仲裁裁决书为非终局裁决，因而其可以根据《劳动争议调解仲裁法》第五十条规定，向基层人民法院提起诉讼。因为仲裁机构并未就仲裁决的类型加以认定，同样会出现用人单位认为仲裁裁决为终局裁决的情形，

① 现为《最高人民法院关于审理劳动争议案件案件适用法律若干问题的解释（一）》(2020 年 12 月 29 日，法释〔2020〕26 号）第十八条。

用人单位直接向劳动人事争议仲裁委员会所在地的中级人民法院申请撤销该仲裁裁决，中级人民法院该如何处理呢？我们认为，中级人民法院应当参照该条规定予以处理。

具体来讲，中级人民法院应当就用人单位申请撤销的仲裁裁决的类型进行审查，并按照以下情形分别处理：（一）经审查认为该仲裁裁决为非终局裁决的，中级人民法院应不予受理，应告知用人单位可以自收到不予受理裁定书之日起十五日内向用人单位所在地或者劳动合同履行地的基层人民法院起诉，已经受理的，裁定驳回起诉；（二）经审查认为该仲裁裁决为终局裁决的，中级人民法院应予受理。因中级人民法院受理的申请撤销仲裁裁决的案件必须是产生法律效力的仲裁裁决，而终局裁决一经作出即产生法律效力，非终局裁决则不立即生效，故正确审查仲裁裁决类型，对于正确指引用人单位行使诉权显得尤为重要。

需要注意一点，在仲裁裁决未载明裁决类型的情况下，用人单位很少会主动选择向中级人民法院申请撤销仲裁裁决作为救济途径，而一般都是会主动选择向基层人民法院起诉作为救济途径的首选。这倒不是因为我国长期以来实行"一裁二审"劳动争议处理机制的习惯使然，而是因为向基层法院提起诉讼比起向中级法院申请撤销仲裁裁决更有利于保护自己的权益。我国立法为确保一裁终局制度更好地落实，虽为用人单位设立了救济途径，但为防止用人单位滥用，又设置了更为严格的限制条件，才能申请撤销仲裁裁决，这些条件集中规定在《劳动争议调解仲裁法》第四十九条，具体情形有：（一）适用法律、法规确有错误的；（二）劳动争议仲裁委员会无管辖权的；（三）违反法定程序的；（四）裁决所根据的证据是伪造的；（五）对方当事人隐瞒了足以影响公正裁决的证据的；（六）仲裁员在仲裁该案时有索贿受贿、徇私舞弊、枉法裁决行为的。人民法院经组成合议庭审查核实裁决有前款规定情形之一的，应当裁定撤销。相比申请撤销仲裁裁决之严格，用人单位以非终局裁决为由直接向基层人民法院起诉基本没有什么限制，容易得多。但既然存在上述情形，就有探讨之必要。

——最高人民法院民事审判第一庭编著：《最高人民法院劳动争议司法解释（四）理解与适用》，人民法院出版社2013年版，第53页。

63.主合同约定了仲裁条款，从合同未约定仲裁条款的，从合同的争议解决方式不受主合同仲裁条款的约束

西安某金属国际集团有限公司与某集团股份有限公司保证合同纠纷案

[最高人民法院（2017）最高法民辖终47号民事裁定书]

最高人民法院认为，本院《关于成都某文具有限公司、王某建申请撤销深圳仲裁委员会（2011）深仲裁字第601号仲裁裁决一案的请示的复函》[（2013）民四他字第9号]的答复意见明确指出："案涉担保合同没有约定仲裁条款，仲裁庭关于主合同有仲裁条款，担保合同作为从合同应当受到主合同中仲裁条款约束的意见缺乏法律依据。"西安某金属国际集团有限公司上诉主张与该答复意见不符，其该项上诉理由不成立。

——中国裁判文书网。

第三部分　指导性案例

指导性案例37号：上海金某机械制造有限公司与瑞士瑞某克公司仲裁裁决执行复议案

关键词：执行　执行复议　民事诉讼　涉外仲裁裁决　执行管辖　申请执行期间起算

裁判要点

当事人向我国法院申请执行发生法律效力的涉外仲裁裁决，发现被申请执行人或者其财产在我国领域内的，我国法院即对该案具有执行管辖权。当事人申请法院强制执行的时效期间，应当自发现被申请执行人或者其财产在我国领域内之日起算。

关联索引

《中华人民共和国民事诉讼法》第239条、第273条

基本案情

上海金某机械制造有限公司（以下简称金某公司）与瑞士瑞某克公司（以下简称瑞某克公司）买卖合同纠纷案，由中国国际经济贸易仲裁委员会于2006年9月18日作出仲裁裁决。2007年8月27日，金某公司向瑞士联邦兰茨堡（Lenzburg）法院（以下简称兰茨堡法院）申请承认和执行该仲裁裁决，并提交了由中国中央翻译社翻译、经上海市外事办公室及瑞士驻上海总领事认证的仲裁裁决书翻译件。同年10月25日，兰茨堡法院以金某公司所提交的仲裁裁决书翻译件不能满足《承认及执行外国仲裁裁决公约》（以下简称《纽约公约》）第4条"译文由公设或宣誓之翻译员或外交或领事人员认证"的规定为由，驳回金某公司申请。其后，金某公司又先后两次向兰茨堡

法院递交了分别由瑞士当地翻译机构翻译的仲裁裁决书翻译件和由上海上外翻译公司翻译、上海市外事办公室、瑞士驻上海总领事认证的仲裁裁决书翻译件以申请执行，仍被该法院分别于2009年3月17日和2010年8月31日，以仲裁裁决书翻译文件没有严格意义上符合《纽约公约》第4条的规定为由，驳回申请。

2008年7月30日，金某公司发现瑞某克公司有一批机器设备正在上海市浦东新区展览，遂于当日向上海市第一中级人民法院（以下简称上海一中院）申请执行。上海一中院于同日立案执行并查封、扣押了瑞某克公司参展机器设备。瑞某克公司遂以金某公司申请执行已超过《民事诉讼法》规定的期限为由提出异议，要求上海一中院不受理该案，并解除查封，停止执行。

裁判结果

上海一中院于2008年11月17日作出（2008）沪一中执字第640-1民事裁定，驳回瑞某克公司的异议。裁定送达后，瑞某克公司向上海市高级人民法院申请执行复议。2011年12月20日，上海市高级人民法院作出（2009）沪高执复议字第2号执行裁定，驳回复议申请。

裁判理由

法院生效裁判认为：本案争议焦点是我国法院对该案是否具有管辖权以及申请执行期间应当从何时开始起算。

一、关于我国法院的执行管辖权问题

根据《民事诉讼法》的规定，我国涉外仲裁机构作出的仲裁裁决，如果被执行人或者其财产不在中华人民共和国领域内的，应当由当事人直接向有管辖权的外国法院申请承认和执行。鉴于本案所涉仲裁裁决生效时，被执行人瑞某克公司及其财产均不在我国领域内，因此，人民法院在该仲裁裁决生效时，对裁决的执行没有管辖权。

2008年7月30日，金某公司发现被执行人瑞某克公司有财产正在上海市参展。此时，被申请执行人瑞某克公司有财产在中华人民共和国领域内的事实，使我国法院产生了对本案的执行管辖权。申请执行人依据《民事诉讼法》第290条“一方当事人不履行仲裁裁决的，对方当事人可以向被申请人住所地或者财产所在地的中级人民法院申请执行”的规定，基于被执行人不履行仲裁裁决义务的事实，行使民事强制执行请求权，向上海一中院申请执行。

这符合我国《民事诉讼法》有关人民法院管辖涉外仲裁裁决执行案件所应当具备的要求，上海一中院对该执行申请有管辖权。

考虑到《纽约公约》规定的原则是，只要仲裁裁决符合公约规定的基本条件，就允许在任何缔约国得到承认和执行。《纽约公约》的目的在于便利仲裁裁决在各缔约国得到顺利执行，因此并不禁止当事人向多个公约成员国申请相关仲裁裁决的承认与执行。被执行人一方可以通过举证已经履行了仲裁裁决义务进行抗辩，向执行地法院提交已经清偿债务的证据，这样即可防止被执行人被强制重复履行或者超标的履行的问题。因此，人民法院对该案行使执行管辖权，符合《纽约公约》规定的精神，也不会造成被执行人重复履行生效仲裁裁决义务的问题。

二、关于本案申请执行期间起算问题

依照《民事诉讼法》(2007年修正)第215条的规定："申请执行的期间为二年。……前款规定的期间，从法律文书规定履行期间的最后一日起计算；法律文书规定分期履行的，从规定的每次履行期间的最后一日起计算；法律文书未规定履行期间的，从法律文书生效之日起计算。"鉴于我国法律是针对生效法律文书作出时，被执行人或者其财产在我国领域内的一般情况作出的执行期间起算规定；而本案的具体情况是，仲裁裁决生效当时，我国法院对该案并没有执行管辖权，当事人依法向外国法院申请承认和执行该裁决而未能得到执行，不存在怠于行使申请执行权的问题，且被执行人一直拒绝履行裁决所确定的法律义务，申请执行人在发现被执行人有财产在我国领域内之后，即向人民法院申请执行。考虑到这类情况下，外国被执行人或者其财产何时会再次进入我国领域内，具有较大的不确定性，因此，应当合理确定申请执行期间起算点，才能公平保护申请执行人的合法权益。

鉴于债权人取得有给付内容的生效法律文书后，如债务人未履行生效文书所确定的义务，债权人即可申请法院行使强制执行权，实现其实体法上的请求权，此项权利即为民事强制执行请求权。民事强制执行请求权的存在依赖于实体权利，取得依赖于执行根据，行使依赖于执行管辖权。执行管辖权是民事强制执行请求权的基础和前提。在司法实践中，人民法院的执行管辖权与当事人的民事强制执行请求权不能是抽象或不确定的，而应是具体且可操作的。义务人瑞某克公司未履行裁决所确定的义务时，权利人金某公司即拥有了民事强制执行请求权，但是，根据《民事诉讼法》的规定，对于涉外仲裁机构作出的仲裁申请执行，如果被执行人或者其财产不在中华人民共和国领域内，应当由当事人直接向有管辖权的外国法院申请承认和执行。此时，因被执行人或者其财产不在我国领域内，我国法院对该案没有执行管辖权，申请执行人金某公司并非其主观上不愿或怠于行使权利，而是由于客观上纠纷本身没有产生人民法院执行管辖连接点，导致其无法向人民法院申请执行。人民法院在受理强制执行申请后，应当审查申请是否在法律规定的时效期间内提出。具有执行管辖权是人民法院审查申请执行人相关申请的必要前提，因此应当自执行管辖确定之日，即发现被执行人存在可供执行财产之日，开始计算申请执行人的申请执行期限。

指导性案例196号：某有限公司与深圳市某商业投资控股有限公司申请确认仲裁协议效力案

关键词：民事　申请确认仲裁协议效力　仲裁条款成立

裁判要点

1. 当事人以仲裁条款未成立为由请求确认仲裁协议不存在的，人民法院应当按照申请确认仲裁协议效力案件予以审查。

2. 仲裁条款独立存在，其成立、效力与合同其他条款是独立、可分的。当事人在订立合同时对仲裁条款进行磋商并就提交仲裁达成合意的，合同成立与否不影响仲裁条款的成立、效力。

关联索引

《中华人民共和国仲裁法》第16条、第19条、第20条第1款

基本案情

中国甲集团有限公司（以下简称乙公司），原名为中国甲集团公司、中国港甲集团公司，是国有独资公司。香港乙（集团）有限公司（以下简称香港乙公司）是甲公司的全资子公司，注册于我国香港特别行政区。丙有限公司

（以下简称丙公司）是香港乙公司的全资子公司，注册于英属维尔京群岛。丁公司是丙公司的全资子公司，亦注册于英属维尔京群岛。

2016年3月24日，甲公司作出《关于同意挂牌转让NEWPOWERENTERPR ISESINC.100%股权的批复》，同意丙公司依法合规转让其所持有的丁公司100%的股权。2017年3月29日，丙公司通过北交所公开挂牌转让其持有的丁公司100%的股权。深圳市某商业投资控股有限公司（以下简称某商业公司）作为意向受让人与丙公司等就签订案涉项目的产权交易合同等事宜开展磋商。

2017年5月9日，港中旅酒店有限公司（甲公司的全资子公司）投资管理部经理张某发送电子邮件给深圳市某金融控股集团有限公司（某商业公司的上级集团公司）风控法务张某某。电子邮件的附件《产权交易合同》，系北交所提供的标准文本，载明甲方为丙公司，乙方为某商业公司，双方根据原《合同法》[①]和《企业国有产权转让管理暂行办法》等相关法律、法规、规章的规定，就丙公司向某商业公司转让其拥有的丁公司100%股权签订《产权交易合同》。合同第16条管辖及争议解决方式：16.1本合同及产权交易中的行为均适用中华人民共和国法律；16.2有关本合同的解释或履行，当事人之间发生争议的，应由双方协商解决；协商解决不成的，提交北京仲裁委员会仲裁。上述电子邮件的附件《债权清偿协议》第12条约定：本协议适用中华人民共和国法律。有关本协议的解释或履行，当事人之间发生争议的，应由各方协商解决；协商解决不成的，任何一方均有权提交北京仲裁委员会以仲裁方式解决。

2017年5月10日，张某某发送电子邮件给张某、刘某，内容为："附件为我们公司对合同的一个修改意见，请贵公司在基于平等、公平的原则及合同签订后的有效原则慎重考虑加以确认。"在该邮件的附件中，《产权交易合同》文本第16条"管辖及争议解决方式"修改为"16.1本合同及产权交易中的行为均适用中华人民共和国法律。16.2有关本合同的解释或履行，当事人之间发生争议的，应由双方协商解决；协商解决不成的，提交深圳国际仲裁院仲裁"；《债权清偿协议》文本第12条修改为"本协议适用中华人民共

---

① 已失效。

和国法律。有关本协议的解释或履行，当事人之间发生争议的，应由各方协商解决；协商解决不成的，任何一方均有权提交深圳国际仲裁院以仲裁方式解决”。

2017年5月11日13时42分，张某发送电子邮件给张某某和某商业公司高级管理人员李某，针对某商业公司对两个合同文本提出的修改意见进行了回应，并表示“现将修订后的合同草签版发送给贵司，请接到附件内容后尽快回复意见。贵方与我司确认后的合同将被提交至北交所及我司内部审批流程，经北交所及我司集团公司最终确认后方可签署（如有修改我司会再与贵司确认）”。该邮件附件《产权交易合同》（草签版）第16条“管辖及争议解决方式”与《债权清偿协议》（草签版）第12条和上述5月10日张某某发送给张某、刘某的电子邮件附件中的有关内容相同。同日18时39分，张某某发送电子邮件给张某，内容为“附件为我司签署完毕的《产权交易合同》（草签版）及《债权清偿协议》（草签版）、项目签约说明函等扫描件，请查收并回复”。该邮件附件《产权交易合同》（草签版）和《债权清偿协议》（草签版）的管辖及争议解决方式的内容与张某在同日发送电子邮件附件中的有关内容相同。中苑城公司在合同上盖章，并将该文本送达丙公司。

2017年5月17日，张某发送电子邮件给李某，载明：“深圳项目我司集团最终审批流程目前正进行中，如审批顺利计划可在本周五上午在北京某国际大酒店举办签约仪式，具体情况待我司确认后通知贵司。现将《产权交易合同》及《债权清偿协议》拟签署版本提前发送给贵司以便核对。”该邮件附件1为《股权转让项目产权交易合同》（拟签署版），附件2为《股权转让项目债权清偿协议》（拟签署版）。上述两个合同文本中的仲裁条款仍与草签版相同。

2017年10月27日，丙公司发函某商业公司取消交易。2018年4月4日，某商业公司根据《产权交易合同》（草签版）第16.2条及《债权清偿协议》（草签版）第12条的约定，向深圳国际仲裁院提出仲裁申请，将某商业公司等列为共同被申请人。在仲裁庭开庭前，某商业公司等分别向广东省深圳市中级人民法院提起诉讼，申请确认仲裁协议不存在。该院于2018年9月11日立案，形成了本案和另外两个关联案件。在该院审查期间，最高人民法院认为，本案及关联案件有重大法律意义，由国际商事法庭审查有利于统一适用法律，且有利于提高纠纷解决效率，故依照民事诉讼法第38条第1款、《最高人民法院关于设立国际商事法庭若干问题的规定》第2条第5项之规定，裁定本案由最高人民法院第一国际商事法庭审查。

裁判结果

最高人民法院于2019年9月18日作出（2019）最高法民特1号民事裁定，驳回丙有限公司的申请。

裁判理由

最高人民法院认为：丙公司在某商业公司申请仲裁后，以仲裁条款未成立为由，向人民法院申请确认双方之间不存在有效的仲裁条款。虽然这不同于要求确认仲裁协议无效，但是仲裁协议是否存在与是否有效同样直接影响到纠纷解决方式，同样属于需要解决的先决问题，因而要求确认当事人之间不存在仲裁协议也属于广义的对仲裁协议效力的异议。《仲裁法》第20条第1款规定："当事人对仲裁协议的效力有异议的，可以请求仲裁委员会作出决定或者请求人民法院作出裁定。据此，当事人以仲裁条款未成立为由要求确认仲裁协议不存在的，属于申请确认仲裁协议效力案件，人民法院应予立案审查。"

在确认仲裁协议效力时，首先要确定准据法。《涉外民事关系法律适用法》第18条规定："当事人可以协议选择仲裁协议适用的法律。当事人没有选择的，适用仲裁机构所在地法律或者仲裁地法律。"在法庭询问时，各方当事人均明确表示同意适用中华人民共和国法律确定案涉仲裁协议效力。因此，本案仲裁协议适用中华人民共和国法律。

《仲裁法》第16条第1款规定："仲裁协议包括合同中订立的仲裁条款和以其他书面方式在纠纷发生前或者纠纷发生后达成的请求仲裁的协议。"可见，合同中的仲裁条款和独立的仲裁协议这两种类型，都属于仲裁协议，仲裁条款的成立和效力的认定也适用关于仲裁协议的法律规定。

仲裁协议独立性是广泛认可的一项基本法律原则，是指仲裁协议与主合同是可分的，互相独立，它们的存在与效力，以及适用于它们的准据法都是可分的。由于仲裁条款是仲裁协议的主要类型，仲裁条款与合同其他条款出现在同一文件中，赋予仲裁条款独立性，比强调独立的仲裁协议具有独立性更有实践意义，甚至可以说仲裁协议独立性主要是指仲裁条款和主合同是可分的。对于仲裁协议的独立性，中华人民共和国法律和司法解释均有规定。《仲裁法》第 19 条第 1 款规定："仲裁协议独立存在，合同的变更、解除、终止或者无效，不影响仲裁协议的效力。"从上下文关系看，该条是在《仲裁法》第 16 条明确了仲裁条款属于仲裁协议之后，规定了仲裁协议的独立性。因此，仲裁条款独立于合同。对于仲裁条款能否完全独立于合同而成立，仲裁法的规定似乎不是特别清晰，不如已成立合同的变更、解除、终止或者无效不影响仲裁协议效力的规定那么明确。在司法实践中，合同是否成立与其中的仲裁条款是否成立这两个问题常常纠缠不清。但是，《仲裁法》第 19 条第 1 款开头部分"仲裁协议独立存在"，是概括性、总领性的表述，应当涵盖仲裁协议是否存在即是否成立的问题，之后的表述则是进一步强调列举的几类情形也不能影响仲裁协议的效力。《最高人民法院关于适用〈中华人民共和国仲裁法〉若干问题的解释》第 10 条第 2 款进一步明确："当事人在订立合同时就争议达成仲裁协议的，合同未成立不影响仲裁协议的效力。"因此，在确定仲裁条款效力包括仲裁条款是否成立时，可以先行确定仲裁条款本身的效力；在确有必要时，才考虑对整个合同的效力包括合同是否成立进行认定。本案亦依此规则，先根据本案具体情况来确定仲裁条款是否成立。

仲裁条款是否成立，主要是指当事人双方是否有将争议提交仲裁的合意，即是否达成了仲裁协议。仲裁协议是一种合同，判断双方是否就仲裁达成合意，应适用原《合同法》[①] 关于要约、承诺的规定。从本案磋商情况看，当事人双方一直共同认可将争议提交仲裁解决。本案最早的《产权交易合同》，系北交所提供的标准文本，连同《债权清偿协议》由丙公司等一方发给某商业公司，两份合同均包含将争议提交北京仲裁委员会仲裁的条款。之后，当事人就仲裁机构进行了磋商。丙公司等一方发出的合同草签版的仲裁条款，已将仲裁机构确定为深圳国际仲裁院。就仲裁条款而言，这是丙公司等发出的要约。某商业公司在合同草签版上盖章，表示同意，并于 2017 年 5 月 11 日将盖章合同文本送达丙公司，这是某商业公司的承诺。根据原《合同法》第 25 条、第 26 条相关规定，承诺通知到达要约人时生效，承诺生效时合同成立。因此，《产权交易合同》《债权清偿协议》中的仲裁条款于 2017 年 5 月 11

① 已失效。

日分别在两个合同的各方当事人之间成立。之后，当事人就合同某些其他事项进行交涉，但从未对仲裁条款有过争议。鉴于丙公司等并未主张仲裁条款存在法定无效情形，故应当认定双方当事人之间存在有效的仲裁条款，双方争议应由深圳国际仲裁院进行仲裁。虽然丙公司等没有在最后的合同文本上盖章，其法定代表人也未在文本上签字，不符合合同经双方法定代表人或授权代表签字并盖章后生效的要求，但根据《最高人民法院关于适用〈中华人民共和国仲裁法〉若干问题的解释》第10条第2款的规定，即使合同未成立，仲裁条款的效力也不受影响。在当事人已达成仲裁协议的情况下，对于本案合同是否成立的问题无须再行认定，该问题应在仲裁中解决。综上，丙公司的理由和请求不能成立，人民法院驳回其申请。

指导性案例197号：深圳市某投资控股有限公司与深圳市交通运输局申请确认仲裁协议效力案

关键词：民事　申请确认仲裁协议效力　首次开庭　重新仲裁

裁判要点

当事人未在仲裁庭首次开庭前对仲裁协议的效力提出异议的，应当认定当事人接受仲裁庭对案件的管辖权。虽然案件重新进入仲裁程序，但仍是对同一纠纷进行的仲裁程序，当事人在重新仲裁开庭前对仲裁协议效力提出异议的，不属于《仲裁法》第20条第2款规定的“在仲裁庭首次开庭前提出”的情形。

关联索引

《中华人民共和国仲裁法》第20条第2款

基本案情

深圳市某投资控股有限公司（以下简称某投资公司）诉称：某投资公司与深圳市交通运输局的纠纷由深圳国际仲裁院于2020年2月20日作出重新裁决的决定，该案目前尚未重新组庭，处于首次开庭前的阶段。两个案件程序相互独立，现在提起确认仲裁协议的效力时间应当被认定为首次开庭前，一审裁定依据《最高人民法院关于适用〈中华人民共和国仲裁法〉若干问题的解释》第13条规定属于法律适用错误。

广东省深圳市交通运输局辩称：案涉仲裁案件于2017年8月18日首次开庭审理，庭审过程中，某投资公司当庭确认其对仲裁庭已经进行的程序没有异议，某投资公司已认可深圳国际仲裁院对案涉仲裁案件的管辖，其无权因案件进入重新仲裁程序而获得之前放弃的权利。一审裁定适用法律正确。

法院经审理查明：华南国际经济贸易仲裁委员会（又名深圳国际仲裁院，曾名中国国际经济贸易仲裁委员会华南分会、中国国际经济贸易仲裁委员会深圳分会）于2016年受理本案所涉仲裁案件。2017年8月18日，仲裁庭进行开庭审理，在仲裁申请人陈述和固定仲裁请求依据的事实和理由前，仲裁庭询问“双方当事人对本案已经进行的程序，是否有异议”，本案申请人回答“没有异议”；在庭审结束时，本案申请人表示，“截止到目前为止对于已经进行的仲裁程序”没有异议。2018年3月29日，华南国际经济贸易仲裁委员会作出裁决书。该裁决作出后，某投资公司向深圳市中级人民法院申请不予执行该仲裁裁决。法院经审查认为，可以由仲裁庭重新仲裁，由于仲裁庭在法院指定的期限内已同意重新仲裁，故不予执行仲裁裁决的审查程序应予终结。2020年2月26日，法院裁定终结该案审查程序。

裁判结果

广东省深圳市中级人民法院于2020年6月3日作出（2020）粤03民特249号民事裁定，驳回申请人某投资公司的申请。某投资公司不服，向广东省高级人民法院提起上诉。广东省高级人民法院于2020年9月18日作出（2020）粤民终2212号民事裁定，驳回上诉，维持原裁定。

裁判理由

法院生效裁判认为：《仲裁法》第20条第2款规定，“当事人对仲裁协议的效力有异议，应当在仲裁庭首次开庭前提出”，当事人未在仲裁庭首次开庭前对仲裁协议的效力提出异议的，视为当事人接受仲裁庭对案件的管辖权。本案虽然进入重新仲裁程序，但仍为同一纠纷，某投资公司在仲裁过程中未对仲裁协议效力提出异议并确认对仲裁程序无异议，其行为在重新仲裁过程中仍具有效力。根据《最高人民法院关于适用〈中华人民共和国仲裁法〉若干问题的解释》第13条“依照仲裁法第二十条第二款的规定，当事人在仲裁庭首次开庭前没有对仲裁协议的效力提出异议，而后向人民法院申请确认仲裁协议无效的，人民法院不予受理”的规定，一审法院不应受理某投资公司提出的确认仲裁协议效力申请。一审法院受理本案后，根据《最高人民法院审理仲裁司法审查案件若干问题的规定》第8条第1款“人民法院立案后发现不符合受理条件的，裁定驳回申请”的规定，裁定驳回某投资公司的申请，并无不当。

指导性案例198号：中国某银行股份有限公司岳阳分行与刘某某申请撤销仲裁裁决案

关键词：民事　申请撤销仲裁裁决　仲裁协议　实际施工人

裁判要点

实际施工人并非发包人与承包人签订的施工合同的当事人，亦未与发包人、承包人订立有效仲裁协议，不应受发包人与承包人的仲裁协议约束。实际施工人依据发包人与承包人的仲裁协议申请仲裁，仲裁机构作出仲裁裁决后，发包人请求撤销仲裁裁决的，人民法院应予支持。

关联索引

《中华人民共和国仲裁法》第58条

基本案情

2012年8月30日，中国某银行股份有限公司岳阳分行（以下简称某银行岳阳分行）与湖南某建设有限公司（以下简称某建设公司）签订《装修工程施工合同》，某银行岳阳分行将其办公大楼整体装修改造内部装饰项目发包给某建设公司，同时在合同第15.11条约定：“本合同发生争议时，先由双方协商解决，协商不成时，向岳阳仲裁委员会申请仲裁解决。”2012年9月10日，某建设公司与刘某某签订《内部项目责任承包合同书》，某建设公司将某银行岳阳分行办公大楼整体装修改造内部装饰项目的工程内容及保修以大包干方式承包给刘某某，并收取一定的管理费及相关保证金。2013年7月23日，某银行岳阳分行与某建设公司又签订了《装饰安装工程施工补充合同》，某银行岳阳分行将其八楼主机房碳纤维加固、防水、基层装饰、外屏管道整修、室内拆旧及未进入决算的相关工程发包给某建设公司。由于某银行岳阳分行未能按照约定支付工程款，2017 年 7 月 4 日，刘某某以某银行岳阳分行为被申请人向岳阳仲裁委员会申请仲裁。2017 年 8 月 7 日，某银行岳阳分行以其与刘某某未达成仲裁协议为由提出仲裁管辖异议。2017 年 8 月 8 日，岳阳仲裁委员会以岳仲决字〔2017〕8 号决定驳回了某银行岳阳分行的仲裁管辖异议。2017 年 12 月 22 日，岳阳仲裁委员会作出岳仲决字〔2017〕696 号裁决，裁定某银行岳阳分行向刘某某支付到期应付工程价款及违约金。某银行岳阳分行遂向湖南省岳阳市中级人民法院申请撤销该仲裁裁决。

裁判结果

湖南省岳阳市中级人民法院于 2018 年 11 月 12 日作出（2018）湘 06 民特 1 号民事裁定，撤销岳阳仲裁委员会岳仲决字〔2017〕696 号裁决。

裁判理由

法院生效裁判认为，仲裁协议是当事人达成的自愿将他们之间业已产生或可能产生的有关特定的无论是契约性还是非契约性的法律争议的全部或特定争议提交仲裁的合意。仲裁协议是仲裁机构取得管辖权的依据，是仲裁合法性、正当性的基础，其集中体现了仲裁自愿原则和协议仲裁制度。本案中，某银行岳阳分行与某建设公司签订的《装修工程施工合同》第 15.11 条约定“本合同发生争议时，先由双方协商解决，协商不成时，向岳阳仲裁委员会申请仲裁”，故某银行岳阳分行与某建设公司之间因工程款结算及支付引起的争议应当通过仲裁解决。但刘某某作为实际施工人，其并非某银行岳阳分行与某建设公司签订的《装修工程施工合同》的当事人，刘某某与某银行岳阳分行及某建设公司之间均未达成仲裁合意，不受该合同中仲裁条款的约束。除非另有约定，刘某某无权援引某银行岳阳分行与某建设公司之间《装修工程施工合同》中的仲裁条款向合同当事方主张权利。刘某某以某建设公司的名义施工，某建设公司作为《装修工程施工合同》的主体仍然存在并承担相应的权利义务，案件当事人之间并未构成《最高人民法院关于适用〈中华人民共和国仲裁法〉若干问题的解释》第 8 条规定的合同仲裁条款“承继”情形，亦不构成上述解释第 9 条规定的合同主体变更情形。2004 年《最高人民法院关于审理建设工程施工合同纠纷案件适用法律问题的解释》第26条虽然规定实际施工人可以发包人为被告主张权利且发包人只在欠付工程款的范围内对实际施工人承担责任，但上述内容仅规定了实际施工人对发包人的诉权以及发包人承担责任的范围，不应视为实际施工人援引《装修工程施工合同》中仲裁条款的依据。综上，某银行岳阳分行与刘某某之间不存在仲裁协议，岳阳仲裁委员会基于刘某某的申请以仲裁方式解决某银行岳阳分行与刘某某之间的工程款争议无法律依据。实际施工人依据发包人与承包人的仲裁协议申请仲裁，仲裁机构作出仲裁裁决后，发包人请求撤销仲裁裁决的，人民法院应予支持。

指导性案例199号：高某某与深圳市某创新发展基金企业、李某申请撤销仲裁裁决案

关键词：民事　申请撤销仲裁裁决　比特币　社会公共利益

裁判要点

仲裁裁决裁定被申请人赔偿与比特币等值的美元，再将美元折算成人民币，属于变相支持比特币与法定货币之间的兑付交易，违反了国家对虚拟货币金融监管的规定，违背了社会公共利益，人民法院应当裁定撤销仲裁裁决。

关联索引

《中华人民共和国仲裁法》第58条

基本案情

2017年12月2日，深圳市某创新发展基金企业（以下简称某企业）、高某某、李某签订了《股权转让协议》，根据该协议约定，某企业将其持有的深圳某科技有限公司（以下简称某科技公司）5%股权以55万元转让给高某某；李某同意代替高某某向某企业支付30万元股权转让款，高某某直接向某企业支付25万元股权转让款，同时高某某将李某委托其进行理财的比特币全部归还至李某的电子钱包。该协议签订后，高某某未履行合同义务。

某企业、李某向深圳仲裁委员会申请仲裁，主要请求为：变更某企业持

有的某科技公司5%股权到高某某名下，高某某向某企业支付股权款25万元，高某某向李某归还与比特币资产相等价值的美金493158.40美元及利息，高某某支付李某违约金10万元。

仲裁庭经审理认为，高某某未依照案涉合同的约定交付双方共同约定并视为有财产意义的比特币等，构成违约，应予赔偿。仲裁庭参考李某提供的okcoin.com网站公布的合同约定履行时点有关比特币收盘价的公开信息，估算应赔偿的财产损失为401780美元。仲裁庭裁决，变更某企业持有的某科技公司5%股权至高某某名下；高某某向某企业支付股权转让款25万元；高某某向李某支付401780美元（按裁决作出之日的美元兑人民币汇率结算为人民币）；高某某向李某支付违约金10万元。

高某某认为该仲裁裁决违背社会公共利益，请求人民法院予以撤销。

裁判结果

广东省深圳市中级人民法院于2020年4月26日作出（2018）粤03民特719号民事裁定，撤销深圳仲裁委员会（2018）深仲裁字第64号仲裁裁决。

裁判理由

法院生效裁判认为：《中国人民银行工业和信息化部中国银行业监督管理委员会中国证券监督管理委员会中国保险监督管理委员会关于防范比特币风险的通知》（银发〔2013〕289号）明确规定，比特币不具有与货币等同的法律地位，不能且不应作为货币在市场上流通使用。2017年，中国人民银行等七部委联合发布关于防范代币发行融资风险的公告，重申了上述规定，同时从防范金融风险的角度，进一步提出任何所谓的代币融资交易平台不得从事法定货币与代币、虚拟货币相互之间的兑换业务，不得买卖或作为中央对手方买卖代币或虚拟货币，不得为代币或虚拟货币提供定价、信息中介等服务。上述文件实质上禁止了比特币的兑付、交易及流通，炒作比特币等行为涉嫌从事非法金融活动，扰乱金融秩序，影响金融稳定。涉案仲裁裁决高某某赔偿李某与比特币等值的美元，再将美元折算成人民币，实质上是变相支持了比特币与法定货币之间的兑付、交易，与上述文件精神不符，违背了社会公共利益，该仲裁裁决应予撤销。

指导性案例200号：某蜂蜜加工公司申请承认和执行外国仲裁裁决案

关键词：民事　申请承认和执行外国仲裁裁决　快速仲裁　临时仲裁

裁判要点

仲裁协议仅约定通过快速仲裁解决争议，未明确约定仲裁机构的，由临时仲裁庭作出裁决，不属于《承认及执行外国仲裁裁决公约》第5条第1款规定的情形，被申请人以采用临时仲裁不符合仲裁协议约定为由，主张不予承认和执行该临时仲裁裁决的，人民法院不予支持。

关联索引

1.《中华人民共和国民事诉讼法》第304条（本案适用的是2017年7月1日施行的《中华人民共和国民事诉讼法》第283条）

2.《承认及执行外国仲裁裁决公约》第5条

基本案情

2013年5月17日，卖方南京某蜂业有限公司（以下简称某蜂业公司）与买方某蜂蜜加工公司（SvenskHonungsfora--dlingAB）签订了编号为NJRS13001的英文版蜂蜜销售《合同》，约定的争议解决条款为"in case of disputes governed by Swedish law and that disputes should be settled by Expedited Arbitration in Sweden."（中文直译为："在受瑞典法律管辖的情况下，争议应在瑞典通过快速仲裁解决。"）。另《合同》约定了相应的质量标准：蜂蜜其他参数符合欧洲（2001/112/EC，2001年12月20日），无美国污仔病、微粒子虫、瓦螨病等。

在合同履行过程中，双方因蜂蜜品质问题发生纠纷。2015年2月23日，某蜂蜜加工公司以某蜂业公司为被申请人就案涉《合同》向瑞典斯德哥尔摩商会仲裁院申请仲裁，请求某蜂业公司赔偿。该仲裁院于2015年12月18日以其无管辖权为由作出SCCF2015/023仲裁裁决，驳回了某蜂蜜加工公司的申请。

2016年3月22日，某蜂蜜加工公司再次以某蜂业公司为被申请人就案涉《合同》在瑞典申请临时仲裁。在仲裁审查期间，临时仲裁庭及斯德哥尔摩地方法院向某蜂业公司及该公司法定代表人邮寄了相应材料，但截至2017年5月4日，临时仲裁庭除了收到某蜂业公司关于陈述《合同》没有约定仲裁条款、不应适用瑞典法的两份电子邮件外，未收到其他任何意见。此后临时仲裁庭收到某蜂业公司代理律师提交的关于反对仲裁庭管辖权及延长提交答辩书的意见书。2018年3月5日、6日，临时仲裁庭组织双方当事人进行了听证。听证中，某蜂业公司的代理人对仲裁庭的管辖权不再持异议，某蜂业公司的法定代表人赵某某也未提出相应异议。该临时仲裁庭于2018年6月9日依据瑞典仲裁法作出仲裁裁决：1. 某蜂业公司违反了《合同》约定，应向某蜂蜜加工公司支付286230美元及相应利息；2. 某蜂业公司应向某蜂蜜加工公司赔偿781614瑞典克朗、1021718.45港元。

2018年11月22日，某蜂蜜加工公司向江苏省南京市中级人民法院申请承认和执行上述仲裁裁决。

法院审查期间，双方均认为应当按照瑞典法律来理解《合同》中的仲裁条款。某蜂蜜加工公司认为争议解决条款的中文意思是“如发生任何争议，应适用瑞典法律并在瑞典通过快速仲裁解决”。而某蜂业公司则认为上述条款的中文意思是“为瑞典法律管辖下的争议在瑞典进行快速仲裁解决”。

裁判结果

江苏省南京市中级人民法院于2019年7月15日作出（2018）苏01协外认8号民事裁定，承认和执行由PeterThorp、StureLarsson和NilsEliasson组成的临时仲裁庭于2018年6月9日针对某蜂蜜加工公司与某蜂业公司关于NJRS13001《合同》作出的仲裁裁决。

裁判理由

法院生效裁判认为：依据查明及认定的事实，由PeterThorp、StureLarsson和NilsEliasson组成的临时仲裁庭作出的案涉仲裁裁决不具有《承认及执行外国仲裁裁决公约》第5条第1款乙、丙、丁项规定的不予承认和执行的情形，也不违反我国加入该公约时所作出的保留性声明条款，或违反我国公共政策或争议事项不能以仲裁解决的情形，故对该裁决应当予以承认和执行。

关于临时仲裁裁决的程序是否存在与仲裁协议不符的情形。该项争议系双方对《合同》约定的争议解决条款“in case of disputes governed by Swedish law and that disputes should be settled by Expedited Arbitration in Sweden.”的理解问题。从双方对该条款中文意思的表述看，双方对在瑞典通过快速仲裁解决争端并无异议，仅对快速仲裁是否可以通过临时仲裁解决发生争议。快速仲裁相对于普通仲裁而言，更加高效、便捷、经济，其核心在于简化了仲裁程序、缩短了仲裁时间、降低了仲裁费用等，从而使当事人的争议以较为高效和经济的方式得到解决。而临时仲裁庭相对于常设的仲裁机构而言，也具有高效、便捷、经济的特点。具体到本案，双方同意通过快速仲裁的方式解决争议，但该快速仲裁并未排除通过临时仲裁的方式解决，当事人在仲裁听证过程中也没有对临时仲裁提出异议，在此情形下，由临时仲裁庭作出裁决，符合双方当事人的合意。故应认定案涉争议通过临时仲裁庭处理，并不存在与仲裁协议不符的情形。

第四部分　人民法院案例库参考案例

某某公司与溧阳某某公司等国内非涉外仲裁纠纷执行复议案

——财产处置行为已停止且评估报告已经过期的，对评估异议的审查应当终结

裁判要旨

复议审查期间，复议申请人已进入破产重整程序，执行法院对该执行案件终结本次执行程序，执行程序中的财产处置行为已停止。执行程序中对案涉资产进行评估的目的是为处置财产确定参考价，由于执行程序中的处置行为已经停止，且案涉资产评估报告已超过1年的有效期，即便在符合法律和司法解释规定的情形下重新进入处置程序也应重新确定参考价，继续审查评估问题没有实际意义，法院应终结对异议请求的审查。

案外人蔡某申请不予执行仲裁裁决复议案

——仲裁裁决执行过程中案外人的司法救济路径

裁判要旨

申请不予执行仲裁裁决的“案外人”应予以限缩解释。一是案外人与仲裁裁决或仲裁调解的标的应具有“直接的、法律上的利害关系”。二是仲裁结果损害案外人合法权益。本案仲裁裁决结果为一般金钱债权给付，案外人所提事实和理由，针对执行过程中查封的具体财产，应通过案外人异议及异议之诉程序解决；针对仲裁裁决结果，应通过案外人不予执行仲裁裁决程序审

查，案外人应承担相应举证责任。

某律所与林某某执行复议案

——任一被执行的财产所在地均可作为仲裁裁决执行的管辖依据

裁判要旨

仲裁裁决执行案件的管辖，不仅要审查被执行人住所地，还应当审查被执行的财产所在地。申请执行人向执行法院提供了被执行人在执行法院辖区内的多个财产线索，执行法院经调查确认属实的，可将其作为仲裁裁决执行的管辖依据。

攀枝花市某建设投资经营有限责任公司与攀枝花市某机械化施工有限公司执行复议案

——被执行人迟延履行生效仲裁裁决确定的金钱给付义务的，应当加倍支付迟延履行期间的债务利息

裁判要旨

执行依据为仲裁裁决，没有载明债务人迟延履行义务应承担《民事诉讼法》第260条规定的迟延履行期间债务利息，被执行人迟延履行该仲裁裁决的，申请执行人可以依据法律规定主张迟延履行期间的债务利息。

程某某申请不予执行仲裁裁决执行监督案

——因执行股权而引起公司股东或者股权比例发生的实质性变化及其对公司其他股东所造成的影响，其他股东不具有申请不予执行仲裁裁决的案外人主体资格

裁判要旨

根据《最高人民法院关于人民法院办理仲裁裁决执行案件若干问题的规定》第18条第1项规定，案外人申请不予执行仲裁裁决条件之一是案外人系权利或者利益的主体。本案执行标的是被执行人（某药科公司）持有的某药业公司的相应股权。某药业公司另一大股东提出的执行某药科公司持有的某药业公司股权势必影响其权益的问题，因执行股权而引起公司股东或者股权比例发生的实质性变化及其对公司其他股东所造成的影响，是公司作为民事主体所固有的特性，应当通过《公司法》等相关法律规定进行调整，因此，作为某药业公司持股51%的股东与仲裁案件处理结果无法律上的利害关系，不是该冻结股权执行行为所影响的利益主体。对其提出的不予执行仲裁裁决的申请应予驳回。

贵州某房地产公司与贵州某配电公司仲裁调解书执行监督案

——义务人在履行仲裁调解书中是否构成违约以及承担违约责任，不应在执行程序中作出判断

裁判要旨

义务人已经履行完毕双方约定的给付义务后，权利人以义务人迟延履行为由，向法院申请执行仲裁调解书中约定的“被申请人违约”情形下给付违约金责任的，执行前必须先明确义务人是否构成违约及是否承担违约责任。在被申请人提出其具有不可抗力、仅存在瑕疵履行而非根本违约等免责事由

予以抗辩的情况下，该违约责任是否成立不同于简单的事实判断，而属于双方在履行生效仲裁调解书过程中产生的新的实体争议，应由当事人通过重新仲裁或另行起诉的方式解决，而不宜直接在执行程序中作出判断。

任某某与山西某房地产公司执行监督案

——当事人在仲裁调解书中约定的逾期还款违约金具有惩罚性的，一般不得再以其为基数计算加倍部分的债务利息

裁判要旨

生效法律文书确定借款人应向出借人支付逾期还款的违约金，系借款人违反借款合同约定的按期还款义务而应承担的违约责任，与逾期还款产生的债务利息在性质上具有类似性，同时还具有一定的惩罚性。因此在进入执行程序后，根据《最高人民法院关于执行程序中计算迟延履行期间的债务利息适用法律若干问题的解释》第 1 条第 3 款关于“加倍部分债务利息应以债务人尚未清偿的除一般债务利息之外的金钱债务为基数进行计算”的规定，不应再以该违约金为基数计算加倍部分的债务利息。

常某与某投资基金执行监督案

——仲裁委员会作出仲裁裁决后又出具说明对裁决事项进行解释，若两者文义明显不符，法院不能径行以该说明的内容作为执行依据

裁判要旨

对仲裁裁决书中的文字、计算错误或者仲裁庭已经裁决但在裁决书中遗漏的事项，当事人可以要求仲裁庭予以补正，但应遵循较为严格的程序要求。当仲裁委员会针对裁决事项出具的说明与裁决书主文内容在文义上明显不一致时，执行法院应通过书面告知仲裁庭进行说明，或者向仲裁委员会调阅仲裁案卷等方式查明该说明是否系依法定程序作出、是否具有法律效力等事实，否则不能径行将该说明作为执行依据进行执行。

某高科公司与某天然气公司、陕西某公司执行监督案

——案外人申请仲裁裁决不予执行，应证明仲裁案件当事人之间存在虚构法律关系的情形

裁判要旨

案外人申请仲裁裁决不予执行，应证明仲裁案件当事人之间存在虚构法律关系等情形。在申请执行人提出企业对账函等证据证明案涉债权系双方在持续性交易中通过抵扣、结算而形成，案外人应提出反证予以推翻，在其未提交充分证据证明案涉债权系虚构或不存在的情况下，不能支持其不予执行的申请。

朱某、胡某申请不予执行仲裁裁决执行监督案

——案外人申请不予执行仲裁裁决主张案涉商品房买卖系虚构的交易行为须有充分的证据予以证明

裁判要旨

《最高人民法院关于人民法院办理仲裁裁决执行案件若干问题的规定》第9条、第18条规定了案外人申请不予执行仲裁裁决或者仲裁调解书应符合的条件，包括仲裁案件当事人之间存在虚构法律关系、捏造案件事实的情形等实体内容，其与当事人申请不予执行仲裁裁决应符合的条件并不相同。对于案外人申请不予执行仲裁裁决或者仲裁调解书的案件，应严格依照司法解释规定的要件进行审查，对涉及虚构法律关系等实体问题，案外人提供的证据不足以证明的，不予支持。

宋某慧与崔某兰、王某燕、刘某庆执行监督案

——仲裁裁决裁定不予执行的部分与其他部分可分的，不应将其他内容一并不予执行

裁判要旨

仲裁机构裁决的事项仅有部分内容符合不予执行仲裁裁决情形，且该部分仲裁事项与其他部分可分的，人民法院应当依法裁定对该部分不予执行，正确部分裁决的事项应当予以执行。仲裁裁决确定主债务和担保债务，担保债务部分存在不予执行情形的，可以仅对该部分不予执行，对主债务部分继续执行。

陈某昱、张某彬诉某咨询公司申请撤销仲裁裁决案

——对驳回申请撤销仲裁裁决的裁定一般不予再审的例外情况

裁判要旨

虽然《仲裁法》《民事诉讼法》规定了仲裁司法监督制度，但最高人民法院曾先后作出法释〔1999〕6号《关于当事人对人民法院撤销仲裁裁决的裁定不服申请再审人民法院是否受理问题的批复》、法释〔2000〕17号《关于人民检察院对撤销仲裁裁决的民事裁定提起抗诉人民法院应如何处理问题的批复》、法释〔2000〕46号《关于人民检察院对不撤销仲裁裁决的民事裁定提出抗诉人民法院应否受理问题的批复》、法释〔2004〕9号《关于当事人对驳回其申请撤销仲裁裁决的裁定不服而申请再审，人民法院不予受理问题的批复》等，上述一系列批复体现出最高人民法院一贯秉持仲裁司法监督有限的态度，避免审判权对仲裁的干预过大，以保护当事人的意思自治，促进仲裁事业的发展。

仲裁是当事人自治性解决纠纷的制度，其立法意旨在于充分尊重当事人的意思自治、简化程序，迅速、快捷地解决纠纷。如果允许当事人对于法院

驳回申请撤销仲裁裁决的裁定申请再审，则仲裁裁决随时有可能通过再审程序被撤销，效力无法确定，违背了“一裁终局”和仲裁司法监督有限的原则。以院长发现程序启动再审会产生同样的问题，一般亦不应准许。然本案的特殊之处在于当事人对于合同是否存在仲裁条款存有争议，而根据查明的事实，可以认定仲裁条款的印章系事后加盖，并非当事人的真实意思表示。在此情况下，自不存在尊重当事人意思自治原则，对驳回申请撤销仲裁裁决的裁定应当启动再审程序予以纠正。

某资源国际公司申请认可和执行香港特别行政区仲裁裁决案

——当事人未在仲裁庭规定的异议期间对“多份合同，单个仲裁”提出异议视为程序异议弃权

裁判要旨

在审查仲裁庭对“多份合同，单个仲裁”作出仲裁裁决的程序适用性问题时，申请人提出仲裁申请的合同依据不能同时约束多个被申请人，被申请人应在仲裁庭组成后明确赋予当事人异议权的时间段内正式提出异议。被申请人在此阶段未向仲裁庭提出程序适用性异议而是参加仲裁程序，应视为被申请人已经放弃了对适用该程序提出异议的权利。本案所涉情形不属于仲裁程序违反仲裁规则的情形。

某国际有限公司申请承认和执行外国仲裁裁决案

——公共政策的界定标准

裁判要旨

人民法院在处理申请承认和执行外国仲裁裁决纠纷案时，应严格依照《承认及执行外国仲裁裁决公约》的规定审慎界定违反公共政策的标准，限于承认和执行外国仲裁裁决将严重违反中国法律基本原则、侵犯中国国家主权、

危害社会公共安全、违反善良风俗以及危及中国根本社会公共利益的情形。

某资源国际公司诉某贸易有限公司申请承认和执行外国仲裁裁决案

——国际商事仲裁中当事人的特别约定与当事人选择适用的仲裁规则之间冲突时的司法审查标准

裁判要旨

当事人在仲裁条款中的约定与当事人援引的仲裁规则相冲突时，在仲裁条款的相关约定不违背仲裁地强制性规定的前提下，仲裁条款的约定应当优于仲裁规则的规定；仲裁机构作为经当事人授权而取得仲裁管辖权的仲裁程序管理方，应当对该特定予以充分尊重并优先适用，否则相关的仲裁裁决不应当被承认与执行。

上海某公司诉济南某机车车辆物流公司、山东某机车车辆公司执行异议之诉案

——当事人对已经生效的仲裁裁决或法院裁判驳回的诉讼请求以执行异议之诉的方式再行主张的，裁定驳回

裁判要旨

当事人针对已经生效的仲裁裁决或人民法院判决驳回的部分请求，在执行该裁决或判决的过程中又以相同的请求和理由提出执行异议之诉的，属于重复诉讼，应当裁定驳回起诉。

某亚太控股有限公司等诉新疆某某管理咨询有限责任公司等仲裁程序案

——合同仲裁条款的扩张适用

裁判要旨

1. 侵权责任纠纷具有可仲裁性。当事人在合同中约定的仲裁条款对基于该合同提起的侵权之诉原则上具有约束力。

2. 侵权之诉的当事人超出合同当事人范畴的，如该侵权之诉属于普通共同诉讼，诉讼标的具有可分性，仲裁条款仅约束合同当事人；如该侵权之诉属于必要共同诉讼，诉讼标的具有不可分性，虽然合同当事人之间存在仲裁条款约定，但该仲裁条款不能约束合同当事人与非合同当事人之间的必要共同侵权纠纷，故人民法院对于该侵权之诉整体享有管辖权。

北京某巡洋公司诉某外国公司国际货物买卖合同纠纷案

——依据仲裁地法律，未明确约定仲裁机构的仲裁条款也具有合法效力

裁判要旨

涉外仲裁协议的认定，首先应先行确定仲裁协议效力应适用的法律，进而判断仲裁协议的效力。而适用法律的甄别与选取，优先尊重当事人的意思自治范畴下的协议选择，其次适用仲裁机构所在地法律或者仲裁地法律，均无约定则考虑适用我国法律。

马某诉北京某投资中心、北京某管理公司民间借贷纠纷案

——合同约定的仲裁条款对合同之外的当事人不具有约束力

裁判要旨

合同约定的仲裁条款对合同之外的当事人不具有约束力。债权人起诉合伙企业偿还借款，并诉请普通合伙人承担连带责任的，普通合伙人以其与债权人之间约定了仲裁条款为由，主张案件不属于人民法院受理案件范围的，人民法院不予支持。

某船务有限公司诉上海某银行股份有限公司保证合同纠纷案

——主张合同缔约过失责任不能排除仲裁条款适用

裁判要旨

作为主合同中的仲裁条款的效力并不必然及于保证合同项下的争议。在纠纷发生后，债权人依照保证人单方出具保函中的仲裁条款提起仲裁之时，可认为债权人愿意接受仲裁条款约束，双方达成仲裁合意。仲裁条款具有独立性，合同中的有效仲裁条款对于当事方关于缔约过失责任的争议仍然适用。

第五部分　法答网精选问答

债权人代位权的行使是否受到仲裁协议的限制?

答疑意见：对此可从两个层面来考虑。

一、债务人与相对人之间的债权债务关系订有仲裁协议的，不影响债权人对相对人提起代位权诉讼。

首先，这是由民法典的制度设计所决定的。根据民法典第五百三十五条第一款的规定，代位权只能通过向人民法院起诉的方式行使。如果代位权诉讼受仲裁协议约束，则债务人为损害债权人利益，可能恶意采取与相对人事先订立仲裁协议的方式排除债权人行使代位权，从而导致代位权制度被实质架空。

其次，这也是由代位权的权利性质所决定的。代位权源自法律的直接规定，属于法定权利，而非约定的权利，也不能通过约定的方式排除该权利的行使。代位权既非代理权，也不同于债权转让，不存在仲裁协议也由债权人继受的法理基础。

再次，这还是由意思自治原则所决定的。在代位权诉讼中，债权人并非债务人与相对人签订的合同的一方当事人，也非该合同项下的权利义务受让人。故债务人与相对人之间约定的仲裁条款对债权人并无约束力，仲裁协议不能对抗债权人代位权诉讼的法定管辖，否则等于强迫债权人接受自己未订立的协议。

代位权诉讼不受债务人与相对人之间仲裁协议的约束，是最高人民法院一直坚持的司法立场。根据原《最高人民法院关于适用〈中华人民共和国合同法〉若干问题的解释（一）》第十三条的规定，债务人怠于行使权利是指不以诉讼或者仲裁方式主张权利，据此可以直接得出代位权行使不受仲裁协议约束的结论。《最高人民法院关于适用〈中华人民共和国民法典〉合同编通则若干问题的解释》(以下简称《合同编通则解释》)第三十六条也再次重申了这一立场，即债权人提起代位权诉讼后，债务人或者相对人以双方之间的债权债务关系订有仲裁协议为由对法院主管提出异议的，人民法院不予支持。需要注意的是，《合同编通则解释》第三十六条也特别强调了对仲裁协议的尊重和维护，即如果债务人或者相对人在首次开庭前就债务人与相对人之间的债权债务关系申请仲裁的，人民法院可以依法中止代位权诉讼。

综上，债务人与相对人之间订有仲裁协议的，不影响债权人对相对人提起代位权诉讼，但是可能会引起诉讼中止。

二、债权人与债务人之间的债权债务关系订有仲裁协议的，也不影响债权人提起代位权诉讼。

这是因为该仲裁协议只在当事人对债权人是否享有债权及其数额大小有争议时才有意义。但是债权是否存在是代位权行使的实体条件，而非程序条件。《合同编通则解释》第四十条第二款规定，债务人的相对人仅以债权人提起代位权诉讼时债权人与债务人之间的债权债务关系未经生效法律文书确认为由，主张债权人提起的诉讼不符合代位权行使条件的，人民法院不予支持。这里的生效法律文书当然也包括仲裁裁决书。据此，即使债权人与债务人之间的债权债务关系未经仲裁，也不影响人民法院就代位权诉讼作出实体裁判，自然也不能影响人民法院对相应纠纷行使管辖权。根据《合同编通则解释》第三十七条第一款的规定，在代位权诉讼中，债务人作为第三人参加诉讼。因此，如果债务人对债权人享有的债权及其数额没有争议，则旨在解决债务人与债权人之间纠纷的仲裁协议不会发生作用。当然，如果债务人对债权人是否享有债权及其数额大小有争议，则该争议只能通过仲裁程序解决。如果该争议直接影响受理代位权诉讼的人民法院对代位权是否成立的判断，则属于民事诉讼法第一百五十三条第一款第五项规定的“本案必须以另一案的审理结果为依据，而另一案尚未审结”的情形，代位权诉讼应当依法中止，等待仲裁程序就债权人与债务人之间的债权债务关系作出裁决。可见，此时也只是影响代位权诉讼的进行，仍然不影响债权人提起代位权诉讼。

综合以上两个层面考虑，倾向于认为：债权人与债务人、债务人与相对人之间的两段债权债务关系各订有仲裁协议，也不影响债权人提起代位权诉讼。与《合同编通则解释》一同发布的典型案例五“某控股株式会社与某利公司等债权人代位权纠纷案”即属此类情形。

咨询人：江苏省高级人民法院研究室　卢燊绅

答疑专家：最高人民法院研究室民事处　蒋家棣

第六部分 相关规定

中华人民共和国仲裁法

（1994年8月31日第八届全国人民代表大会常务委员会第九次会议通过 根据2009年8月27日第十一届全国人民代表大会常务委员会第十次会议《关于修改部分法律的决定》第一次修正 根据2017年9月1日第十二届全国人民代表大会常务委员会第二十九次会议《关于修改〈中华人民共和国法官法〉等八部法律的决定》第二次修正）

目录

第一章　总　则

第一条　为保证公正、及时地仲裁经济纠纷，保护当事人的合法权益，保障社会主义市场经济健康发展，制定本法。

第二条　平等主体的公民、法人和其他组织之间发生的合同纠纷和其他财产权益纠纷，可以仲裁。

第三条　下列纠纷不能仲裁：

（一）婚姻、收养、监护、扶养、继承纠纷；

（二）依法应当由行政机关处理的行政争议。

第四条　当事人采用仲裁方式解决纠纷，应当双方自愿，达成仲裁协议。没有仲裁协议，一方申请仲裁的，仲裁委员会不予受理。

第五条　当事人达成仲裁协议，一方向人民法院起诉的，人民法院不予受理，但仲裁协议无效的除外。

第六条　仲裁委员会应当由当事人协议选定。

仲裁不实行级别管辖和地域管辖。

第七条　仲裁应当根据事实，符合法律规定，公平合理地解决纠纷。

第八条　仲裁依法独立进行，不受行政机关、社会团体和个人的干涉。

第九条　仲裁实行一裁终局的制度。裁决作出后，当事人就同一纠纷再申请仲裁或者向人民法院起诉的，仲裁委员会或者人民法院不予受理。

裁决被人民法院依法裁定撤销或者不予执行的，当事人就该纠纷可以根据双方重新达成的仲裁协议申请仲裁，也可以向人民法院起诉。

第二章　仲裁委员会和仲裁协会

第十条　仲裁委员会可以在直辖市和省、自治区人民政府所在地的市设立，也可以根据需要在其他设区的市设立，不按行政区划层层设立。

仲裁委员会由前款规定的市的人民政府组织有关部门和商会统一组建。

设立仲裁委员会，应当经省、自治区、直辖市的司法行政部门登记。

第十一条　仲裁委员会应当具备下列条件：

（一）有自己的名称、住所和章程；

（二）有必要的财产；

（三）有该委员会的组成人员；

（四）有聘任的仲裁员。

仲裁委员会的章程应当依照本法制定。

第十二条 仲裁委员会由主任一人、副主任二至四人和委员七至十一人组成。

仲裁委员会的主任、副主任和委员由法律、经济贸易专家和有实际工作经验的人员担任。仲裁委员会的组成人员中，法律、经济贸易专家不得少于三分之二。

第十三条 仲裁委员会应当从公道正派的人员中聘任仲裁员。

仲裁员应当符合下列条件之一：

（一）通过国家统一法律职业资格考试取得法律职业资格，从事仲裁工作满八年的；

（二）从事律师工作满八年的；

（三）曾任法官满八年的；

（四）从事法律研究、教学工作并具有高级职称的；

（五）具有法律知识、从事经济贸易等专业工作并具有高级职称或者具有同等专业水平的。

仲裁委员会按照不同专业设仲裁员名册。

第十四条 仲裁委员会独立于行政机关，与行政机关没有隶属关系。仲裁委员会之间也没有隶属关系。

第十五条 中国仲裁协会是社会团体法人。仲裁委员会是中国仲裁协会的会员。中国仲裁协会的章程由全国会员大会制定。

中国仲裁协会是仲裁委员会的自律性组织，根据章程对仲裁委员会及其组成人员、仲裁员的违纪行为进行监督。

中国仲裁协会依照本法和民事诉讼法的有关规定制定仲裁规则。

第三章 仲裁协议

第十六条 仲裁协议包括合同中订立的仲裁条款和以其他书面方式在纠纷发生前或者纠纷发生后达成的请求仲裁的协议。

仲裁协议应当具有下列内容：

（一）请求仲裁的意思表示；

（二）仲裁事项；

（三）选定的仲裁委员会。

第十七条 有下列情形之一的，仲裁协议无效：

（一）约定的仲裁事项超出法律规定的仲裁范围的；

（二）无民事行为能力人或者限制民事行为能力人订立的仲裁协议；

（三）一方采取胁迫手段，迫使对方订立仲裁协议的。

第十八条 仲裁协议对仲裁事项或者仲裁委员会没有约定或者约定不明确的，当事人可以补充协议；达不成补充协议的，仲裁协议无效。

第十九条 仲裁协议独立存在，合同的变更、解除、终止或者无效，不影响仲裁协议的效力。

仲裁庭有权确认合同的效力。

第二十条 当事人对仲裁协议的效力有异议的，可以请求仲裁委员会作出决定或者请求人民法院作出裁定。一方请求仲裁委员会作出决定，另一方请求人民法院作出裁定的，由人民法院裁定。

当事人对仲裁协议的效力有异议，应当在仲裁庭首次开庭前提出。

第四章 仲裁程序

第一节 申请和受理

第二十一条 当事人申请仲裁应当符合下列条件：

（一）有仲裁协议；

（二）有具体的仲裁请求和事实、理由；

（三）属于仲裁委员会的受理范围。

第二十二条 当事人申请仲裁，应当向仲裁委员会递交仲裁协议、仲裁申请书及副本。

第二十三条 仲裁申请书应当载明下列事项：

（一）当事人的姓名、性别、年龄、职业、工作单位和住所，法人或者其他组织的名称、住所和法定代表人或者主要负责人的姓名、职务；

（二）仲裁请求和所根据的事实、理由；

（三）证据和证据来源、证人姓名和住所。

第二十四条　仲裁委员会收到仲裁申请书之日起五日内，认为符合受理条件的，应当受理，并通知当事人；认为不符合受理条件的，应当书面通知当事人不予受理，并说明理由。

第二十五条　仲裁委员会受理仲裁申请后，应当在仲裁规则规定的期限内将仲裁规则和仲裁员名册送达申请人，并将仲裁申请书副本和仲裁规则、仲裁员名册送达被申请人。

被申请人收到仲裁申请书副本后，应当在仲裁规则规定的期限内向仲裁委员会提交答辩书。仲裁委员会收到答辩书后，应当在仲裁规则规定的期限内将答辩书副本送达申请人。被申请人未提交答辩书的，不影响仲裁程序的进行。

第二十六条　当事人达成仲裁协议，一方向人民法院起诉未声明有仲裁协议，人民法院受理后，另一方在首次开庭前提交仲裁协议的，人民法院应当驳回起诉，但仲裁协议无效的除外；另一方在首次开庭前未对人民法院受理该案提出异议的，视为放弃仲裁协议，人民法院应当继续审理。

第二十七条　申请人可以放弃或者变更仲裁请求。被申请人可以承认或者反驳仲裁请求，有权提出反请求。

第二十八条　一方当事人因另一方当事人的行为或者其他原因，可能使裁决不能执行或者难以执行的，可以申请财产保全。

当事人申请财产保全的，仲裁委员会应当将当事人的申请依照民事诉讼法的有关规定提交人民法院。

申请有错误的，申请人应当赔偿被申请人因财产保全所遭受的损失。

第二十九条　当事人、法定代理人可以委托律师和其他代理人进行仲裁活动。委托律师和其他代理人进行仲裁活动的，应当向仲裁委员会提交授权委托书。

第二节　仲裁庭的组成

第三十条　仲裁庭可以由三名仲裁员或者一名仲裁员组成。由三名仲裁员组成的，设首席仲裁员。

第三十一条　当事人约定由三名仲裁员组成仲裁庭的，应当各自选定或者各自委托仲裁委员会主任指定一名仲裁员，第三名仲裁员由当事人共同选定或者共同委托仲裁委员会主任指定。第三名仲裁员是首席仲裁员。

当事人约定由一名仲裁员成立仲裁庭的，应当由当事人共同选定或者共同委托仲裁委员会主任指定仲裁员。

第三十二条 当事人没有在仲裁规则规定的期限内约定仲裁庭的组成方式或者选定仲裁员的，由仲裁委员会主任指定。

第三十三条 仲裁庭组成后，仲裁委员会应当将仲裁庭的组成情况书面通知当事人。

第三十四条 仲裁员有下列情形之一的，必须回避，当事人也有权提出回避申请：

（一）是本案当事人或者当事人、代理人的近亲属；

（二）与本案有利害关系；

（三）与本案当事人、代理人有其他关系，可能影响公正仲裁的；

（四）私自会见当事人、代理人，或者接受当事人、代理人的请客送礼的。

第三十五条 当事人提出回避申请，应当说明理由，在首次开庭前提出。回避事由在首次开庭后知道的，可以在最后一次开庭终结前提出。

第三十六条 仲裁员是否回避，由仲裁委员会主任决定；仲裁委员会主任担任仲裁员时，由仲裁委员会集体决定。

第三十七条 仲裁员因回避或者其他原因不能履行职责的，应当依照本法规定重新选定或者指定仲裁员。

因回避而重新选定或者指定仲裁员后，当事人可以请求已进行的仲裁程序重新进行，是否准许，由仲裁庭决定；仲裁庭也可以自行决定已进行的仲裁程序是否重新进行。

第三十八条 仲裁员有本法第三十四条第四项规定的情形，情节严重的，或者有本法第五十八条第六项规定的情形的，应当依法承担法律责任，仲裁委员会应当将其除名。

第三节　开庭和裁决

第三十九条 仲裁应当开庭进行。当事人协议不开庭的，仲裁庭可以根据仲裁申请书、答辩书以及其他材料作出裁决。

第四十条　仲裁不公开进行。当事人协议公开的，可以公开进行，但涉及国家秘密的除外。

第四十一条　仲裁委员会应当在仲裁规则规定的期限内将开庭日期通知双方当事人。当事人有正当理由的，可以在仲裁规则规定的期限内请求延期开庭。是否延期，由仲裁庭决定。

第四十二条　申请人经书面通知，无正当理由不到庭或者未经仲裁庭许可中途退庭的，可以视为撤回仲裁申请。

被申请人经书面通知，无正当理由不到庭或者未经仲裁庭许可中途退庭的，可以缺席裁决。

第四十三条　当事人应当对自己的主张提供证据。

仲裁庭认为有必要收集的证据，可以自行收集。

第四十四条　仲裁庭对专门性问题认为需要鉴定的，可以交由当事人约定的鉴定部门鉴定，也可以由仲裁庭指定的鉴定部门鉴定。

根据当事人的请求或者仲裁庭的要求，鉴定部门应当派鉴定人参加开庭。当事人经仲裁庭许可，可以向鉴定人提问。

第四十五条　证据应当在开庭时出示，当事人可以质证。

第四十六条　在证据可能灭失或者以后难以取得的情况下，当事人可以申请证据保全。当事人申请证据保全的，仲裁委员会应当将当事人的申请提交证据所在地的基层人民法院。

第四十七条　当事人在仲裁过程中有权进行辩论。辩论终结时，首席仲裁员或者独任仲裁员应当征询当事人的最后意见。

第四十八条　仲裁庭应当将开庭情况记入笔录。当事人和其他仲裁参与人认为对自己陈述的记录有遗漏或者差错的，有权申请补正。如果不予补正，应当记录该申请。

笔录由仲裁员、记录人员、当事人和其他仲裁参与人签名或者盖章。

第四十九条　当事人申请仲裁后，可以自行和解。达成和解协议的，可以请求仲裁庭根据和解协议作出裁决书，也可以撤回仲裁申请。

第五十条　当事人达成和解协议，撤回仲裁申请后反悔的，可以根据仲裁协议申请仲裁。

第五十一条 仲裁庭在作出裁决前，可以先行调解。当事人自愿调解的，仲裁庭应当调解。调解不成的，应当及时作出裁决。

调解达成协议的，仲裁庭应当制作调解书或者根据协议的结果制作裁决书。调解书与裁决书具有同等法律效力。

第五十二条 调解书应当写明仲裁请求和当事人协议的结果。调解书由仲裁员签名，加盖仲裁委员会印章，送达双方当事人。

调解书经双方当事人签收后，即发生法律效力。

在调解书签收前当事人反悔的，仲裁庭应当及时作出裁决。

第五十三条 裁决应当按照多数仲裁员的意见作出，少数仲裁员的不同意见可以记入笔录。仲裁庭不能形成多数意见时，裁决应当按照首席仲裁员的意见作出。

第五十四条 裁决书应当写明仲裁请求、争议事实、裁决理由、裁决结果、仲裁费用的负担和裁决日期。当事人协议不愿写明争议事实和裁决理由的，可以不写。裁决书由仲裁员签名，加盖仲裁委员会印章。对裁决持不同意见的仲裁员，可以签名，也可以不签名。

第五十五条 仲裁庭仲裁纠纷时，其中一部分事实已经清楚，可以就该部分先行裁决。

第五十六条 对裁决书中的文字、计算错误或者仲裁庭已经裁决但在裁决书中遗漏的事项，仲裁庭应当补正；当事人自收到裁决书之日起三十日内，可以请求仲裁庭补正。

第五十七条 裁决书自作出之日起发生法律效力。

第五章　申请撤销裁决

第五十八条 当事人提出证据证明裁决有下列情形之一的，可以向仲裁委员会所在地的中级人民法院申请撤销裁决：

（一）没有仲裁协议的；

（二）裁决的事项不属于仲裁协议的范围或者仲裁委员会无权仲裁的；

（三）仲裁庭的组成或者仲裁的程序违反法定程序的；

（四）裁决所根据的证据是伪造的；

（五）对方当事人隐瞒了足以影响公正裁决的证据的；

（六）仲裁员在仲裁该案时有索贿受贿，徇私舞弊，枉法裁决行为的。

人民法院经组成合议庭审查核实裁决有前款规定情形之一的，应当裁定撤销。

人民法院认定该裁决违背社会公共利益的，应当裁定撤销。

第五十九条　当事人申请撤销裁决的，应当自收到裁决书之日起六个月内提出。

第六十条　人民法院应当在受理撤销裁决申请之日起两个月内作出撤销裁决或者驳回申请的裁定。

第六十一条　人民法院受理撤销裁决的申请后，认为可以由仲裁庭重新仲裁的，通知仲裁庭在一定期限内重新仲裁，并裁定中止撤销程序。仲裁庭拒绝重新仲裁的，人民法院应当裁定恢复撤销程序。

第六章　执　行

第六十二条　当事人应当履行裁决。一方当事人不履行的，另一方当事人可以依照民事诉讼法的有关规定向人民法院申请执行。受申请的人民法院应当执行。

第六十三条　被申请人提出证据证明裁决有民事诉讼法第二百一十三条第二款规定的情形之一的，经人民法院组成合议庭审查核实，裁定不予执行。

第六十四条　一方当事人申请执行裁决，另一方当事人申请撤销裁决的，人民法院应当裁定中止执行。

人民法院裁定撤销裁决的，应当裁定终结执行。撤销裁决的申请被裁定驳回的，人民法院应当裁定恢复执行。

第七章　涉外仲裁的特别规定

第六十五条　涉外经济贸易、运输和海事中发生的纠纷的仲裁，适用本章规定。本章没有规定的，适用本法其他有关规定。

第六十六条　涉外仲裁委员会可以由中国国际商会组织设立。

涉外仲裁委员会由主任一人、副主任若干人和委员若干人组成。

涉外仲裁委员会的主任、副主任和委员可以由中国国际商会聘任。

第六十七条　涉外仲裁委员会可以从具有法律、经济贸易、科学技术等专门知识的外籍人士中聘任仲裁员。

第六十八条 涉外仲裁的当事人申请证据保全的，涉外仲裁委员会应当将当事人的申请提交证据所在地的中级人民法院。

第六十九条 涉外仲裁的仲裁庭可以将开庭情况记入笔录，或者作出笔录要点，笔录要点可以由当事人和其他仲裁参与人签字或者盖章。

第七十条 当事人提出证据证明涉外仲裁裁决有民事诉讼法第二百五十八条第一款规定的情形之一的，经人民法院组成合议庭审查核实，裁定撤销。

第七十一条 被申请人提出证据证明涉外仲裁裁决有民事诉讼法第二百五十八条第一款规定的情形之一的，经人民法院组成合议庭审查核实，裁定不予执行。

第七十二条 涉外仲裁委员会作出的发生法律效力的仲裁裁决，当事人请求执行的，如果被执行人或者其财产不在中华人民共和国领域内，应当由当事人直接向有管辖权的外国法院申请承认和执行。

第七十三条 涉外仲裁规则可以由中国国际商会依照本法和民事诉讼法的有关规定制定。

第八章　附　则

第七十四条 法律对仲裁时效有规定的，适用该规定。法律对仲裁时效没有规定的，适用诉讼时效的规定。

第七十五条 中国仲裁协会制定仲裁规则前，仲裁委员会依照本法和民事诉讼法的有关规定可以制定仲裁暂行规则。

第七十六条 当事人应当按照规定交纳仲裁费用。

收取仲裁费用的办法，应当报物价管理部门核准。

第七十七条 劳动争议和农业集体经济组织内部的农业承包合同纠纷的仲裁，另行规定。

第七十八条 本法施行前制定的有关仲裁的规定与本法的规定相抵触的，以本法为准。

第七十九条 本法施行前在直辖市、省、自治区人民政府所在地的市和其他设区的市设立的仲裁机构，应当依照本法的有关规定重新组建；未重新组建的，自本法施行之日起届满一年时终止。

本法施行前设立的不符合本法规定的其他仲裁机构，自本法施行之日起终止。

第八十条　本法自1995年9月1日起施行。

中华人民共和国劳动争议调解仲裁法

（2007年12月29日第十届全国人民代表大会常务委员会第三十一次会议通过
2007年12月29日中华人民共和国主席令第八十号公布
自2008年5月1日起施行）

目　录

第一章　总　则

第一条　【立法目的】为了公正及时解决劳动争议，保护当事人合法权益，促进劳动关系和谐稳定，制定本法。

第二条　【适用范围】中华人民共和国境内的用人单位与劳动者发生的下列劳动争议，适用本法：

（一）因确认劳动关系发生的争议；

（二）因订立、履行、变更、解除和终止劳动合同发生的争议；

（三）因除名、辞退和辞职、离职发生的争议；

（四）因工作时间、休息休假、社会保险、福利、培训以及劳动保护发生的争议；

（五）因劳动报酬、工伤医疗费、经济补偿或者赔偿金等发生的争议；

（六）法律、法规规定的其他劳动争议。

第三条 【劳动争议处理的原则】解决劳动争议，应当根据事实，遵循合法、公正、及时、着重调解的原则，依法保护当事人的合法权益。

第四条 【劳动争议当事人的协商和解】发生劳动争议，劳动者可以与用人单位协商，也可以请工会或者第三方共同与用人单位协商，达成和解协议。

第五条 【劳动争议处理的基本程序】发生劳动争议，当事人不愿协商、协商不成或者达成和解协议后不履行的，可以向调解组织申请调解；不愿调解、调解不成或者达成调解协议后不履行的，可以向劳动争议仲裁委员会申请仲裁；对仲裁裁决不服的，除本法另有规定的外，可以向人民法院提起诉讼。

第六条 【举证责任】发生劳动争议，当事人对自己提出的主张，有责任提供证据。与争议事项有关的证据属于用人单位掌握管理的，用人单位应当提供；用人单位不提供的，应当承担不利后果。

第七条 【劳动争议处理的代表人制度】发生劳动争议的劳动者一方在十人以上，并有共同请求的，可以推举代表参加调解、仲裁或者诉讼活动。

第八条 【劳动争议处理的协调劳动关系三方机制】县级以上人民政府劳动行政部门会同工会和企业方面代表建立协调劳动关系三方机制，共同研究解决劳动争议的重大问题。

第九条 【劳动监察】用人单位违反国家规定，拖欠或者未足额支付劳动报酬，或者拖欠工伤医疗费、经济补偿或者赔偿金的，劳动者可以向劳动行政部门投诉，劳动行政部门应当依法处理。

第二章　调　解

第十条 【调解组织】发生劳动争议，当事人可以到下列调解组织申请调解：

（一）企业劳动争议调解委员会；

（二）依法设立的基层人民调解组织；

（三）在乡镇、街道设立的具有劳动争议调解职能的组织。

企业劳动争议调解委员会由职工代表和企业代表组成。职工代表由工会成员担任或者由全体职工推举产生，企业代表由企业负责人指定。企业劳动争议调解委员会主任由工会成员或者双方推举的人员担任。

第十一条 【担任调解员的条件】劳动争议调解组织的调解员应当由公道正派、联系群众、热心调解工作，并具有一定法律知识、政策水平和文化水平的成年公民担任。

第十二条 【调解申请】当事人申请劳动争议调解可以书面申请，也可以口头申请。口头申请的，调解组织应当当场记录申请人基本情况、申请调解的争议事项、理由和时间。

第十三条 【调解方式】调解劳动争议，应当充分听取双方当事人对事实和理由的陈述，耐心疏导，帮助其达成协议。

第十四条 【调解协议】经调解达成协议的，应当制作调解协议书。

调解协议书由双方当事人签名或者盖章，经调解员签名并加盖调解组织印章后生效，对双方当事人具有约束力，当事人应当履行。

自劳动争议调解组织收到调解申请之日起十五日内未达成调解协议的，当事人可以依法申请仲裁。

第十五条 【申请仲裁】达成调解协议后，一方当事人在协议约定期限内不履行调解协议的，另一方当事人可以依法申请仲裁。

第十六条 【支付令】因支付拖欠劳动报酬、工伤医疗费、经济补偿或者赔偿金事项达成调解协议，用人单位在协议约定期限内不履行的，劳动者可以持调解协议书依法向人民法院申请支付令。人民法院应当依法发出支付令。

第三章 仲 裁

第一节 一般规定

第十七条 【劳动争议仲裁委员会设立】劳动争议仲裁委员会按照统筹规划、合理布局和适应实际需要的原则设立。省、自治区人民政府可以决定在市、县设立；直辖市人民政府可以决定在区、县设立。直辖市、设区的市也可以设立一个或者若干个劳动争议仲裁委员会。劳动争议仲裁委员会不按行政区划层层设立。

第十八条 【制定仲裁规则及指导劳动争议仲裁工作】国务院劳动行政部门依照本法有关规定制定仲裁规则。省、自治区、直辖市人民政府劳动行政部门对本行政区域的劳动争议仲裁工作进行指导。

第十九条 【劳动争议仲裁委员会组成及职责】劳动争议仲裁委员会由劳动行政部门代表、工会代表和企业方面代表组成。劳动争议仲裁委员会组成人员应当是单数。

劳动争议仲裁委员会依法履行下列职责：

（一）聘任、解聘专职或者兼职仲裁员；

（二）受理劳动争议案件；

（三）讨论重大或者疑难的劳动争议案件；

（四）对仲裁活动进行监督。

劳动争议仲裁委员会下设办事机构，负责办理劳动争议仲裁委员会的日常工作。

第二十条 【仲裁员资格条件】劳动争议仲裁委员会应当设仲裁员名册。

仲裁员应当公道正派并符合下列条件之一：

（一）曾任审判员的；

（二）从事法律研究、教学工作并具有中级以上职称的；

（三）具有法律知识、从事人力资源管理或者工会等专业工作满五年的；

（四）律师执业满三年的。

第二十一条 【仲裁管辖】劳动争议仲裁委员会负责管辖本区域内发生的劳动争议。

劳动争议由劳动合同履行地或者用人单位所在地的劳动争议仲裁委员会管辖。双方当事人分别向劳动合同履行地和用人单位所在地的劳动争议仲裁委员会申请仲裁的，由劳动合同履行地的劳动争议仲裁委员会管辖。

第二十二条 【仲裁案件当事人】发生劳动争议的劳动者和用人单位为劳动争议仲裁案件的双方当事人。

劳务派遣单位或者用工单位与劳动者发生劳动争议的，劳务派遣单位和用工单位为共同当事人。

第二十三条 【仲裁案件第三人】与劳动争议案件的处理结果有利害关系的第三人，可以申请参加仲裁活动或者由劳动争议仲裁委员会通知其参加仲裁活动。

第二十四条　【委托代理】当事人可以委托代理人参加仲裁活动。委托他人参加仲裁活动，应当向劳动争议仲裁委员会提交有委托人签名或者盖章的委托书，委托书应当载明委托事项和权限。

第二十五条　【法定代理和指定代理】丧失或者部分丧失民事行为能力的劳动者，由其法定代理人代为参加仲裁活动；无法定代理人的，由劳动争议仲裁委员会为其指定代理人。劳动者死亡的，由其近亲属或者代理人参加仲裁活动。

第二十六条　【仲裁公开】劳动争议仲裁公开进行，但当事人协议不公开进行或者涉及国家秘密、商业秘密和个人隐私的除外。

第二节　申请和受理

第二十七条　【仲裁时效】劳动争议申请仲裁的时效期间为一年。仲裁时效期间从当事人知道或者应当知道其权利被侵害之日起计算。

前款规定的仲裁时效，因当事人一方向对方当事人主张权利，或者向有关部门请求权利救济，或者对方当事人同意履行义务而中断。从中断时起，仲裁时效期间重新计算。

因不可抗力或者有其他正当理由，当事人不能在本条第一款规定的仲裁时效期间申请仲裁的，仲裁时效中止。从中止时效的原因消除之日起，仲裁时效期间继续计算。

劳动关系存续期间因拖欠劳动报酬发生争议的，劳动者申请仲裁不受本条第一款规定的仲裁时效期间的限制；但是，劳动关系终止的，应当自劳动关系终止之日起一年内提出。

第二十八条　【仲裁申请】申请人申请仲裁应当提交书面仲裁申请，并按照被申请人人数提交副本。

仲裁申请书应当载明下列事项：

（一）劳动者的姓名、性别、年龄、职业、工作单位和住所，用人单位的名称、住所和法定代表人或者主要负责人的姓名、职务；

（二）仲裁请求和所根据的事实、理由；

（三）证据和证据来源、证人姓名和住所。

书写仲裁申请确有困难的，可以口头申请，由劳动争议仲裁委员会记入笔录，并告知对方当事人。

第二十九条 【仲裁申请的受理和不予受理】劳动争议仲裁委员会收到仲裁申请之日起五日内，认为符合受理条件的，应当受理，并通知申请人；认为不符合受理条件的，应当书面通知申请人不予受理，并说明理由。对劳动争议仲裁委员会不予受理或者逾期未作出决定的，申请人可以就该劳动争议事项向人民法院提起诉讼。

第三十条 【仲裁申请送达与仲裁答辩书的提供】劳动争议仲裁委员会受理仲裁申请后，应当在五日内将仲裁申请书副本送达被申请人。

被申请人收到仲裁申请书副本后，应当在十日内向劳动争议仲裁委员会提交答辩书。劳动争议仲裁委员会收到答辩书后，应当在五日内将答辩书副本送达申请人。被申请人未提交答辩书的，不影响仲裁程序的进行。

第三节　开庭和裁决

第三十一条 【仲裁庭组成】劳动争议仲裁委员会裁决劳动争议案件实行仲裁庭制。仲裁庭由三名仲裁员组成，设首席仲裁员。简单劳动争议案件可以由一名仲裁员独任仲裁。

第三十二条 【书面通知仲裁庭组成情况】劳动争议仲裁委员会应当在受理仲裁申请之日起五日内将仲裁庭的组成情况书面通知当事人。

第三十三条 【仲裁员回避】仲裁员有下列情形之一，应当回避，当事人也有权以口头或者书面方式提出回避申请：

（一）是本案当事人或者当事人、代理人的近亲属的；

（二）与本案有利害关系的；

（三）与本案当事人、代理人有其他关系，可能影响公正裁决的；

（四）私自会见当事人、代理人，或者接受当事人、代理人的请客送礼的。

劳动争议仲裁委员会对回避申请应当及时作出决定，并以口头或者书面方式通知当事人。

第三十四条 【仲裁员的法律责任】仲裁员有本法第三十三条第四项规定情形，或者有索贿受贿、徇私舞弊、枉法裁决行为的，应当依法承担法律责任。劳动争议仲裁委员会应当将其解聘。

第三十五条 【开庭通知与延期开庭】仲裁庭应当在开庭五日前，将开庭日期、地点书面通知双方当事人。当事人有正当理由的，可以在开庭三日前请求延期开庭。是否延期，由劳动争议仲裁委员会决定。

第三十六条 【视为撤回仲裁裁决和缺席裁决】申请人收到书面通知，无正当理由拒不到庭或者未经仲裁庭同意中途退庭的，可以视为撤回仲裁申请。

被申请人收到书面通知，无正当理由拒不到庭或者未经仲裁庭同意中途退庭的，可以缺席裁决。

第三十七条 【鉴定】仲裁庭对专门性问题认为需要鉴定的，可以交由当事人约定的鉴定机构鉴定；当事人没有约定或者无法达成约定的，由仲裁庭指定的鉴定机构鉴定。

根据当事人的请求或者仲裁庭的要求，鉴定机构应当派鉴定人参加开庭。当事人经仲裁庭许可，可以向鉴定人提问。

第三十八条 【质证、辩论、陈述最后意见】当事人在仲裁过程中有权进行质证和辩论。质证和辩论终结时，首席仲裁员或者独任仲裁员应当征询当事人的最后意见。

第三十九条 【证据及举证责任】当事人提供的证据经查证属实的，仲裁庭应当将其作为认定事实的根据。

劳动者无法提供由用人单位掌握管理的与仲裁请求有关的证据，仲裁庭可以要求用人单位在指定期限内提供。用人单位在指定期限内不提供的，应当承担不利后果。

第四十条 【仲裁庭审笔录】仲裁庭应当将开庭情况记入笔录。当事人和其他仲裁参加人认为对自己陈述的记录有遗漏或者差错的，有权申请补正。如果不予补正，应当记录该申请。

笔录由仲裁员、记录人员、当事人和其他仲裁参加人签名或者盖章。

第四十一条 【当事人自行和解】当事人申请劳动争议仲裁后，可以自行和解。达成和解协议的，可以撤回仲裁申请。

第四十二条 【仲裁庭调解】仲裁庭在作出裁决前，应当先行调解。

调解达成协议的，仲裁庭应当制作调解书。

调解书应当写明仲裁请求和当事人协议的结果。调解书由仲裁员签名，加盖劳动争议仲裁委员会印章，送达双方当事人。调解书经双方当事人签收后，发生法律效力。

调解不成或者调解书送达前，一方当事人反悔的，仲裁庭应当及时作出裁决。

第四十三条 【仲裁审理时限及先行裁决】仲裁庭裁决劳动争议案件，应当自劳动争议仲裁委员会受理仲裁申请之日起四十五日内结束。案情复杂需要延期的，经劳动争议仲裁委员会主任批准，可以延期并书面通知当事人，但是延长期限不得超过十五日。逾期未作出仲裁裁决的，当事人可以就该劳动争议事项向人民法院提起诉讼。

仲裁庭裁决劳动争议案件时，其中一部分事实已经清楚，可以就该部分先行裁决。

第四十四条 【先予执行】仲裁庭对追索劳动报酬、工伤医疗费、经济补偿或者赔偿金的案件，根据当事人的申请，可以裁决先予执行，移送人民法院执行。

仲裁庭裁决先予执行的，应当符合下列条件：

（一）当事人之间权利义务关系明确；

（二）不先予执行将严重影响申请人的生活。

劳动者申请先予执行的，可以不提供担保。

第四十五条 【作出裁决】裁决应当按照多数仲裁员的意见作出，少数仲裁员的不同意见应当记入笔录。仲裁庭不能形成多数意见时，裁决应当按照首席仲裁员的意见作出。

第四十六条 【裁决书】裁决书应当载明仲裁请求、争议事实、裁决理由、裁决结果和裁决日期。裁决书由仲裁员签名，加盖劳动争议仲裁委员会印章。对裁决持不同意见的仲裁员，可以签名，也可以不签名。

第四十七条 【终局裁决】下列劳动争议，除本法另有规定的外，仲裁裁决为终局裁决，裁决书自作出之日起发生法律效力：

（一）追索劳动报酬、工伤医疗费、经济补偿或者赔偿金，不超过当地月最低工资标准十二个月金额的争议；

（二）因执行国家的劳动标准在工作时间、休息休假、社会保险等方面发生的争议。

第四十八条　【劳动者提起诉讼】劳动者对本法第四十七条规定的仲裁裁决不服的，可以自收到仲裁裁决书之日起十五日内向人民法院提起诉讼。

第四十九条　【用人单位申请撤销终局裁决】用人单位有证据证明本法第四十七条规定的仲裁裁决有下列情形之一，可以自收到仲裁裁决书之日起三十日内向劳动争议仲裁委员会所在地的中级人民法院申请撤销裁决：

（一）适用法律、法规确有错误的；

（二）劳动争议仲裁委员会无管辖权的；

（三）违反法定程序的；

（四）裁决所根据的证据是伪造的；

（五）对方当事人隐瞒了足以影响公正裁决的证据的；

（六）仲裁员在仲裁该案时有索贿受贿、徇私舞弊、枉法裁决行为的。

人民法院经组成合议庭审查核实裁决有前款规定情形之一的，应当裁定撤销。

仲裁裁决被人民法院裁定撤销的，当事人可以自收到裁定书之日起十五日内就该劳动争议事项向人民法院提起诉讼。

第五十条　【不服仲裁裁决提起诉讼】当事人对本法第四十七条规定以外的其他劳动争议案件的仲裁裁决不服的，可以自收到仲裁裁决书之日起十五日内向人民法院提起诉讼；期满不起诉的，裁决书发生法律效力。

第五十一条　【生效调解书、裁决书的执行】当事人对发生法律效力的调解书、裁决书，应当依照规定的期限履行。一方当事人逾期不履行的，另一方当事人可以依照民事诉讼法的有关规定向人民法院申请执行。受理申请的人民法院应当依法执行。

第四章　附　则

第五十二条　【事业单位劳动争议的处理】事业单位实行聘用制的工作人员与本单位发生劳动争议的，依照本法执行；法律、行政法规或者国务院另有规定的，依照其规定。

第五十三条　【仲裁不收费】劳动争议仲裁不收费。劳动争议仲裁委员会的经费由财政予以保障。

第五十四条　【本法生效时间】本法自 2008 年 5 月 1 日起施行。

中华人民共和国农村土地承包经营纠纷调解仲裁法

（2009年6月27日第十一届全国人民代表大会常务委员会第九次会议通过
2009年6月27日中华人民共和国主席令第十四号公布
自2010年1月1日起施行）

目　录

第一章　总　则

第一条　为了公正、及时解决农村土地承包经营纠纷，维护当事人的合法权益，促进农村经济发展和社会稳定，制定本法。

第二条　农村土地承包经营纠纷调解和仲裁，适用本法。

农村土地承包经营纠纷包括：

（一）因订立、履行、变更、解除和终止农村土地承包合同发生的纠纷；

（二）因农村土地承包经营权转包、出租、互换、转让、入股等流转发生的纠纷；

（三）因收回、调整承包地发生的纠纷；

（四）因确认农村土地承包经营权发生的纠纷；

（五）因侵害农村土地承包经营权发生的纠纷；

（六）法律、法规规定的其他农村土地承包经营纠纷。

因征收集体所有的土地及其补偿发生的纠纷，不属于农村土地承包仲裁委员会的受理范围，可以通过行政复议或者诉讼等方式解决。

第三条　发生农村土地承包经营纠纷的，当事人可以自行和解，也可以请求村民委员会、乡（镇）人民政府等调解。

第四条　当事人和解、调解不成或者不愿和解、调解的，可以向农村土地承包仲裁委员会申请仲裁，也可以直接向人民法院起诉。

第五条　农村土地承包经营纠纷调解和仲裁，应当公开、公平、公正，便民高效，根据事实，符合法律，尊重社会公德。

第六条　县级以上人民政府应当加强对农村土地承包经营纠纷调解和仲裁工作的指导。

县级以上人民政府农村土地承包管理部门及其他有关部门应当依照职责分工，支持有关调解组织和农村土地承包仲裁委员会依法开展工作。

第二章　调　解

第七条　村民委员会、乡（镇）人民政府应当加强农村土地承包经营纠纷的调解工作，帮助当事人达成协议解决纠纷。

第八条　当事人申请农村土地承包经营纠纷调解可以书面申请，也可以口头申请。口头申请的，由村民委员会或者乡（镇）人民政府当场记录申请人的基本情况、申请调解的纠纷事项、理由和时间。

第九条　调解农村土地承包经营纠纷，村民委员会或者乡（镇）人民政府应当充分听取当事人对事实和理由的陈述，讲解有关法律以及国家政策，耐心疏导，帮助当事人达成协议。

第十条　经调解达成协议的，村民委员会或者乡（镇）人民政府应当制作调解协议书。

调解协议书由双方当事人签名、盖章或者按指印，经调解人员签名并加盖调解组织印章后生效。

第十一条　仲裁庭对农村土地承包经营纠纷应当进行调解。调解达成协议的，仲裁庭应当制作调解书；调解不成的，应当及时作出裁决。

调解书应当写明仲裁请求和当事人协议的结果。调解书由仲裁员签名，加盖农村土地承包仲裁委员会印章，送达双方当事人。

调解书经双方当事人签收后，即发生法律效力。在调解书签收前当事人反悔的，仲裁庭应当及时作出裁决。

第三章 仲 裁

第一节 仲裁委员会和仲裁员

第十二条 农村土地承包仲裁委员会，根据解决农村土地承包经营纠纷的实际需要设立。农村土地承包仲裁委员会可以在县和不设区的市设立，也可以在设区的市或者其市辖区设立。

农村土地承包仲裁委员会在当地人民政府指导下设立。设立农村土地承包仲裁委员会的，其日常工作由当地农村土地承包管理部门承担。

第十三条 农村土地承包仲裁委员会由当地人民政府及其有关部门代表、有关人民团体代表、农村集体经济组织代表、农民代表和法律、经济等相关专业人员兼任组成，其中农民代表和法律、经济等相关专业人员不得少于组成人员的二分之一。

农村土地承包仲裁委员会设主任一人、副主任一至二人和委员若干人。主任、副主任由全体组成人员选举产生。

第十四条 农村土地承包仲裁委员会依法履行下列职责：

（一）聘任、解聘仲裁员；

（二）受理仲裁申请；

（三）监督仲裁活动。

农村土地承包仲裁委员会应当依照本法制定章程，对其组成人员的产生方式及任期、议事规则等作出规定。

第十五条 农村土地承包仲裁委员会应当从公道正派的人员中聘任仲裁员。

仲裁员应当符合下列条件之一：

（一）从事农村土地承包管理工作满五年；

（二）从事法律工作或者人民调解工作满五年；

（三）在当地威信较高，并熟悉农村土地承包法律以及国家政策的居民。

第十六条　农村土地承包仲裁委员会应当对仲裁员进行农村土地承包法律以及国家政策的培训。

省、自治区、直辖市人民政府农村土地承包管理部门应当制定仲裁员培训计划，加强对仲裁员培训工作的组织和指导。

第十七条　农村土地承包仲裁委员会组成人员、仲裁员应当依法履行职责，遵守农村土地承包仲裁委员会章程和仲裁规则，不得索贿受贿、徇私舞弊，不得侵害当事人的合法权益。

仲裁员有索贿受贿、徇私舞弊、枉法裁决以及接受当事人请客送礼等违法违纪行为的，农村土地承包仲裁委员会应当将其除名；构成犯罪的，依法追究刑事责任。

县级以上地方人民政府及有关部门应当受理对农村土地承包仲裁委员会组成人员、仲裁员违法违纪行为的投诉和举报，并依法组织查处。

第二节　申请和受理

第十八条　农村土地承包经营纠纷申请仲裁的时效期间为二年，自当事人知道或者应当知道其权利被侵害之日起计算。

第十九条　农村土地承包经营纠纷仲裁的申请人、被申请人为当事人。家庭承包的，可以由农户代表人参加仲裁。当事人一方人数众多的，可以推选代表人参加仲裁。

与案件处理结果有利害关系的，可以申请作为第三人参加仲裁，或者由农村土地承包仲裁委员会通知其参加仲裁。

当事人、第三人可以委托代理人参加仲裁。

第二十条　申请农村土地承包经营纠纷仲裁应当符合下列条件：

（一）申请人与纠纷有直接的利害关系；

（二）有明确的被申请人；

（三）有具体的仲裁请求和事实、理由；

（四）属于农村土地承包仲裁委员会的受理范围。

第二十一条　当事人申请仲裁，应当向纠纷涉及的土地所在地的农村土地承包仲裁委员会递交仲裁申请书。仲裁申请书可以邮寄或者委托他人代交。仲裁申请书应当载明申请人和被申请人的基本情况，仲裁请求和所根据的事实、理由，并提供相应的证据和证据来源。

书面申请确有困难的，可以口头申请，由农村土地承包仲裁委员会记入笔录，经申请人核实后由其签名、盖章或者按指印。

第二十二条 农村土地承包仲裁委员会应当对仲裁申请予以审查，认为符合本法第二十条规定的，应当受理。有下列情形之一的，不予受理；已受理的，终止仲裁程序：

（一）不符合申请条件；

（二）人民法院已受理该纠纷；

（三）法律规定该纠纷应当由其他机构处理；

（四）对该纠纷已有生效的判决、裁定、仲裁裁决、行政处理决定等。

第二十三条 农村土地承包仲裁委员会决定受理的，应当自收到仲裁申请之日起五个工作日内，将受理通知书、仲裁规则和仲裁员名册送达申请人；决定不予受理或者终止仲裁程序的，应当自收到仲裁申请或者发现终止仲裁程序情形之日起五个工作日内书面通知申请人，并说明理由。

第二十四条 农村土地承包仲裁委员会应当自受理仲裁申请之日起五个工作日内，将受理通知书、仲裁申请书副本、仲裁规则和仲裁员名册送达被申请人。

第二十五条 被申请人应当自收到仲裁申请书副本之日起十日内向农村土地承包仲裁委员会提交答辩书；书面答辩确有困难的，可以口头答辩，由农村土地承包仲裁委员会记入笔录，经被申请人核实后由其签名、盖章或者按指印。农村土地承包仲裁委员会应当自收到答辩书之日起五个工作日内将答辩书副本送达申请人。被申请人未答辩的，不影响仲裁程序的进行。

第二十六条 一方当事人因另一方当事人的行为或者其他原因，可能使裁决不能执行或者难以执行的，可以申请财产保全。

当事人申请财产保全的，农村土地承包仲裁委员会应当将当事人的申请提交被申请人住所地或者财产所在地的基层人民法院。

申请有错误的，申请人应当赔偿被申请人因财产保全所遭受的损失。

第三节 仲裁庭的组成

第二十七条 仲裁庭由三名仲裁员组成，首席仲裁员由当事人共同选定，其他二名仲裁员由当事人各自选定；当事人不能选定的，由农村土地承包仲裁委员会主任指定。

事实清楚、权利义务关系明确、争议不大的农村土地承包经营纠纷，经双方当事人同意，可以由一名仲裁员仲裁。仲裁员由当事人共同选定或者由农村土地承包仲裁委员会主任指定。

农村土地承包仲裁委员会应当自仲裁庭组成之日起二个工作日内将仲裁庭组成情况通知当事人。

第二十八条　仲裁员有下列情形之一的，必须回避，当事人也有权以口头或者书面方式申请其回避：

（一）是本案当事人或者当事人、代理人的近亲属；

（二）与本案有利害关系；

（三）与本案当事人、代理人有其他关系，可能影响公正仲裁；

（四）私自会见当事人、代理人，或者接受当事人、代理人的请客送礼。

当事人提出回避申请，应当说明理由，在首次开庭前提出。回避事由在首次开庭后知道的，可以在最后一次开庭终结前提出。

第二十九条　农村土地承包仲裁委员会对回避申请应当及时作出决定，以口头或者书面方式通知当事人，并说明理由。

仲裁员是否回避，由农村土地承包仲裁委员会主任决定；农村土地承包仲裁委员会主任担任仲裁员时，由农村土地承包仲裁委员会集体决定。

仲裁员因回避或者其他原因不能履行职责的，应当依照本法规定重新选定或者指定仲裁员。

第四节　开庭和裁决

第三十条　农村土地承包经营纠纷仲裁应当开庭进行。

开庭可以在纠纷涉及的土地所在地的乡（镇）或者村进行，也可以在农村土地承包仲裁委员会所在地进行。当事人双方要求在乡（镇）或者村开庭的，应当在该乡（镇）或者村开庭。

开庭应当公开，但涉及国家秘密、商业秘密和个人隐私以及当事人约定不公开的除外。

第三十一条　仲裁庭应当在开庭五个工作日前将开庭的时间、地点通知当事人和其他仲裁参与人。

当事人有正当理由的，可以向仲裁庭请求变更开庭的时间、地点。是否变更，由仲裁庭决定。

第三十二条 当事人申请仲裁后，可以自行和解。达成和解协议的，可以请求仲裁庭根据和解协议作出裁决书，也可以撤回仲裁申请。

第三十三条 申请人可以放弃或者变更仲裁请求。被申请人可以承认或者反驳仲裁请求，有权提出反请求。

第三十四条 仲裁庭作出裁决前，申请人撤回仲裁申请的，除被申请人提出反请求的外，仲裁庭应当终止仲裁。

第三十五条 申请人经书面通知，无正当理由不到庭或者未经仲裁庭许可中途退庭的，可以视为撤回仲裁申请。

被申请人经书面通知，无正当理由不到庭或者未经仲裁庭许可中途退庭的，可以缺席裁决。

第三十六条 当事人在开庭过程中有权发表意见、陈述事实和理由、提供证据、进行质证和辩论。对不通晓当地通用语言文字的当事人，农村土地承包仲裁委员会应当为其提供翻译。

第三十七条 当事人应当对自己的主张提供证据。与纠纷有关的证据由作为当事人一方的发包方等掌握管理的，该当事人应当在仲裁庭指定的期限内提供，逾期不提供的，应当承担不利后果。

第三十八条 仲裁庭认为有必要收集的证据，可以自行收集。

第三十九条 仲裁庭对专门性问题认为需要鉴定的，可以交由当事人约定的鉴定机构鉴定；当事人没有约定的，由仲裁庭指定的鉴定机构鉴定。

根据当事人的请求或者仲裁庭的要求，鉴定机构应当派鉴定人参加开庭。当事人经仲裁庭许可，可以向鉴定人提问。

第四十条 证据应当在开庭时出示，但涉及国家秘密、商业秘密和个人隐私的证据不得在公开开庭时出示。

仲裁庭应当依照仲裁规则的规定开庭，给予双方当事人平等陈述、辩论的机会，并组织当事人进行质证。

经仲裁庭查证属实的证据，应当作为认定事实的根据。

第四十一条 在证据可能灭失或者以后难以取得的情况下，当事人可以申请证据保全。当事人申请证据保全的，农村土地承包仲裁委员会应当将当事人的申请提交证据所在地的基层人民法院。

第四十二条 对权利义务关系明确的纠纷，经当事人申请，仲裁庭可以先行裁定维持现状、恢复农业生产以及停止取土、占地等行为。

一方当事人不履行先行裁定的，另一方当事人可以向人民法院申请执行，但应当提供相应的担保。

第四十三条 仲裁庭应当将开庭情况记入笔录，由仲裁员、记录人员、当事人和其他仲裁参与人签名、盖章或者按指印。

当事人和其他仲裁参与人认为对自己陈述的记录有遗漏或者差错的，有权申请补正。如果不予补正，应当记录该申请。

第四十四条 仲裁庭应当根据认定的事实和法律以及国家政策作出裁决并制作裁决书。

裁决应当按照多数仲裁员的意见作出，少数仲裁员的不同意见可以记入笔录。仲裁庭不能形成多数意见时，裁决应当按照首席仲裁员的意见作出。

第四十五条 裁决书应当写明仲裁请求、争议事实、裁决理由、裁决结果、裁决日期以及当事人不服仲裁裁决的起诉权利、期限，由仲裁员签名，加盖农村土地承包仲裁委员会印章。

农村土地承包仲裁委员会应当在裁决作出之日起三个工作日内将裁决书送达当事人，并告知当事人不服仲裁裁决的起诉权利、期限。

第四十六条 仲裁庭依法独立履行职责，不受行政机关、社会团体和个人的干涉。

第四十七条 仲裁农村土地承包经营纠纷，应当自受理仲裁申请之日起六十日内结束；案情复杂需要延长的，经农村土地承包仲裁委员会主任批准可以延长，并书面通知当事人，但延长期限不得超过三十日。

第四十八条 当事人不服仲裁裁决的，可以自收到裁决书之日起三十日内向人民法院起诉。逾期不起诉的，裁决书即发生法律效力。

第四十九条 当事人对发生法律效力的调解书、裁决书，应当依照规定的期限履行。一方当事人逾期不履行的，另一方当事人可以向被申请人住所地或者财产所在地的基层人民法院申请执行。受理申请的人民法院应当依法执行。

第四章　附　则

第五十条　本法所称农村土地，是指农民集体所有和国家所有依法由农民集体使用的耕地、林地、草地，以及其他依法用于农业的土地。

第五十一条　农村土地承包经营纠纷仲裁规则和农村土地承包仲裁委员会示范章程，由国务院农业、林业行政主管部门依照本法规定共同制定。

第五十二条　农村土地承包经营纠纷仲裁不得向当事人收取费用，仲裁工作经费纳入财政预算予以保障。

第五十三条　本法自2010年1月1日起施行。

最高人民法院
关于人民检察院对不撤销仲裁裁决的民事裁定提出抗诉人民法院应否受理问题的批复

法释〔2000〕46号

（2000年12月12日最高人民法院审判委员会第1150次会议通过
2000年12月13日最高人民法院公告公布　自2000年12月19日起施行）

内蒙古自治区高级人民法院：

你院〔2000〕内法民再字第29号《关于人民检察院能否对人民法院不予撤销仲裁裁决的民事裁定抗诉的请示报告》收悉。经研究，答复如下：

人民检察院对发生法律效力的不撤销仲裁裁决的民事裁定提出抗诉，没有法律依据，人民法院不予受理。

最高人民法院
关于香港仲裁裁决在内地执行的有关问题的通知

2009年12月30日　　　　　　　　　　　　　　　　法〔2009〕415号

各省、自治区、直辖市高级人民法院，新疆维吾尔自治区高级人民法院生产建设兵团分院：

近期，有关人民法院或者当事人向我院反映，在香港特别行政区做出的临时仲裁裁决、国际商会仲裁院在香港作出的仲裁裁决，当事人可否依据《关于内地与香港特别行政区相互执行仲裁裁决的安排》(以下简称《安排》)在内地申请执行。为了确保人民法院在办理该类案件中正确适用《安排》，统一执法尺度，现就有关问题通知如下：

当事人向人民法院申请执行在香港特别行政区做出的临时仲裁裁决、国际商会仲裁院等国外仲裁机构在香港特别行政区作出的仲裁裁决的，人民法院应当按照《安排》的规定进行审查。不存在《安排》第七条规定的情形的，该仲裁裁决可以在内地得到执行。

特此通知。

最高人民法院
关于审理仲裁司法审查案件若干问题的规定

法释〔2017〕22号

(2017年12月4日最高人民法院审判委员会第1728次会议通过
2017年12月26日最高人民法院公告公布　自2018年1月1日起施行)

为正确审理仲裁司法审查案件，依法保护各方当事人合法权益，根据《中华人民共和国民事诉讼法》《中华人民共和国仲裁法》等法律规定，结合审判实践，制定本规定。

第一条 本规定所称仲裁司法审查案件，包括下列案件：

（一）申请确认仲裁协议效力案件；

（二）申请执行我国内地仲裁机构的仲裁裁决案件；

（三）申请撤销我国内地仲裁机构的仲裁裁决案件；

（四）申请认可和执行香港特别行政区、澳门特别行政区、台湾地区仲裁裁决案件；

（五）申请承认和执行外国仲裁裁决案件；

（六）其他仲裁司法审查案件。

第二条 申请确认仲裁协议效力的案件，由仲裁协议约定的仲裁机构所在地、仲裁协议签订地、申请人住所地、被申请人住所地的中级人民法院或者专门人民法院管辖。

涉及海事海商纠纷仲裁协议效力的案件，由仲裁协议约定的仲裁机构所在地、仲裁协议签订地、申请人住所地、被申请人住所地的海事法院管辖；上述地点没有海事法院的，由就近的海事法院管辖。

第三条 外国仲裁裁决与人民法院审理的案件存在关联，被申请人住所地、被申请人财产所在地均不在我国内地，申请人申请承认外国仲裁裁决的，由受理关联案件的人民法院管辖。受理关联案件的人民法院为基层人民法院的，申请承认外国仲裁裁决的案件应当由该基层人民法院的上一级人民法院管辖。受理关联案件的人民法院是高级人民法院或者最高人民法院的，由上述法院决定自行审查或者指定中级人民法院审查。

外国仲裁裁决与我国内地仲裁机构审理的案件存在关联，被申请人住所地、被申请人财产所在地均不在我国内地，申请人申请承认外国仲裁裁决的，由受理关联案件的仲裁机构所在地的中级人民法院管辖。

第四条 申请人向两个以上有管辖权的人民法院提出申请的，由最先立案的人民法院管辖。

第五条 申请人向人民法院申请确认仲裁协议效力的，应当提交申请书及仲裁协议正本或者经证明无误的副本。

申请书应当载明下列事项：

（一）申请人或者被申请人为自然人的，应当载明其姓名、性别、出生日期、国籍及住所；为法人或者其他组织的，应当载明其名称、住所以及法定代表人或者代表人的姓名和职务；

（二）仲裁协议的内容；

（三）具体的请求和理由。

当事人提交的外文申请书、仲裁协议及其他文件，应当附有中文译本。

第六条 申请人向人民法院申请执行或者撤销我国内地仲裁机构的仲裁裁决、申请承认和执行外国仲裁裁决的，应当提交申请书及裁决书正本或者经证明无误的副本。

申请书应当载明下列事项：

（一）申请人或者被申请人为自然人的，应当载明其姓名、性别、出生日期、国籍及住所；为法人或者其他组织的，应当载明其名称、住所以及法定代表人或者代表人的姓名和职务；

（二）裁决书的主要内容及生效日期；

（三）具体的请求和理由。

当事人提交的外文申请书、裁决书及其他文件，应当附有中文译本。

第七条 申请人提交的文件不符合第五条、第六条的规定，经人民法院释明后提交的文件仍然不符合规定的，裁定不予受理。

申请人向对案件不具有管辖权的人民法院提出申请，人民法院应当告知其向有管辖权的人民法院提出申请，申请人仍不变更申请的，裁定不予受理。

申请人对不予受理的裁定不服的，可以提起上诉。

第八条 人民法院立案后发现不符合受理条件的，裁定驳回申请。

前款规定的裁定驳回申请的案件，申请人再次申请并符合受理条件的，人民法院应予受理。

当事人对驳回申请的裁定不服的，可以提起上诉。

第九条 对于申请人的申请，人民法院应当在七日内审查决定是否受理。

人民法院受理仲裁司法审查案件后，应当在五日内向申请人和被申请人发出通知书，告知其受理情况及相关的权利义务。

第十条 人民法院受理仲裁司法审查案件后，被申请人对管辖权有异议的，应当自收到人民法院通知之日起十五日内提出。人民法院对被申请人提出的异议，应当审查并作出裁定。当事人对裁定不服的，可以提起上诉。

在中华人民共和国领域内没有住所的被申请人对人民法院的管辖权有异议的，应当自收到人民法院通知之日起三十日内提出。

第十一条 人民法院审查仲裁司法审查案件，应当组成合议庭并询问当事人。

第十二条 仲裁协议或者仲裁裁决具有《最高人民法院关于适用〈中华人民共和国涉外民事关系法律适用法〉若干问题的解释（一）》第一条规定情形的，为涉外仲裁协议或者涉外仲裁裁决。

第十三条 当事人协议选择确认涉外仲裁协议效力适用的法律，应当作出明确的意思表示，仅约定合同适用的法律，不能作为确认合同中仲裁条款效力适用的法律。

第十四条 人民法院根据《中华人民共和国涉外民事关系法律适用法》第十八条的规定，确定确认涉外仲裁协议效力适用的法律时，当事人没有选择适用的法律，适用仲裁机构所在地的法律与适用仲裁地的法律将对仲裁协议的效力作出不同认定的，人民法院应当适用确认仲裁协议有效的法律。

第十五条 仲裁协议未约定仲裁机构和仲裁地，但根据仲裁协议约定适用的仲裁规则可以确定仲裁机构或者仲裁地的，应当认定其为《中华人民共和国涉外民事关系法律适用法》第十八条中规定的仲裁机构或者仲裁地。

第十六条 人民法院适用《承认及执行外国仲裁裁决公约》审查当事人申请承认和执行外国仲裁裁决案件时，被申请人以仲裁协议无效为由提出抗辩的，人民法院应当依照该公约第五条第一款（甲）项的规定，确定确认仲裁协议效力应当适用的法律。

第十七条 人民法院对申请执行我国内地仲裁机构作出的非涉外仲裁裁决案件的审查，适用《中华人民共和国民事诉讼法》第二百三十七条①的规定。

人民法院对申请执行我国内地仲裁机构作出的涉外仲裁裁决案件的审查，适用《中华人民共和国民事诉讼法》第二百七十四条②的规定。

第十八条 《中华人民共和国仲裁法》第五十八条第一款第六项和《中华

① 现为《民事诉讼法》（2023 年修正）第二百四十八条。

② 现为《民事诉讼法》（2023 年修正）第二百九十一条。

人民共和国民事诉讼法》第二百三十七条第二款第六项规定的仲裁员在仲裁该案时有索贿受贿，徇私舞弊，枉法裁决行为，是指已经由生效刑事法律文书或者纪律处分决定所确认的行为。

第十九条　人民法院受理仲裁司法审查案件后，作出裁定前，申请人请求撤回申请的，裁定准许。

第二十条　人民法院在仲裁司法审查案件中作出的裁定，除不予受理、驳回申请、管辖权异议的裁定外，一经送达即发生法律效力。当事人申请复议、提出上诉或者申请再审的，人民法院不予受理，但法律和司法解释另有规定的除外。

第二十一条　人民法院受理的申请确认涉及香港特别行政区、澳门特别行政区、台湾地区仲裁协议效力的案件，申请执行或者撤销我国内地仲裁机构作出的涉及香港特别行政区、澳门特别行政区、台湾地区仲裁裁决的案件，参照适用涉外仲裁司法审查案件的规定审查。

第二十二条　本规定自2018年1月1日起施行，本院以前发布的司法解释与本规定不一致的，以本规定为准。

最高人民法院
关于人民法院办理仲裁裁决执行案件若干问题的规定

法释〔2018〕5号

（2018年1月5日最高人民法院审判委员会第1730次会议通过
2018年2月22日最高人民法院公告公布　自2018年3月1日起施行）

为了规范人民法院办理仲裁裁决执行案件，依法保护当事人、案外人的合法权益，根据《中华人民共和国民事诉讼法》《中华人民共和国仲裁法》等法律规定，结合人民法院执行工作实际，制定本规定。

第一条　本规定所称的仲裁裁决执行案件，是指当事人申请人民法院执行仲裁机构依据仲裁法作出的仲裁裁决或者仲裁调解书的案件。

第二条 当事人对仲裁机构作出的仲裁裁决或者仲裁调解书申请执行的，由被执行人住所地或者被执行的财产所在地的中级人民法院管辖。

符合下列条件的，经上级人民法院批准，中级人民法院可以参照民事诉讼法第三十八条的规定指定基层人民法院管辖：

（一）执行标的额符合基层人民法院一审民商事案件级别管辖受理范围；

（二）被执行人住所地或者被执行的财产所在地在被指定的基层人民法院辖区内；

被执行人、案外人对仲裁裁决执行案件申请不予执行的，负责执行的中级人民法院应当另行立案审查处理；执行案件已指定基层人民法院管辖的，应当于收到不予执行申请后三日内移送原执行法院另行立案审查处理。

第三条 仲裁裁决或者仲裁调解书执行内容具有下列情形之一导致无法执行的，人民法院可以裁定驳回执行申请；导致部分无法执行的，可以裁定驳回该部分的执行申请；导致部分无法执行且该部分与其他部分不可分的，可以裁定驳回执行申请。

（一）权利义务主体不明确；

（二）金钱给付具体数额不明确或者计算方法不明确导致无法计算出具体数额；

（三）交付的特定物不明确或者无法确定；

（四）行为履行的标准、对象、范围不明确；

仲裁裁决或者仲裁调解书仅确定继续履行合同，但对继续履行的权利义务，以及履行的方式、期限等具体内容不明确，导致无法执行的，依照前款规定处理。

第四条 对仲裁裁决主文或者仲裁调解书中的文字、计算错误以及仲裁庭已经认定但在裁决主文中遗漏的事项，可以补正或说明的，人民法院应当书面告知仲裁庭补正或说明，或者向仲裁机构调阅仲裁案卷查明。仲裁庭不补正也不说明，且人民法院调阅仲裁案卷后执行内容仍然不明确具体无法执行的，可以裁定驳回执行申请。

第五条 申请执行人对人民法院依照本规定第三条、第四条作出的驳回执行申请裁定不服的，可以自裁定送达之日起十日内向上一级人民法院申请复议。

第六条　仲裁裁决或者仲裁调解书确定交付的特定物确已毁损或者灭失的，依照《最高人民法院关于适用〈中华人民共和国民事诉讼法〉的解释》第四百九十四条的规定处理。

第七条　被执行人申请撤销仲裁裁决并已由人民法院受理的，或者被执行人、案外人对仲裁裁决执行案件提出不予执行申请并提供适当担保的，执行法院应当裁定中止执行。中止执行期间，人民法院应当停止处分性措施，但申请执行人提供充分、有效的担保请求继续执行的除外；执行标的查封、扣押、冻结期限届满前，人民法院可以根据当事人申请或者依职权办理续行查封、扣押、冻结手续。

申请撤销仲裁裁决、不予执行仲裁裁决案件司法审查期间，当事人、案外人申请对已查封、扣押、冻结之外的财产采取保全措施的，负责审查的人民法院参照民事诉讼法第一百条的规定处理。司法审查后仍需继续执行的，保全措施自动转为执行中的查封、扣押、冻结措施；采取保全措施的人民法院与执行法院不一致的，应当将保全手续移送执行法院，保全裁定视为执行法院作出的裁定。

第八条　被执行人向人民法院申请不予执行仲裁裁决的，应当在执行通知书送达之日起十五日内提出书面申请；有民事诉讼法第二百三十七条第二款第四、六项规定情形且执行程序尚未终结的，应当自知道或者应当知道有关事实或案件之日起十五日内提出书面申请。

本条前款规定期限届满前，被执行人已向有管辖权的人民法院申请撤销仲裁裁决且已被受理的，自人民法院驳回撤销仲裁裁决申请的裁判文书生效之日起重新计算期限。

第九条　案外人向人民法院申请不予执行仲裁裁决或者仲裁调解书的，应当提交申请书以及证明其请求成立的证据材料，并符合下列条件：

（一）有证据证明仲裁案件当事人恶意申请仲裁或者虚假仲裁，损害其合法权益；

（二）案外人主张的合法权益所涉及的执行标的尚未执行终结；

（三）自知道或者应当知道人民法院对该标的采取执行措施之日起三十日内提出。

第十条　被执行人申请不予执行仲裁裁决，对同一仲裁裁决的多个不予执行事由应当一并提出。不予执行仲裁裁决申请被裁定驳回后，再次提出申请的，人民法院不予审查，但有新证据证明存在民事诉讼法第二百三十七条第二款第四、六项规定情形的除外。

第十一条 人民法院对不予执行仲裁裁决案件应当组成合议庭围绕被执行人申请的事由、案外人的申请进行审查；对被执行人没有申请的事由不予审查，但仲裁裁决可能违背社会公共利益的除外。

被执行人、案外人对仲裁裁决执行案件申请不予执行的，人民法院应当进行询问；被执行人在询问终结前提出其他不予执行事由的，应当一并审查。人民法院审查时，认为必要的，可以要求仲裁庭作出说明，或者向仲裁机构调阅仲裁案卷。

第十二条 人民法院对不予执行仲裁裁决案件的审查，应当在立案之日起两个月内审查完毕并作出裁定；有特殊情况需要延长的，经本院院长批准，可以延长一个月。

第十三条 下列情形经人民法院审查属实的，应当认定为民事诉讼法第二百三十七条第二款第二项规定的"裁决的事项不属于仲裁协议的范围或者仲裁机构无权仲裁的"情形：

（一）裁决的事项超出仲裁协议约定的范围；

（二）裁决的事项属于依照法律规定或者当事人选择的仲裁规则规定的不可仲裁事项；

（三）裁决内容超出当事人仲裁请求的范围；

（四）作出裁决的仲裁机构非仲裁协议所约定。

第十四条 违反仲裁法规定的仲裁程序、当事人选择的仲裁规则或者当事人对仲裁程序的特别约定，可能影响案件公正裁决，经人民法院审查属实的，应当认定为民事诉讼法第二百三十七条第二款第三项规定的"仲裁庭的组成或者仲裁的程序违反法定程序的"情形。

当事人主张未按照仲裁法或仲裁规则规定的方式送达法律文书导致其未能参与仲裁，或者仲裁员根据仲裁法或仲裁规则的规定应当回避而未回避，可能影响公正裁决，经审查属实的，人民法院应当支持；仲裁庭按照仲裁法或仲裁规则以及当事人约定的方式送达仲裁法律文书，当事人主张不符合民事诉讼法有关送达规定的，人民法院不予支持。

适用的仲裁程序或仲裁规则经特别提示，当事人知道或者应当知道法定仲裁程序或选择的仲裁规则未被遵守，但仍然参加或者继续参加仲裁程序且未提出异议，在仲裁裁决作出之后以违反法定程序为由申请不予执行仲裁裁决的，人民法院不予支持。

第十五条　符合下列条件的，人民法院应当认定为民事诉讼法第二百三十七条第二款第四项规定的“裁决所根据的证据是伪造的”情形：

（一）该证据已被仲裁裁决采信；

（二）该证据属于认定案件基本事实的主要证据；

（三）该证据经查明确属通过捏造、变造、提供虚假证明等非法方式形成或者获取，违反证据的客观性、关联性、合法性要求。

第十六条　符合下列条件的，人民法院应当认定为民事诉讼法第二百三十七条第二款第五项规定的“对方当事人向仲裁机构隐瞒了足以影响公正裁决的证据的”情形：

（一）该证据属于认定案件基本事实的主要证据；

（二）该证据仅为对方当事人掌握，但未向仲裁庭提交；

（三）仲裁过程中知悉存在该证据，且要求对方当事人出示或者请求仲裁庭责令其提交，但对方当事人无正当理由未予出示或者提交。

当事人一方在仲裁过程中隐瞒己方掌握的证据，仲裁裁决作出后以己方所隐瞒的证据足以影响公正裁决为由申请不予执行仲裁裁决的，人民法院不予支持。

第十七条　被执行人申请不予执行仲裁调解书或者根据当事人之间的和解协议、调解协议作出的仲裁裁决，人民法院不予支持，但该仲裁调解书或者仲裁裁决违背社会公共利益的除外。

第十八条　案外人根据本规定第九条申请不予执行仲裁裁决或者仲裁调解书，符合下列条件的，人民法院应当支持：

（一）案外人系权利或者利益的主体；

（二）案外人主张的权利或者利益合法、真实；

（三）仲裁案件当事人之间存在虚构法律关系，捏造案件事实的情形；

（四）仲裁裁决主文或者仲裁调解书处理当事人民事权利义务的结果部分或者全部错误，损害案外人合法权益。

第十九条 被执行人、案外人对仲裁裁决执行案件逾期申请不予执行的，人民法院应当裁定不予受理；已经受理的，应当裁定驳回不予执行申请。

被执行人、案外人对仲裁裁决执行案件申请不予执行，经审查理由成立的，人民法院应当裁定不予执行；理由不成立的，应当裁定驳回不予执行申请。

第二十条 当事人向人民法院申请撤销仲裁裁决被驳回后，又在执行程序中以相同事由提出不予执行申请的，人民法院不予支持；当事人向人民法院申请不予执行被驳回后，又以相同事由申请撤销仲裁裁决的，人民法院不予支持。

在不予执行仲裁裁决案件审查期间，当事人向有管辖权的人民法院提出撤销仲裁裁决申请并被受理的，人民法院应当裁定中止对不予执行申请的审查；仲裁裁决被撤销或者决定重新仲裁的，人民法院应当裁定终结执行，并终结对不予执行申请的审查；撤销仲裁裁决申请被驳回或者申请执行人撤回撤销仲裁裁决申请的，人民法院应当恢复对不予执行申请的审查；被执行人撤回撤销仲裁裁决申请的，人民法院应当裁定终结对不予执行申请的审查，但案外人申请不予执行仲裁裁决的除外。

第二十一条 人民法院裁定驳回撤销仲裁裁决申请或者驳回不予执行仲裁裁决、仲裁调解书申请的，执行法院应当恢复执行。

人民法院裁定撤销仲裁裁决或者基于被执行人申请裁定不予执行仲裁裁决，原被执行人申请执行回转或者解除强制执行措施的，人民法院应当支持。原申请执行人对已履行或者被人民法院强制执行的款物申请保全的，人民法院应当依法准许；原申请执行人在人民法院采取保全措施之日起三十日内，未根据双方达成的书面仲裁协议重新申请仲裁或者向人民法院起诉的，人民法院应当裁定解除保全。

人民法院基于案外人申请裁定不予执行仲裁裁决或者仲裁调解书，案外人申请执行回转或者解除强制执行措施的，人民法院应当支持。

第二十二条 人民法院裁定不予执行仲裁裁决、驳回或者不予受理不予执行仲裁裁决申请后，当事人对该裁定提出执行异议或者申请复议的，人民法院不予受理。

人民法院裁定不予执行仲裁裁决的，当事人可以根据双方达成的书面仲裁协议重新申请仲裁，也可以向人民法院起诉。

人民法院基于案外人申请裁定不予执行仲裁裁决或者仲裁调解书，当事人不服的，可以自裁定送达之日起十日内向上一级人民法院申请复议；人民法院裁定驳回或者不予受理案外人提出的不予执行仲裁裁决、仲裁调解书申请，案外人不服的，可以自裁定送达之日起十日内向上一级人民法院申请复议。

第二十三条　本规定第八条、第九条关于对仲裁裁决执行案件申请不予执行的期限自本规定施行之日起重新计算。

第二十四条　本规定自2018年3月1日起施行，本院以前发布的司法解释与本规定不一致的，以本规定为准。

本规定施行前已经执行终结的执行案件，不适用本规定；本规定施行后尚未执行终结的执行案件，适用本规定。

最高人民法院
关于仲裁机构"先予仲裁"裁决或者调解书立案、执行等法律适用问题的批复

法释〔2018〕10号

（2018年5月28日最高人民法院审判委员会第1740次会议通过
2018年6月5日最高人民法院公告公布　自2018年6月12日起施行）

广东省高级人民法院：

你院《关于"先予仲裁"裁决应否立案执行的请示》（粤高法〔2018〕99号）收悉。经研究，批复如下：

当事人申请人民法院执行仲裁机构根据仲裁法作出的仲裁裁决或者调解书，人民法院经审查，符合民事诉讼法、仲裁法相关规定的，应当依法及时受理，立案执行。但是，根据仲裁法第二条的规定，仲裁机构可以仲裁的是当事人间已经发生的合同纠纷和其他财产权益纠纷。因此，网络借贷合同当事人申请执行仲裁机构在纠纷发生前作出的仲裁裁决或者调解书的，人民法

院应当裁定不予受理；已经受理的，裁定驳回执行申请。

你院请示中提出的下列情形，应当认定为民事诉讼法第二百三十七条第二款第三项规定的“仲裁庭的组成或者仲裁的程序违反法定程序”的情形：

一、仲裁机构未依照仲裁法规定的程序审理纠纷或者主持调解，径行根据网络借贷合同当事人在纠纷发生前签订的和解或者调解协议作出仲裁裁决、仲裁调解书的；

二、仲裁机构在仲裁过程中未保障当事人申请仲裁员回避、提供证据、答辩等仲裁法规定的基本程序权利的。

前款规定情形中，网络借贷合同当事人以约定弃权条款为由，主张仲裁程序未违反法定程序的，人民法院不予支持。

人民法院办理其他合同纠纷、财产权益纠纷仲裁裁决或者调解书执行立案，适用本批复。

最高人民法院
关于内地与香港特别行政区相互执行仲裁裁决的补充安排①

法释〔2020〕13号

（2020年11月9日最高人民法院审判委员会第1815次会议通过
2020年11月26日最高人民法院公告公布　本司法解释第一条、
第四条自2020年11月27日起施行　第二条、第三条在香港
特别行政区完成有关程序后由最高人民法院公布施行日期）

依据《最高人民法院关于内地与香港特别行政区相互执行仲裁裁决的安排》（以下简称《安排》）第十一条的规定，最高人民法院与香港特别行政区政

① 《最高人民法院关于内地与香港特别行政区相互执行仲裁裁决的补充安排》于2020年11月9日最高人民法院审判委员会第1815次会议通过，并于2020年11月26日公告：本司法解释第一条、第四条自2020年11月27日起施行，第二条、第三条在香港特别行政区完成有关程序后，由最高人民法院公布施行日期。

现香港特别行政区已完成有关程序，本司法解释第二条、第三条自2021年5月19日起施行。

府经协商，作出如下补充安排：

一、《安排》所指执行内地或者香港特别行政区仲裁裁决的程序，应解释为包括认可和执行内地或者香港特别行政区仲裁裁决的程序。

二、将《安排》序言及第一条修改为："根据《中华人民共和国香港特别行政区基本法》第九十五条的规定，经最高人民法院与香港特别行政区（以下简称香港特区）政府协商，现就仲裁裁决的相互执行问题作出如下安排：

"一、内地人民法院执行按香港特区《仲裁条例》作出的仲裁裁决，香港特区法院执行按《中华人民共和国仲裁法》作出的仲裁裁决，适用本安排。"

三、将《安排》第二条第三款修改为："被申请人在内地和香港特区均有住所地或者可供执行财产的，申请人可以分别向两地法院申请执行。应对方法院要求，两地法院应当相互提供本方执行仲裁裁决的情况。两地法院执行财产的总额，不得超过裁决确定的数额。"

四、在《安排》第六条中增加一款作为第二款："有关法院在受理执行仲裁裁决申请之前或者之后，可以依申请并按照执行地法律规定采取保全或者强制措施。"

五、本补充安排第一条、第四条自2020年11月27日起施行，第二条、第三条在香港特别行政区完成有关程序后，由最高人民法院公布施行日期。